Feedback und kooperatives Lernen

AF209193

Waxmann Verlag GmbH
Steinfurter Straße 555, 48159 Münster
info@waxmann.com

Pädagogische Psychologie und Entwicklungspsychologie

herausgegeben von Detlef H. Rost

Wissenschaftlicher Beirat

Editorial

Pädagogische Psychologie und Entwicklungspsychologie sind seit jeher zwei miteinander eng verzahnte Teildisziplinen der Psychologie. Beide haben einen festen Platz im Rahmen der Psychologenausbildung: Pädagogische Psychologie als wichtiges Anwendungsfach im zweiten Studienabschnitt, Entwicklungspsychologie als bedeutsames Grundlagenfach in der ersten und als Forschungsvertiefung in der zweiten Studienphase. Neue Zielsetzungen, neue thematische Schwerpunkte und Fragestellungen sowie umfassendere Forschungsansätze und ein erweitertes Methodenspektrum haben zu einer weiteren Annäherung beider Fächer geführt und sie nicht nur für Studierende, sondern auch für die wissenschaftliche Forschung zunehmend attraktiver werden lassen. „Pädagogische Psychologie und Entwicklungspsychologie" nimmt dies auf, fördert die Rezeption einschlägiger guter und interessanter Forschungsarbeiten, stimuliert die theoretische, empirische und methodische Entfaltung beider Fächer und gibt fruchtbare Impulse zu ihrer Weiterentwicklung einerseits und zu ihrer gegenseitigen Annäherung andererseits.

Der Beirat der Reihe „Pädagogische Psychologie und Entwicklungspsychologie" repräsentiert ein breites Spektrum entwicklungspsychologischen und pädagogisch-psychologischen Denkens und setzt Akzente, indem er auf Forschungsarbeiten aufmerksam macht, die den wissenschaftlichen Diskussionsprozess beleben können. Es ist selbstverständlich, dass zur Sicherung des Qualitätsstandards dieser Reihe jedes Manuskript – wie bei Begutachtungsverfahren in anerkannten wissenschaftlichen Zeitschriften – einem Auswahlverfahren unterzogen wird („peer review"). Nur qualitätsvolle Arbeiten werden der zunehmenden Bedeutung der Pädagogischen Psychologie und Entwicklungspsychologie für die Sozialisation und Lebensbewältigung von Individuen und Gruppen in einer immer komplexer werdenden Umwelt gerecht.

Ulrike-Marie Krause

Feedback und
kooperatives Lernen

Waxmann 2007
Münster / New York / München / Berlin

Bibliografische Informationen der Deutschen Nationalbibliothek
Die Deutsche Nationalbibliothek verzeichnet diese Publikation in
der Deutschen Nationalbibliografie; detaillierte bibliografische
Daten sind im Internet über http://dnb.d-nb.de abrufbar.

Die vorliegende Arbeit wurde an der Ludwig-Maximilians-Universität München,
Department Psychologie, als Dissertation angenommen.

Pädagogische Psychologie und Entwicklungspsychologie; Bd. 60
herausgegeben von Prof. Dr. Detlef H. Rost
Philipps-Universität Marburg
Fon: 0 64 21 / 2 82 17 27
Fax: 0 64 21 / 2 82 39 10
E-Mail: rost@mailer.uni-marburg.de

ISSN 1430-2977
ISBN 978-3-8309-1806-6

© Waxmann Verlag GmbH, 2007
Postfach 8603, D-48046 Münster

www.waxmann.com
info@waxmann.com

Umschlaggestaltung: Pleßmann Kommunikationsdesign, Ascheberg

Gedruckt auf alterungsbeständigem Papier, DIN 6738

Inhalt

1 Einleitung

Die vorliegende Arbeit untersucht zwei Maßnahmen, die Elaborations- und Reflexionsprozesse anregen und somit den Wissenserwerb fördern sollen: Feedback und kooperatives Lernen. Anhand einer experimentellen Studie werden Umsetzungsmöglichkeiten und Effekte der beiden Interventionen verdeutlicht.

Der in der Untersuchung thematisierte Inhaltsbereich ist ein gut strukturiertes und anspruchsvolles Gebiet aus der Statistik: das der Korrelationsrechnung. Die Zielgruppe besteht aus Studierenden sozialwissenschaftlicher Fächer, die im Bereich Statistik häufig Schwierigkeiten sowohl mit dem Wissenserwerb als auch mit der Wissensanwendung haben.

1.1 Problemstellung

Statistik und Forschungsmethoden zu lernen fällt vielen Studierenden sozialwissenschaftlicher Fächer schwer (vgl. z.B. Broers & Imbos, 2005; Lan, 1998; Onwuegbuzie, 2004; Stark, 2001; Zeidner, 1991). Zahlreichen Lernenden fehlt in diesem Gebiet ein tieferes Verständnis zentraler Konzepte, Zusammenhänge und Verfahren. Häufig liegen Fehlkonzepte und Wissenslücken vor; zugleich zeigen sich oft Verstehens- bzw. Kompetenzillusionen, also der falsche Eindruck, ein Thema verstanden zu haben oder Verfahren anwenden zu können (vgl. z.B. Kruger & Dunning, 1999). Auch das gegenteilige Phänomen ist zu beobachten: Zuweilen verfügen Lernende zwar über relevantes Wissen für die Bearbeitung einer Problemstellung, sind sich dessen aber nicht bewusst. Dieses Phänomen kann als *Inkompetenzillusion* bezeichnet werden (siehe Kapitel 2.1.3).

Insbesondere bei der Anwendung des Gelernten treten oft massive Probleme auf (Gräsel & Mandl, 1999; Stark, 2001; Stark & Mandl, 2000a, 2002). Defizite manifestieren sich beispielsweise in Prüfungssituationen, in denen Ergebnisse empirischer Studien interpretiert werden sollen, oder beim Verfassen einer empirischen Abschlussarbeit.

Sogar einige erfahrene Wissenschaftler haben immer wieder Schwierigkeiten bei der korrekten Handhabung empirischer Forschungsmethoden (vgl. J. Cohen, 1990,

1994; Meehl, 1990; Stark, 2001; Stelzl, 2005). Eine Untersuchung von Oakes (1986) ergab, dass selbst ausgebildete Diplom-Psychologen einfache Signifikanz-tests nicht immer korrekt interpretieren. Dieser Befund wurde von Haller und Krauss (2002) repliziert. Auch bei der Anwendung des für sozialwissenschaftliche Forschung sehr wichtigen Korrelationsbegriffs zeigen sich immer wieder deutliche Probleme (vgl. J. Meyer & Shinar, 1992; Tyroller, 2005).

Für diese Problematik sind offenbar sowohl individuelle Lernvoraussetzungen als auch instruktionale Rahmenbedingungen verantwortlich. Zum einen zeigt sich im Hinblick auf Statistik und Forschungsmethoden bei vielen Studierenden der So-zialwissenschaften eine geringe Lernmotivation, die zu geringer Anstrengung und einer nur oberflächlichen Beschäftigung mit entsprechenden Inhalten führt. Dies beeinträchtigt den Lernerfolg sowie metakognitive Aspekte (z.B. die Fähigkeit zur Einschätzung der eigenen Kompetenz). Auch das Vorwissen in Mathematik ist nicht immer ausreichend, was den Wissenserwerb zusätzlich erschwert. Die kogni-tiven, metakognitiven und motivationalen Voraussetzungen für eine reflektierte Beschäftigung mit Fragen der Statistik sind damit oftmals nicht gegeben. Zum an-deren lassen sich ungünstige Lernbedingungen identifizieren, wie z.B. überfüllte Hörsäle und traditionelle Vorlesungskonzeptionen, die eine eher passive Lernhal-tung fördern (Stark & Mandl, 2000a).

Es stellt sich die Frage, was – trotz ungünstiger Rahmenbedingungen – auf instruk-tionaler Ebene getan werden kann, um die kognitiven, metakognitiven und motiva-tionalen Defizite beim Erlernen methodenbezogener Inhalte zu kompensieren und ein tieferes Verständnis sowie den Erwerb *anwendbaren* Wissens (siehe Kapitel 2.1.2) zu fördern. Es gilt, eine intensivere und tiefergehende Beschäftigung mit den Inhalten zu unterstützen, Fehlkonzepten und Kompetenz- bzw. Inkompetenzillusio-nen vorzubeugen sowie die Wissensanwendung einzuüben. Verschiedene instruk-tionale Maßnahmen wurden diesbezüglich bereits erprobt (vgl. z.B. Lan, 1998; Schulmeister, 1983; Tyroller, 2005). In den letzten Jahren kamen hierbei zuneh-mend computergestützte Lernumgebungen zum Einsatz.

Auch die vorliegende Arbeit befasst sich mit dem computergestützten Wissenser-werb im Bereich Statistik und Forschungsmethoden. Im Kontext einer Lernumge-bung zur Korrelationsrechnung, die auf Prinzipien des problemorientierten Lernens sowie des Lernens mit ausgearbeiteten Lösungsbeispielen basiert, wurden zwei Maßnahmen auf ihre Lernwirksamkeit untersucht: Feedback in Form von Ver-ständnistests mit elaborierter Rückmeldung und kooperatives Lernen in Dyaden (vgl. Krause, Stark & Mandl, 2004). Beide Maßnahmen sollen die Elaboration und Reflexion der Lerninhalte unterstützen und damit ein tieferes Verständnis der Lerninhalte sowie die Wissensanwendung fördern. In einem Laborexperiment wurden Lernen mit und ohne Feedbackmaßnahme sowie kooperatives und individuelles Lernen verglichen.

1.2   Ziele der Arbeit

Die Arbeit hat zwei übergeordnete Ziele, ein eher grundlagenorientiertes und ein stärker anwendungsbezogenes.[1]

Grundlagenorientiertes Ziel: Erkenntnisgewinn zur Wirkung von Feedback und kooperativem Lernen. Das erste Ziel ist der pädagogisch-psychologische Erkenntnisgewinn zur Wirksamkeit von Feedback und kooperativem Lernen. Besondere Aufmerksamkeit gilt hierbei der Kombination der beiden Maßnahmen, da hier die in Lehr-Lernkontexten bisher kaum erforschte Wirksamkeit von *Gruppenfeedback* überprüft werden kann. Neben kognitiven werden auch metakognitive und motivationale Effekte beider Maßnahmen betrachtet.

Der angestrebte Erkenntnisgewinn bezieht sich nicht nur auf den Bereich Statistik bzw. Korrelationsrechnung, sondern generell auf gut strukturierte Domänen. Dem Inhaltsbereich wird aus zwei Gründen dennoch viel Aufmerksamkeit zuteil: Zum einen ist Ausgangspunkt der Arbeit ein praktisches Problem in der Statistikausbildung; die Studie soll Erkenntnisse liefern, die für die Lösung dieses Problems von Nutzen sein können (s.u.). Zum anderen sprechen lern- und motivationspsychologische Überlegungen dafür, instruktionale Maßnahmen im Zusammenhang mit dem vermittelten Inhalt zu betrachten (vgl. hierzu auch Befunde der Expertiseforschung, z.B. Chi, Glaser & Rees, 1982; siehe auch Gruber, 1994; Gruber & Mandl, 1996).

Anwendungsbezogenes Ziel: Erprobung von Förderungsmaßnahmen für die pädagogische Praxis. Es gilt, Maßnahmen zu erproben und zu optimieren, die Lernende beim Wissenserwerb in einem anspruchsvollen Inhaltsgebiet unterstützen – und zwar auch dann, wenn die Lernvoraussetzungen und die Rahmenbedingungen eher ungünstig sind. Im vorliegenden Kontext geht es um den universitären Wissenserwerb in Korrelationsrechnung. Die Korrelationsrechnung ist für forschungsmethodische Kompetenz von zentraler Bedeutung, ein effektiver Wissenserwerb scheitert

---

[1] Diese Ziele lassen sich nicht klar voneinander trennen; das grundlagenorientierte Ziel hat einen deutlichen Anwendungsbezug, beim anwendungsbezogenen Ziel geht es auch um Erkenntnis. Die Unterteilung soll lediglich veranschaulichen, dass in dieser Arbeit sowohl ein genereller pädagogisch-psychologischer Erkenntnisgewinn als auch die Generierung spezieller praktischer Anregungen angestrebt wird.

hier jedoch oftmals an ungünstigen individuellen und instruktionalen Gegebenheiten; das Ergebnis sind verschiedene Wissensdefizite, die die Wissensanwendung behindern (siehe Kapitel 2.1.3).

Zur Förderung des Wissenserwerbs in Korrelationsrechnung eignet sich die problemorientierte, beispielbasierte Lernumgebung „Koralle"; dies wurde in einer vorhergehenden Studie gezeigt (siehe Kapitel 2.7). In der hier präsentierten Studie wurde die Lernumgebung erneut evaluiert. Hierbei wurde untersucht, inwieweit sich Feedback und kooperatives Lernen zur Optimierung der Lernwirksamkeit von Koralle eignen. Mit Blick auf eine nachhaltige Verbesserung des Wissenserwerbs wurde zudem angestrebt, auch metakognitive und motivationale Aspekte zu fördern. Vor dem Hintergrund des anwendungsbezogenen Ziels war eine Maxime der Untersuchung, dass Studierende in *allen* untersuchten Lernbedingungen unterstützt und zu ausdauerndem und effektivem Lernen bewegt werden sollten. Es wurden daher nur Bedingungen realisiert, die nicht nur aus forschungsmethodischer, sondern auch aus didaktischer Sicht sinnvoll sind.

Generell soll die Arbeit praktische Anregungen geben, die auch auf andere Inhaltsbereiche und Zielgruppen übertragbar sind: zur Förderung von Lernleistung und Motivation, zur Gestaltung von Feedback und kooperativem Lernen, zum computergestützten, zum problemorientierten und zum beispielbasierten Lernen sowie zur Berücksichtigung von Lernvoraussetzungen.

1.3   Aufbau der Arbeit

Der Theorieteil der Arbeit (Kapitel 2 bis 5) ist folgendermaßen strukturiert:

In *Kapitel 2* wird der theoretische und empirische Hintergrund der Lernumgebung beschrieben. Zunächst wird auf den Wissenserwerb im Bereich Statistik und Forschungsmethoden und speziell in Korrelationsrechnung eingegangen. Hierbei wird die dieser Arbeit zugrundeliegende Auffassung von Wissen und Wissenserwerb dargestellt. Weiterhin wird beleuchtet, in welcher Form Wissen in Korrelationsrechnung bei vielen Studierenden der Sozialwissenschaften vorliegt, welche Defizite auftreten und wie Lernumgebungen zu gestalten sind, um diesen Defiziten vorzubeugen. Als möglicher Lösungsansatz wird die Gestaltung computergestützter Lernumgebungen aufgezeigt, innerhalb derer Prinzipien problemorientierten und beispielbasierten Lernens umgesetzt werden. Es folgen Ausführungen zum problemorientierten Lernen, zum Lernen mit ausgearbeiteten Lösungsbeispielen sowie zum computergestützten Lernen. Danach wird die Gestaltung der Lernumgebung beschrieben, und es werden erste Evaluationsergebnisse präsentiert. Abschließend werden Konsequenzen für die vorliegende Studie abgeleitet.

Kapitel 3 erläutert den theoretischen und empirischen Hintergrund der Feedbackmaßnahme. Es wird auf die beiden zentralen Einflussfaktoren der Feedbackwirkung eingegangen: die Feedbackgestaltung und die Feedbackrezeption. Danach erfolgen Anmerkungen zu Feedback in computergestützten Lernumgebungen und zu Gruppenfeedback. Schließlich werden Konsequenzen für die vorliegende Studie abgeleitet, und es wird die Gestaltung der Feedbackmaßnahme beschrieben.

In *Kapitel 4* wird der theoretische und empirische Hintergrund des kooperativen Lernens dargestellt. Auch hier werden zentrale Einflussfaktoren der Wirkung thematisiert: die Aufgabe (Lerninhalt, Aufgabenstellung, Ziel- und Bewertungsstrukturen), die Kooperationsform (Art und Grad der Strukturierung der Kooperation) sowie die Gruppenzusammensetzung (Gruppengröße, Eigenschaften der Gruppenmitglieder). Die nachfolgenden Ausführungen beziehen sich auf kooperatives Lernen am Computer. Den Abschluss bilden Konsequenzen für die vorliegende Studie sowie eine Beschreibung der implementierten Kooperationsmaßnahme.

Kapitel 5 ist weiteren relevanten Variablen gewidmet: dem Vorwissen, metakognitiven und motivationalen Variablen, den Einstellungen zu verschiedenen Sozialformen beim Lernen sowie der Lernzeit. Diese Variablen sind in dieser Studie zum Teil als Lernvoraussetzungen und zum Teil als abhängige Variablen von Bedeutung. Die Lernvoraussetzungen sowie die Lernzeit sind zudem als potentielle Kontrollvariablen relevant. Nach einer Beschreibung der verschiedenen Aspekte werden Konsequenzen für die vorliegende Studie gezogen.

Kapitel 6 leitet zum empirischen Teil der Arbeit über. Es werden die Fragestellungen der Untersuchung vorgestellt und aus den Ausführungen des Theorieteils Hypothesen abgeleitet.

Kapitel 7 erläutert die Methode. Es werden die Stichprobe, das Design, die Implementation der Lernumgebung, die Operationalisierung der unabhängigen Variablen, der Untersuchungsablauf sowie die Verfahren zur Erhebung der Lernvoraussetzungen und der abhängigen Variablen beschrieben.

In *Kapitel 8* werden die Ergebnisse der Studie aufgeführt. Nach einer Überprüfung der internen Validität werden kognitive, metakognitive und motivationale Effekte der Feedbackmaßnahme und des kooperativen Lernens dargestellt. Zudem werden Einflüsse des themenspezifischen Vorwissens (das als zentrale Lernvoraussetzung

gilt) betrachtet. Ebenfalls beleuchtet wird die Bedeutung der Lernzeit im vorliegenden Kontext.

In *Kapitel 9* werden die Untersuchungsergebnisse zusammengefasst und diskutiert.
Nach Anmerkungen zur internen und externen Validität der Studie und zu den
Lernvoraussetzungen der Probanden wird auf die kognitiven, metakognitiven und
motivationalen Effekte der Maßnahmen sowie die Bedeutung des Vorwissens und
der Lernzeit eingegangen. Schließlich wird erörtert, inwieweit die Ziele der Studie
erreicht wurden.

In *Kapitel 10* werden Konsequenzen für die weitere Forschung und für den Einsatz
der erprobten Maßnahmen in der instruktionalen Praxis gezogen.

2 Theoretischer und empirischer Hintergrund der Gestaltung der Lernumgebung

In der vorliegenden Studie wurde eine problemorientierte, beispielbasierte Lernumgebung implementiert. Es handelt sich um die computergestützte Lernumgebung „Koralle" zur Korrelationsrechnung (Tyroller, 2005). Dieses Kapitel beschreibt den theoretischen und empirischen Hintergrund der Konzeption der Lernumgebung. Den Ausgangspunkt bilden Überlegungen zum Wissenserwerb in Statistik und Forschungsmethoden, insbesondere im Bereich der Korrelationsrechnung. Es werden vor allem häufig zu diagnostizierende Wissensdefizite betrachtet. Ausgehend von Überlegungen zu einer möglichen instruktionalen Intervention folgen Ausführungen zum problemorientierten, zum beispielbasierten und zum computergestützten Lernen. Danach wird die Lernumgebung beschrieben, und es werden erste Evaluationsergebnisse dargestellt. Das Kapitel schließt mit Konsequenzen für die vorliegende Studie.

2.1 Wissenserwerb im Bereich Statistik und Forschungsmethoden

2.1.1 Wissenserwerb als Wissenskonstruktion

In der Pädagogischen Psychologie wird in den letzten Jahren zunehmend eine konstruktivistische Sicht des Lehren und Lernens vertreten (vgl. z.B. Gerstenmaier & Mandl, 1995; Greeno, 1998; Reinmann & Mandl, 2006). Auch die vorliegende Arbeit basiert auf einem konstruktivistischen Lernbegriff. Anders als die traditionelle Auffassung von Lehr-Lernprozessen, der zufolge Wissen wie ein Gegenstand vom Lehrenden zum Lernenden transportiert werden kann, geht die konstruktivistische Perspektive davon aus, dass Lernen eine *aktive Wissenskonstruktion* durch den Lernenden erfordert. Das Wissen, das der Lernende konstruiert, ist kein Abbild des

Lehrerwissens, sondern es ist von Vorkenntnissen, Erfahrungen und Überzeugungen des Lernenden geprägt (siehe auch Kapitel 5.1).

Die Wissenskonstruktion findet vor dem Hintergrund soziokultureller Bedingungen und häufig in einem sozialen Rahmen statt, sie ist also sozial beeinflusst (vgl. Law & Wong, 1996; Mandl & Krause, 2003; Reinmann & Mandl, 2006). Auch Gruppen werden innerhalb der Kleingruppenforschung zunehmend als informationsverarbeitende Systeme angesehen, die gemeinsam Wissen konstruieren können (vgl. Hinsz, Tindale & Vollrath, 1997; siehe Kapitel 4.3); der Prozess der gemeinsamen Wissens- oder Bedeutungskonstruktion wird auch als Ko-Konstruktion von Wissen bzw. Bedeutung bezeichnet (vgl. F. Fischer, 2002).

Je nach Gestaltung der Lernumgebung und in Abhängigkeit von Lernvoraussetzungen konstruieren Lernende unterschiedliche Arten von Wissen, die sich in Bezug auf mehrere Dimensionen unterscheiden. Diese Dimensionen werden im nächsten Abschnitt dargestellt.

2.1.2   Dimensionen des Wissens

Wissen lässt sich anhand folgender Dimensionen kategorisieren: Inhalt, Bewusstheit, Repräsentation, Wissenschaftlichkeit, Umfang, Tiefe und Anwendbarkeit (vgl. auch Krause & Stark, 2006a). Diese Dimensionen sind nicht unabhängig voneinander; sie überschneiden sich zum Teil, zum Teil beziehen sie sich auf unterschiedliche Ebenen. Eine klare Trennung ist daher weder theoretisch noch empirisch möglich. Die Einteilung soll lediglich verdeutlichen, dass es Unterschiede in der Wissensqualität (vgl. de Jong & Ferguson-Hessler, 1996) gibt, denen in lehr-lernpsychologischen Untersuchungen Rechnung zu tragen ist.

Inhalt. Bei der Inhaltsdimension geht es um die Frage, worauf sich das Wissen bezieht. In der kognitionspsychologischen Literatur hat sich vor allem die Unterteilung in *deklaratives* und *prozedurales* Wissen eingebürgert. Deklaratives Wissen ist Wissen über Fakten, Bedeutungen von Symbolen und die Konzepte und Prinzipien einer Domäne. Prozedurales Wissen bezieht sich auf Handlungen und Fertigkeiten, also auf Können. Nach J. R. Anderson (1983) ist prozedurales Wissen durch Übung zu Routine gewordenes deklaratives Wissen. Bereits der diesbezüglich häufig zitierte Philosoph Ryle (1949) unterschied „Wissen, dass" und „Wissen, wie". Paris, Lipson und Wixson (1983) ergänzten „Wissen, wann und warum", die *kondi-*

tionale Komponente. Konditionales Wissen ist Wissen darüber, in welcher Situation ein bestimmtes Wissen zur Anwendung gelangen sollte.

Dochy und Alexander (1995) unterscheiden zudem *domänenspezifisches* und *domänenübergreifendes* Wissen. Diese Unterteilung trägt der Erkenntnis Rechnung, dass Lernen deutlich domänenspezifischer ist als oftmals im Rahmen früherer Forschungsaktivitäten angenommen (vgl. hierzu Ergebnisse der Expertiseforschung, z.B. Chi et al., 1982; siehe auch Gruber, 1994; Gruber & Mandl, 1996). Eine Unterform des domänenspezifischen Wissens ist das *themenspezifische* Wissen, das sich auf einen bestimmten Gegenstand oder eine bestimmte Aufgabe bezieht (vgl. z.b. Alexander, Kulikowich & Schulze, 1994).

Bewusstheit. Die Bewusstheitsdimension bezieht sich auf die Frage, inwiefern das Wissen *explizit* bzw. explizierbar ist oder in *impliziter* Form vorliegt. Explizites Wissen ist verbalisierbar, kann also bewusst aktiviert werden. Deklaratives Wissen ist in der Regel explizit. Implizites Wissen (vgl. z.b. Neuweg, 1999) ist im Allgemeinen nicht oder nur schwer verbalisierbar und wird automatisch und unbewusst aktiviert (siehe auch Perrig, Wippich & Perrig-Chiello, 1993). Prozedurales Wissen ist zu einem großen Teil implizit.

Repräsentation. Bei der Repräsentation geht es um die Form, in der das Wissen abgespeichert ist. Für deklaratives und prozedurales Wissen existieren unterschiedliche Repräsentationsmodelle. Deklaratives Wissen ist kognitionspsychologischen Modellen zufolge in assoziativen Netzwerken repräsentiert, die u.a. Schemata umfassen. Schemata sind Wissensstrukturen, in denen als typisch erlebte Eigenschaften und Zusammenhänge eines Realitätsbereichs (z.b. „Schule") repräsentiert sind (vgl. Mandl, Friedrich & Hron, 1988). Prozedurales Wissen liegt nach Newell und Simon (1972) in Form von Produktionsregeln vor. Diese Wenn-dann-Regeln sind als konkrete Handlungsanleitungen zu verstehen: Wenn eine bestimmte Bedingung vorliegt, dann handle in dieser oder jener Weise.

Neben Modellen sprachbasierter Repräsentation wurden Modelle *analoger* Repräsentation entwickelt. Analoge Repräsentationen sind Abbildungen, die die Merkmale eines Objekts zumindest teilweise beibehalten, also den äußeren Gegebenheiten ähneln (vgl. Steiner, 1988). Sind diese Ähnlichkeiten eher strukturell, spricht man von *mentalen Modellen*. Mentale Modelle sind oftmals zentraler Bestandteil subjektiver Theorien (s.u.).

Für Lernprozesse ist neben der *Art* der Wissensrepräsentation auch ihre *Strukturiertheit* von Bedeutung. Wissenskomponenten können stark vernetzt sein, aber auch als „Inseln", also kompartmentalisiert vorliegen (Mandl, Gruber & Renkl, 1993). Je besser das Wissen vernetzt ist, umso schneller laufen Abrufprozesse ab (vgl. Klimesch, 1995). Beispielsweise ist das Wissen eines Experten gut strukturiert und stark vernetzt (vgl. z.b. Gruber & Mandl, 1996). Diese Struktur erlaubt Experten in ihrer Domäne eine schnelle und in weiten Teilen automatische Vorwissensaktivierung (Krause & Stark, 2006a) sowie überragende Gedächtnisleistungen, begünstigt also das Verstehen und Behalten neuer Informationen (vgl. z.b. Boshuizen, 2004).

Wissenschaftlichkeit. Bei der Wissenschaftlichkeit geht es um die Frage, inwiefern das Wissen „korrekt" bzw. mit wissenschaftlichen Erkenntnissen vereinbar ist. Menschen verfügen über reichhaltiges Alltagswissen und entwickeln aufgrund ihrer Erfahrungen subjektive Theorien über Objekte und Zusammenhänge (vgl. Groeben, Wahl, Schlee & Scheele, 1988). Diese Theorien, die z.T. auf jahrelanger Erfahrung beruhen und sich im Alltag vielfach bewährt haben (vgl. Smith, diSessa & Roschelle, 1993), sind stark wahrnehmungs- und handlungsleitend und daher auch für Lernprozesse relevant. Diese Art von Wissen stimmt allerdings nicht immer mit wissenschaftlichem Wissen überein. Häufig liegen Fehlkonzepte oder starre Klischeevorstellungen vor, die den Erwerb wissenschaftlich „korrekten" Wissens beeinträchtigen können (vgl. z.b. Bertholet & Spada, 2004; Champagne, Klopfer & Gunstone, 1982; Stark, 2003).

Umfang. Die Umfangsdimension bezieht sich auf die Größe der Wissensbasis. Je umfangreicher und vernetzter (s.o.) das Wissen, desto schneller und effektiver kann gelernt werden, da sich vielfältige Anknüpfungspunkte für neue Informationen bieten (vgl. Klimesch, 1995). Diese Tatsache wird nach dem Zitat aus dem Matthäus-Evangelium „Wer da hat, dem wird gegeben" häufig als „Matthäus-Prinzip" bezeichnet.

Tiefe. Die Dimension der Tiefe bezieht sich darauf, ob Wissen eher oberflächlich ist oder ob tieferes Verstehen vorliegt (vgl. auch de Jong & Ferguson-Hessler, 1996). Die Unterscheidung einer oberflächlichen versus tiefenorientierten Informationsverarbeitung wird innerhalb der Kognitiven Psychologie bereits seit Jahrzehnten vorgenommen. Das Konzept der Tiefe der Informationsverarbeitung geht auf Craik und Lockart (1972) zurück, die mehrere Verarbeitungsebenen (*levels of processing*) postulieren. Je tiefer die Verarbeitungsebene, desto besser ist den Autoren zufolge Behalten und Abruf von Informationen.

Mehrere Arbeiten der Lehr-Lernforschung weisen darauf hin, dass eine tiefe Verarbeitung das Verstehen fördert, während eine flüchtige, oberflächliche Rezeption von Informationen leicht zu Wissenslücken, Fehlkonzepten und Verstehensillusionen führt (vgl. Baker, 1985; Chi, Bassok, Lewis, Reimann & Glaser, 1989; Kintsch, 1996). Ein tieferes Verstehen (vgl. Kintsch, 1998) bzw. bedeutungsvolles Lernen (*meaningful learning*, Ausubel, 2000) ist entscheidend für das weitere Lernen und eine erfolgreiche Wissensanwendung (s.u.). Experten neigen im Kontext ihrer Domäne dazu, neue Informationen tiefenorientiert (also strukturbezogen) wahrzunehmen und zu speichern, während Novizen sich eher an Oberflächenmerkmalen orientieren (vgl. Chi, Feltovich & Glaser, 1981). Dieses tiefenorientierte Wissen erleichtert es Experten, die Struktur neuer Aufgaben bzw. Lerninhalte zu erkennen, also relevantes Vorwissen (siehe Kapitel 5.1) zu aktivieren.

Anwendbarkeit. Bei der Anwendbarkeit geht es um die Frage, welche Operationen das Wissen generell oder in einer bestimmten (Lern-)Situation erlaubt. Für diesen Aspekt sind alle bereits genannten Kategorien (Inhalt, Bewusstheit, Repräsentation, Wissenschaftlichkeit, Umfang und Tiefe) von Bedeutung. Je nach Ausprägung dieser Dimensionen liegen verschiedene Arten des Wissens und Könnens vor. Verfügt ein Lernender in einem Gebiet ausschließlich über deklaratives Wissen, kommt es vor, dass dieses in konkreten Lern- oder Problemlösesituationen nicht genutzt wird (z.b. Stark, Mandl, Gruber & Renkl, 1998). Ein Wissen, das zwar abgefragt werden kann, bei der Bearbeitung konkreter Problemstellungen jedoch nicht zur Anwendung gelangt, wird in der Pädagogischen Psychologie häufig als „träges" Wissen bezeichnet (*inert knowledge*, Whitehead, 1929; vgl. auch Renkl, 1996). Auch dann, wenn zwar prozedurales Wissen vorliegt, aber konditionales Wissen fehlt, ist mit Schwierigkeiten bei der Wissensanwendung zu rechnen, was bereits in klassischen Experimenten zum Problemlösen gezeigt wurde (z.B. Luchins, 1942; vgl. auch Bertholet & Spada, 2004).

Wenn Wissen im Zusammenhang mit neuen, in der Lernsituation nicht vorhandenen Anforderungen zur Anwendung kommt, wird dies als *Transfer* bezeichnet (vgl. Larkin, 1989; Mähler & Stern, 2006). Beim Transfer sind verschiedene (inhaltliche) Distanzen zwischen Lern- und Anwendungskontext möglich; entsprechend wird häufig von „nahem" und „weitem" Transfer gesprochen. Je größer die Distanz, also die Unterschiedlichkeit der Aufgabenkontexte, desto schwieriger ist oftmals der Transfer vom einen auf den anderen Kontext (vgl. z.B. Mähler & Stern, 2006). Je besser Lernende den Transfer beherrschen, desto kreativer und effizienter sind ihr Denken und ihre Leistung (Haskell, 2001).

In der vorliegenden Studie werden verschiedene Transferformen zumeist unter den Begriffen *anwendbares* bzw. *transferierbares Wissen* oder *Wissensanwendung* zusammengefasst. Hiermit ist die Wissensnutzung für die Bearbeitung einer Problemstellung außerhalb der Lernsituation gemeint.

2.1.3   Wissen im Bereich Korrelationsrechnung

Bereits im ersten Kapitel wurde auf Schwierigkeiten eingegangen, die Studierende (und auch einige Absolventen) der Sozialwissenschaften im Bereich Statistik und Forschungsmethoden haben: Oftmals liegen Fehlkonzepte und Verstehensillusionen vor, es fehlt ein tieferes Verständnis, vor allem aber bereitet die Anwendung des Gelernten Probleme. Wissen liegt also offenbar häufig in einer defizitären Form vor, die eine erfolgreiche Bearbeitung von Problemstellungen erschwert.

Ansatzpunkte für eine geeignete instruktionale Intervention liefert die Charakterisierung des Wissens anhand der im vorherigen Abschnitt beschriebenen Dimensionen, also eine Diagnose der vorliegenden Wissensart (Krause & Stark, 2006a). Diese wird nachfolgend für den Bereich der Korrelationsrechnung vorgenommen. Die Darstellung basiert auf Erfahrungen und empirischen Befunden zu Wissenserwerb, Wissensarten und Wissensanwendung in dieser Domäne (z.B. Haller & Krauss, 2002; Renkl, 1993; Stark, 2005; Stark & Krause, 2006).

Inhalt. Studierende der Sozialwissenschaften verfügen in der Korrelationsrechnung zumeist eher über deklaratives Wissen, also Faktenwissen („Wissen, dass"). Beispielsweise kann der Begriff der Korrelation (zumindest leidlich) definiert werden. Weiterhin ist häufig bekannt, dass aus einer Korrelation nicht auf Kausalität geschlossen werden darf. Prozedurales Wissen, also Können („Wissen, wie"), liegt oftmals in geringerem Umfang vor, konditionales Wissen („Wissen, wann und warum") ist vielfach kaum oder gar nicht vorhanden. Viele Studierende wissen z.B. nicht, was zu tun ist, wenn sich innerhalb einer Studie ein erwartungswidriger Korrelationskoeffizient ergibt, oder wie bei verschiedenen Datenlagen mit Ausreißern umzugehen ist. Zumeist sind also Begriffe und Definitionen, evtl. auch Formeln bekannt, forschungsmethodische Fertigkeiten sowie ein Wissen darüber, in welchem Zusammenhang diese einzusetzen sind, fehlen.

Bewusstheit. Zuweilen liegt zwar prozedurales Wissen im Bereich Korrelationsrechnung vor, den Studierenden ist aber dann, wenn ein konkretes forschungsmethodisches Problem zu lösen ist, *nicht bewusst*, dass sie über relevantes, nützliches Wissen verfügen. Beispielsweise wissen einige Studierende *implizit*, dass für einen aussagekräftigen Pearson-Produkt-Moment-Korrelationskoeffizienten Linearität und Homoskedastizität der Verteilung notwendig sind. Dieses Wissen ist jedoch nicht explizierbar, und in relevanten Situationen kann nicht darauf zugegriffen werden. Zudem liegt Wissen vor, das zwar im Prinzip explizierbar ist, aber dennoch in der Anwendungssituation nicht expliziert und genutzt wird. Man könnte hier von einer *Inkompetenzillusion* sprechen (als Gegenstück zur Kompetenzillusion). Selbst wenn z.b. das Konzept der Störvariable bekannt ist, wird jedoch bei einem erwartungswidrigen Korrelationskoeffizienten nicht immer nach Variablen gesucht, die die Korrelation beeinflussen. Das Konzept der Störvariable wird nicht als möglicher Ansatzpunkt für die Problemlösung erkannt. Dies hat auch mit der Repräsentation des Wissens zu tun (s.u.).

Repräsentation. Wissen über Korrelationsrechnung ist häufig kompartmentalisiert, liegt also in Form unvernetzter „Wissensinseln" vor. Einzelne Wissenselemente können reproduziert, Zusammenhänge jedoch kaum hergestellt werden. Die mangelnde Vernetzung erschwert den Wissensabruf, das Verständnis, den weiteren Wissenserwerb und die Wissensanwendung. Beispielsweise wird das Konzept der Varianz häufig nicht mit dem der Korrelation in Beziehung gesetzt; die Bedeutung der Größe der Streuung für die Höhe der Korrelation wird auf diese Weise nicht gesehen. Dies gilt auch für andere Faktoren, die die Höhe des Korrelationskoeffizienten beeinflussen (wie Störvariablen, s.o.).

Wissenschaftlichkeit. Das vorhandene Wissen ist oftmals fehlerhaft. Es liegen Fehlkonzepte vor, die zu Verständnisschwierigkeiten und Fehlern bei der Anwendung forschungsmethodischer Verfahren führen. Besonders häufig findet sich in Bezug auf die Korrelationsrechnung das Fehlkonzept, die Korrelation zwischen Merkmalen könne (bei einmaliger Messung der Merkmale) für einen einzelnen Merkmalsträger bestimmt werden („bei Person A korreliert Merkmal X mit Merkmal Y"). Es wird nicht verstanden, dass die Berechnung einer Korrelation Messwertreihen von Variablen erfordert. Weiterhin wird gelegentlich eine Korrelation von 1 als Identität verstanden oder eine negative Korrelation als nicht vorhandener Zusammenhang interpretiert. Zuweilen wird außerdem von einer Korrelation auf Kausalität geschlossen. Diese Problematik hängt u.a. mit einer vielfach zu beobachtenden *alltagspsychologischen* Verwendung des Korrelationsbegriffs zusammen.

Umfang. Die Wissensbasis im Hinblick auf Korrelationsrechnung ist bei vielen Studierenden eher klein. Oft liegen deutliche Wissenslücken vor, die das Verständnis und die Wissensanwendung behindern. Viele Studierende wissen beispielsweise nicht, was heterogene Untergruppen sind, was unter Homoskedastizität zu verstehen ist, wie sich ein Ausreißer auf die Höhe des Korrelationskoeffizienten auswirkt oder wann ein Ausreißer eliminiert werden darf.

Tiefe. Das vorliegende Wissen ist vielfach eher oberflächlicher Art. Konzepte und Verfahren sind zwar oftmals bekannt und können definiert werden, es fehlt jedoch ein tieferes Verständnis, das für eine effektive und flexible Wissensanwendung notwendig ist. Beispielsweise wissen die Studierenden möglicherweise, welche

Faktoren die Höhe des Korrelationskoeffizienten beeinflussen; bei der Analyse von Streuungsdiagrammen zeigt sich jedoch, dass kein tieferes Verständnis vorliegt. Insbesondere fehlt ein Verständnis relevanter deskriptiver Parameter, vor allem des Konzepts der Varianz. Selbst das Prinzip der Variable wird von einigen Studierenden nicht verstanden, beispielsweise die Tatsache, dass eine Variable viele Ausprägungen haben kann. Vielen Studierenden fehlt zudem ein Verständnis der relevanten mathematischen Formeln.

Anwendbarkeit. Für die Anwendbarkeit bzw. Transferierbarkeit sind alle zuvor genannten Eigenschaften des Wissens relevant. Aufgrund der erwähnten Defizite haben Studierende häufig bereits bei der Anwendung *einfacher* statistischer Verfahren auf konkrete Problemstellungen Schwierigkeiten. Entweder fehlt das notwendige Wissen ganz, oder erworbene Kenntnisse und Fertigkeiten werden nicht genutzt, das Wissen bleibt also träge. Wenn die Anwendung doch erfolgt, dann zuweilen in fehlerhafter Weise (Stark & Krause, 2006).

Ziel von Lernangeboten zur Korrelationsrechnung muss daher sein, *anwendbares* Wissen zu fördern. Hierfür ist es notwendig, neben deklarativem auch prozedurales und konditionales Wissen zu vermitteln (Inhalt), implizite Aspekte zu explizieren und die Anwendbarkeit des Wissens bewusst zu machen (Bewusstheit), die Vernetzung der Wissenselemente zu unterstützen (Repräsentation), Fehlkonzepte zu korrigieren (Wissenschaftlichkeit), Wissenslücken zu schließen (Umfang) und ein tieferes Verständnis zu fördern (Tiefe).

2.1.4   Gestaltung von Lernumgebungen zu Themen der Statistik

In der traditionellen Statistik- und Methodenausbildung wird Wissen oftmals im Frontalunterricht vermittelt, ggf. unterstützt durch tutorengeleitete Übungen und/oder empirische Praktika. Konzepte und Verfahren werden in systematischer Weise präsentiert, und in Übungen bzw. Praktika werden diese erprobt.

Da die Domäne anspruchsvoll ist und zugleich gut strukturiert (also Aussagen über richtig und falsch erlaubt), ist eine systematische Instruktion, die auch auf Fehler hinweist, sinnvoll. Innerhalb traditioneller Instruktion in diesem Bereich wird Wissen jedoch oftmals unabhängig von konkreten Anwendungssituationen erworben. Zudem erfordert Frontalunterricht wenig *Aktivität* der Lernenden. Die Aktivität des Lernenden ist jedoch ein wesentlicher Einflussfaktor erfolgreichen Wissenserwerbs (siehe Abschnitt 2.1.1). Das Erlernen forschungsmethodischer Verfahren erfolgt somit oftmals eher in passiver Weise und/oder unabhängig von authentischen Anwendungskontexten. Ergänzende praktische Übungen können zudem angesichts großer Studierendenzahlen häufig nicht intensiv genug angeleitet werden.

Zugleich unternehmen viele Studierende der Sozialwissenschaften aufgrund der häufig geringen Lernmotivation in diesem Bereich (siehe Kapitel 1) selbst wenig Anstrengung, zu einem tieferen Verständnis der Lerninhalte zu gelangen und die Wissensanwendung selbstgesteuert einzuüben. Das Resultat ist oftmals ein Wissen, das die bereits beschriebenen Defizite aufweist (siehe Abschnitt 2.1.3).

Eine Alternative zum herkömmlichen Unterricht sind konstruktivistische Lernumgebungen. In „rein" konstruktivistisch ausgerichteten Lernumgebungen hat der Lernende sehr viel Spielraum für die aktive Wissenskonstruktion, es wird also selbstgesteuert (vgl. Friedrich & Mandl, 1997; Simons, 1992) und entdeckend gelernt (vgl. Bruner, 1961). Beispielsweise werden eigenständig Probleme definiert und Lösungswege gesucht. Der Lehrende fungiert lediglich als Berater, der Lernangebote macht und bei Bedarf Unterstützung bietet. Der Lernende hat also eine aktive Position, der Lehrende eine reaktive.

Beim Wissenserwerb in Statistik und Forschungsmethoden können Novizen und viele fortgeschrittenere Lernende jedoch erfahrungsgemäß mit zu viel Wahlfreiheit nicht effektiv umgehen. Dies hat zum einen motivationale Gründe, zum anderen sind die Studierenden angesichts der anspruchsvollen – und für viele Studierende zudem angstbesetzten – Domäne durch den großen Freiraum eher überfordert (vgl. Lan, 1998; Onwuegbuzie, 2004; Renkl, 1994). Es kann leicht zu kognitiver Überlastung kommen (zum Konzept der kognitiven Last bzw. Cognitive Load vgl. Sweller, 1999; Sweller, van Merriënboer & Paas, 1998; siehe auch Brünken, Plass & Leutner, 2003). Lernende reagieren oftmals mit ineffektiven Suchprozessen, auch als „Schwimmen" bezeichnet (vgl. z.B. J. R. Anderson, Corbett, Koedinger & Pelletier, 1995). Dies geht zu Lasten des Lernerfolgs. Da kaum instruktional eingegriffen wird, entstehen zudem leicht Fehlkonzepte, und es treten Verständnisschwierigkeiten auf. Außerdem ist anzunehmen, dass die Lernenden angesichts geringer Anleitung durch die Lehrenden ein Gefühl geringer Kompetenzunterstützung haben und dadurch demotiviert werden (vgl. Deci & Ryan, 1993, 2000; Prenzel, 1996).

In dieser Domäne erscheinen also weder ein (einseitiger) Frontalunterricht noch eine zu große Offenheit bei der Gestaltung von Lernumgebungen angezeigt. Es gilt, Vorteile beider Lernformen zu nutzen und dabei gezielt auf Anwendungsbezug zu achten. Zugleich ist eine Förderung der Lernmotivation notwendig. Hier setzen *problemorientierte* Lernumgebungen an. Prinzipien problemorientierten Lernens werden im nächsten Abschnitt beschrieben. Diese Prinzipien lassen sich gut im Rahmen *beispielbasierter* Lernumgebungen umsetzen, zudem gilt beispielbasiertes Lernen als effektiv und effizient. Angesichts hoher Studierendenzahlen empfiehlt sich außerdem eine *computergestützte* Umsetzung. Die nachfolgenden Abschnitte befassen sich daher mit dem problemorientierten Lernen, dem Lernen mit Lösungsbeispielen und dem computergestützten Wissenserwerb.

2.2   Problemorientiertes Lernen

Der Ansatz des problemorientierten Lernens basiert auf dem bereits beschriebenen konstruktivistischen Lernbegriff, demzufolge Lernen ein Prozess aktiver Wissenskonstruktion ist (siehe Abschnitt 2.1.1). Problemorientierte Lernumgebungen vereinen Elemente traditioneller und konstruktivistischer Lernumgebungen. Sie bieten den Lernenden sowohl instruktionale Unterstützung (traditioneller Lehr-Lernansatz) als auch Spielraum für die aktive Wissenskonstruktion (konstruktivistischer Lehr-Lernansatz). Zudem wird gezielt auf Anwendungsbezug und Motivationsförderung geachtet. Vielfach wird auch von *situierten* Lernumgebungen gesprochen, da das zentrale Merkmal dieser Lernumgebungen die Einbettung der Lerninhalte in authentische Kontexte, also mögliche Anwendungssituationen ist.

Nachfolgend werden Prinzipien beschrieben, die für problemorientierte Lernumgebungen charakteristisch sind (vgl. Gerstenmaier & Mandl, 1995; Reinmann & Mandl, 2006; Stark & Mandl, 2000b; siehe auch Gräsel, 1997). Diese Prinzipien wurden innerhalb verschiedener konstruktivistisch geprägter Instruktionsansätze realisiert bzw. entwickelt. Hier sind insbesondere die folgenden, häufig zitierten und vieldiskutierten Ansätze zu nennen: der Cognitive-Apprenticeship-Ansatz (kognitive Lehre; A. Collins, Brown & Newman, 1989), der Anchored-Instruction-Ansatz (verankerte Instruktion; Cognition and Technology Group at Vanderbilt [CTGV], z.B. 1997) sowie die Cognitive-Flexibility-Theorie (kognitive Flexibilitätstheorie; Spiro, Feltovich, Jacobson & Coulson, 1992).[1] Bei der Darstellung der Prinzipien wird anhand der oben beschriebenen Wissensdimensionen (siehe Ab-

---

1   Die englischen Begriffe *cognitive apprenticeship, anchored instruction* und *cognitive flexibility* sind in der pädagogisch-psychologischen Literatur geläufiger als die deutschen Übersetzungen. In dieser Arbeit werden daher die englischen Bezeichnungen verwendet.

schnitt 2.1.2) erörtert, inwieweit die Prinzipien für den Erwerb anwendbaren Wissens förderlich sind. Zudem werden motivationale Vorteile thematisiert.

Authentische, relevante Kontexte. Es wird anhand authentischer Kontexte sowie anschaulicher, nachvollziehbarer Problemstellungen gelernt. Oftmals wird, wie im Anchored-Instruction-Ansatz (CTGV, 1997), zudem ein *narrativer* Rahmen gewählt, also eine (authentische) Rahmengeschichte. Die Problemstellungen ebenso wie der narrative Rahmen sind nach Möglichkeit für die Lernenden relevant, knüpfen also an deren Erfahrungswelt an.

Authentische Kontexte und Problemstellungen verdeutlichen Anwendungsmöglichkeiten der Lerninhalte. Auf diese Weise wird konditionales Wissen („Wissen, wann und warum") vermittelt (*Inhaltsdimension*), zudem wird Inkompetenzillusionen vorgebeugt (*Bewusstheit*). Dadurch, dass an Erfahrungen der Lernenden angeknüpft wird, werden die neuen Informationen mit vorhandenem Wissen vernetzt (*Repräsentation*). Es ist insbesondere davon auszugehen, dass das Prinzip der Authentizität die Wissensanwendung fördert (*Anwendbarkeit*). Da die Relevanz der Lerninhalte deutlich wird, ist zudem von günstigen motivationalen Auswirkungen auszugehen.

Multiple Kontexte und Perspektiven. Dieses Prinzip wird im Anchored-Instruction-Ansatz (CTGV, 1997) und dem Cognitive-Flexibility-Ansatz (Spiro et al., 1992) realisiert. Die Lerninhalte werden in mehreren verschiedenen Zusammenhängen und/oder aus verschiedenen Perspektiven betrachtet. Dies ermöglicht es den Lernenden, von oberflächlichen Kontextmerkmalen zu abstrahieren, zugrundeliegende Strukturen zu erkennen und eine ganzheitlichere Sicht auf ein Problem zu erhalten. Auf diese Weise werden die neuen Informationen vielfältig vernetzt (*Repräsentation*), es wird Fehlkonzepten und einseitigen Sichtweisen vorgebeugt (*Wissenschaftlichkeit*) und ein tieferes Verständnis gefördert (*Tiefe*).

Der Einsatz multipler Kontexte, beispielsweise eine Betrachtung einer bestimmten Lösungsprozedur in verschiedenen Zusammenhängen, sollte den Transfer auf eine neue Problemstellung erleichtern. Insbesondere unterstützen multiple Kontexte kognitive Flexibilität (Spiro et al., 1992) bei der Nutzung der erworbenen Kenntnisse und Fertigkeiten (*Anwendbarkeit*).

Soziale Lernsettings. Es werden möglichst viele Phasen gemeinsamen Arbeitens von Lernenden und auch der Interaktion von Lernenden mit Experten integriert; nach Möglichkeit soll also kooperatives Lernen (siehe Kapitel 4) erfolgen. Dies fördert Elaborationsprozesse und kann so ein tieferes Verständnis der Lerninhalte begünstigen (*Tiefe*). In der Interaktion mit anderen können zudem Fehlkonzepte aufgedeckt und korrigiert werden (*Wissenschaftlichkeit*). Die in der Gruppe vorhandene Wissensbasis kann außerdem Wissenslücken kompensieren (*Umfang*). Weiterhin kann die soziale Interaktion die Einführung der Lernenden in eine Expertenkultur (Lave & Wenger, 1991) sowie Kooperationsfähigkeiten fördern (Mandl & Krause, 2003; siehe auch Kapitel 4).

Instruktionale Unterstützung. Lernen ohne Unterstützung ist vor allem für Lernende mit ungünstigen Lernvoraussetzungen (siehe Kapitel 5) oftmals wenig effektiv und führt leicht zu Überforderung, kognitiver Überlastung und ineffektiven Suchprozessen bzw. „Schwimmen" (siehe Abschnitt 2.1.4). Es reicht daher nicht, Lernangebote zu machen, sondern es ist außerdem mit Hilfe gezielter Anleitung sicherzustellen, dass das zur Bearbeitung von Problemen erforderliche Wissen erworben werden kann.

Im Rahmen problemorientierter Lernumgebungen werden häufig die von A. Collins et al. (1989) im Rahmen ihres Cognitive-Apprenticeship-Ansatzes spezifizierten Formen instruktionaler Unterstützung umgesetzt. Innerhalb der Cognitive Apprenticeship werden Prinzipien der Handwerkslehre auf kognitives Lernen übertragen. Zentrales Merkmal dieses Ansatzes ist, dass die Lernenden wie in der Meisterlehre zunächst gezielt angeleitet werden und dann zunehmend eigenständig arbeiten. Es werden folgende Instruktionsmethoden bzw. Phasen unterschieden: Modelling, Coaching, Scaffolding, Fading,[2] Artikulation, Reflexion und Exploration.

Beim Modelling demonstriert ein Experte, wie eine Aufgabe zu bearbeiten ist. Hierbei wird das genaue Vorgehen expliziert. Modelling hilft, Wissenslücken zu kompensieren (*Umfang*) und Fehlkonzepte zu vermeiden oder zu korrigieren (*Wissenschaftlichkeit*). Es kann zudem tieferes Verstehen (*Tiefe*) fördern und demonstrieren, in welchen Zusammenhängen das Wissen zur Anwendung kommen kann (*Anwendbarkeit*). Vorwissensstärkeren Lernenden kann durch Modelling demonstriert werden, dass sie über ein Wissen verfügen, das in einer bestimmten Problemsituation hilfreich ist (*Bewusstheit*).

Nach dem Modelling folgt das Coaching, eine Phase, innerhalb derer die Lernenden selbst Aufgaben bearbeiten und vom Experten unterstützt werden. Lernende mit ungünstigeren Lernvoraussetzungen benötigen mehr instruktionale Anleitung; diese besondere Unterstützung bezeichnen A. Collins et al. (1989) als Scaffolding. Den Lernenden wird durch zusätzliche Hilfen ein „Gerüst" bereitgestellt, das kognitiver Überlastung vorbeugt und den Lernenden trotz ungünstiger Lernvoraussetzungen eine gute Lernleistung und ein tieferes Verstehen ermöglicht (*Umfang, Tie-*

---

2   Da die englischen Begriffe *modelling, coaching, scaffolding* und *fading* in der pädagogisch-psychologischen Literatur geläufiger sind als die deutschen Übersetzungen, werden in dieser Arbeit die englischen Bezeichnungen verwendet.

fe). Auf diese Weise werden zudem Fehlkonzepte vermieden (*Wissenschaftlichkeit*), die durch geringes oder falsches Vorwissen bei geringer Anleitung leicht entstehen können. Scaffolding kann weiterhin vorwissensstärkeren Lernenden verdeutlichen, dass sie über nützliches Wissen verfügen (*Bewusstheit*).

Die Unterstützung wird im Laufe der Lernphase schrittweise ausgeblendet. Diese Phase wird Fading genannt. Fading kann die Selbstwirksamkeit (Bandura, 1997) bzw. das Kompetenzerleben und damit die Lernmotivation fördern (Deci & Ryan, 2000; siehe auch Kapitel 5.3), da die Lernenden nun stärker zu eigenständigem Problemlösen herausgefordert sind (vgl. Lepper & Malone, 1987). Dasselbe gilt für die nachfolgenden Lernphasen. Die Lernenden werden nun angehalten, eigenständig Aufgaben zu bearbeiten und hierbei ihr Vorgehen (auch im Austausch mit anderen) zu artikulieren und zu reflektieren (Artikulation und Reflexion). Schließlich werden mit Hilfe des erworbenen Wissens eigenständig Problemstellungen definiert und bearbeitet (Exploration). Die Komplexität der Inhalte und die Aufgabenschwierigkeit werden Schritt für Schritt gesteigert. Auf diese Weise soll ebenso wie durch Scaffolding kognitiver Überlastung vorgebeugt werden und ebenso wie durch Fading das Kompetenzerleben und damit die Lernmotivation gefördert werden.

Problemorientiertes Lernen bietet den Lernenden also die Möglichkeit, aktiv und selbstgesteuert Wissen zu konstruieren, und stellt zugleich eine ausreichende Unterstützung sicher. Hierbei wird auf Anwendungsbezug sowie eine Förderung der Lernmotivation geachtet. Dieser Lehr-Lernansatz hat sich vielfach bewährt (vgl. A. Collins et al., 1989; CTGV, 1997; Fölling-Albers, Hartinger & Mörtl-Hafizović, 2004) und wird daher als geeignet angesehen, die aufgezeigten Wissensdefizite im Bereich der Korrelationsrechnung zu kompensieren und die Anstrengungsbereitschaft der Lernenden in diesem Inhaltsbereich zu erhöhen.

2.3 Lernen mit ausgearbeiteten Lösungsbeispielen

Das Lernen anhand von Beispielen ist eine traditionelle Methode, abstrakte Sachverhalte zu veranschaulichen und somit die Lernmotivation und den Lernerfolg zu fördern. Gut gewählte (Fall-)Beispiele verknüpfen Alltags- und wissenschaftliches Wissen und stellen das Vorwissen der Lernenden in neue Zusammenhänge (vgl. Mandl, Schnotz & Tergan, 1983; siehe auch Gräsel, 1997; Krause & Stark, 2006a).

Zudem zeigen sie die Relevanz sowie Anwendungsmöglichkeiten des zu erwerbenden Wissens.

Eine besondere Art von Beispielen sind Lösungsbeispiele. Lösungsbeispiele verdeutlichen *Lösungswege* für bestimmte Problemstellungen, also zielführende Vorgehensweisen (Stark, 1999). Lösungsbeispiele, die eine Aufgabenstellung sowie eine genaue Beschreibung des Lösungsweges in Form einzelner Lösungsschritte umfassen, werden als *ausgearbeitete* Lösungsbeispiele bezeichnet (vgl. z.B. Renkl, 1997a; Stark, 1999). In der vorliegenden Studie kamen ausgearbeitete Lösungsbeispiele zum Einsatz; im Folgenden wird zumeist vereinfachend von Lösungsbeispielen bzw. beispielbasiertem Lernen gesprochen.

Nach Reimann (1997) haben Lösungsbeispiele beim Problemlösen drei Grundfunktionen: eine Kontrollfunktion, eine Interpretationsfunktion und eine Lernfunktion. Lösungsbeispiele reduzieren Kontrollprobleme: Sie präsentieren einen Vorschlag für die Reihenfolge der Lösungsschritte; insbesondere Lernende mit wenig Vorwissen können so ohne kognitiv aufwändige Suchprozesse sehen, welcher Lösungsschritt als nächstes durchzuführen ist. Es wird also der Suchraum eingeschränkt, wodurch ein effektives und effizientes Lernen wahrscheinlicher wird. Lösungsbeispiele helfen zudem, eine Aufgabenstellung so zu interpretieren, dass vorhandenes prozedurales Wissen zur Anwendung kommt. Und schließlich unterstützen Lösungsbeispiele Lernprozesse: Sie können den Erwerb deklarativen, prozeduralen und auch konditionalen Wissens fördern.

Die Lernwirksamkeit ausgearbeiteter Lösungsbeispiele insbesondere beim initialen Lernen in wohlstrukturierten Domänen wie Mathematik oder Physik wurde mehrfach gezeigt (z.B. Paas & van Merriënboer, 1994; Reimann, 1997; Stark, 1999; Sweller & Cooper, 1985; Zhu & Simon, 1987). Auch im Bereich Statistik und Forschungsmethoden werden Lösungsbeispiele erfolgreich eingesetzt. Studierende, die zusätzlich zu einer regulären Methodenvorlesung die von Stark und Mitarbeitern entwickelte beispielbasierte, computergestützte Lernumgebung „NetBite" (siehe auch Abschnitt 2.4) bearbeiteten, die die Konzeption und Auswertung einer empirischen Studie demonstriert, erbrachten bessere Leistungen als Studierende, die nur die Vorlesung besuchten. In der Vorlesung wurden dieselben Konzepte und Verfahren behandelt, und es wurden (ebenso wie in der beispielbasierten Lernumgebung) authentische Anwendungskontexte präsentiert (vgl. Stark, 2001). Dennoch zeigte sich ein deutlicher Vorteil der Bearbeitung des Lösungsbeispiels.

Sweller und Cooper (1985) erklären die Wirksamkeit des Lernens mit ausgearbeiteten Lösungsbeispielen damit, dass die Lernenden auf diese Weise Schemata (siehe Abschnitt 2.1.2) bezüglich der notwendigen Lösungsschritte erwerben, die es ermöglichen, ähnlich strukturierte Probleme effektiver zu lösen. Beim Transfer auf neuartige Problemstellungen sind Lösungsbeispiele nach van Merriënboer und Paas (1990) deshalb hilfreich, weil sie es ermöglichen, Analogien zu bilden und auf diesem Wege effizient zu einer Lösung zu gelangen. Ward und Sweller (1990) zufolge ist zudem die Automatisierung von Regeln verantwortlich für die Effektivität und Effizienz des Lernens mit ausgearbeiteten Lösungsbeispielen. Nach Paas und van Merriënboer (1994) setzt die Automatisierung von Regeln kognitive Ressourcen frei, die dem Transfer zugute kommen (für einen Überblick siehe auch Große, 2005).

Die Wirksamkeit des Lernens mit Lösungsbeispielen wird (wie bei jeder anderen Form der Präsentation von Lerninhalten) dadurch bestimmt, wie die Informationen durch die Lernenden verarbeitet werden (Chi et al., 1989). Eine intensive, tiefe Verarbeitung fördert das Verstehen, während eine flüchtige, oberflächliche Verarbeitung leicht zu Wissenslücken, Fehlkonzepten und Verstehensillusionen führt (siehe Abschnitt 2.1.2). Die Tiefe der Verarbeitung von Lösungsbeispielen hängt von Art und Umfang der *Beispielelaboration* ab (Chi et al., 1989; Ferguson-Hessler & de Jong, 1990; Renkl, 1997a; Stark, 1999). Elaborationen können sich auf inhaltliche oder auf strategische Aspekte beziehen (vgl. z.b. Pirolli & Recker, 1994). Wenn im Folgenden von Elaborationen die Rede ist, sind inhaltliche gemeint. Diese werden in der Forschung zum Lernen mit Lösungsbeispielen auch als Selbsterklärungen bezeichnet (vgl. Chi et al., 1989; Renkl, 1997a; Renkl & Atkinson, 2002).

Da innerhalb von Lösungsbeispielen Problemlösungen fertig dargeboten werden, erfolgen Elaborationen jedoch häufig nicht in geeigneter Weise: Oft werden die Lösungsbeispiele einfach durchgelesen (vgl. Renkl, 1997a; Stark, 1999). Die Verarbeitung ist dann eher oberflächlich und passiv. Die Beispielelaboration erfordert daher zumeist instruktionale Unterstützung (vgl. Stark, 1999, 2001).

Innerhalb zahlreicher Forschungsprojekte wurden verschiedene instruktionale Maßnahmen erprobt, die Elaborationsprozesse und damit eine aktivere und tiefere Verarbeitung fördern sollen. Eingesetzt wurden u.a. Selbsterklärungs-Prompts (Aufforderungen, sich Lösungsschritte selbst zu erklären; z.B. Atkinson, Renkl & Merrill, 2003), multiple Lösungswege und Repräsentationen (z.B. Große, 2005) und instruktionale Erklärungen (z.B. Stark, Gruber, Mandl & Hinkofer, 2001). Ebenfalls untersucht wurden die Implementation fehlerhafter Lösungsbeispiele (z.B. Große & Renkl, 2004) sowie der Einsatz von Fading (siehe Abschnitt 2.2) durch sukzessives Weglassen einzelner Lösungsschritte beim Übergang von der Beispielrezeption zum eigenständigen Problemlösen (z.B. Atkinson et al., 2003;

Renkl, Atkinson & Große, 2004). Die erprobten Maßnahmen hatten zumeist günstige Effekte; fehlerhafte Beispiele erwiesen sich jedoch nur für Lernende mit gutem Vorwissen als lernwirksam (Große & Renkl, 2004).

Eine instruktionale Unterstützung von Elaboration und tieferer Verarbeitung empfiehlt sich umso mehr, je ungünstiger die Lernvoraussetzungen der Studierenden sind. Zwar ist die Methode des Lernens aus Lösungsbeispielen insbesondere für vorwissensschwächere Lernende geeignet – bei vorwissensstarken können sich sogar negative Effekte der Methode ergeben, was Kalyuga, Ayres, Chandler und Sweller (2003) als Expertise-Reversal-Effekt bezeichnen – allerdings sind Lernende mit geringem Vorwissen häufig weniger in der Lage, Lösungsbeispiele in geeigneter Weise zu elaborieren. Eine instruktionale Unterstützung der Beispielelaboration ist also vor allem bei wenig Vorwissen angezeigt, außerdem bei ungünstigen metakognitiven und motivationalen Lernvoraussetzungen. Daher empfiehlt sich auch im vorliegenden Kontext der Einsatz instruktionaler Unterstützungsmaßnahmen: Studierende der Sozialwissenschaften sind in diesem Inhaltsgebiet oftmals gar nicht motiviert, Lösungsbeispiele umfangreich zu elaborieren. Vielfach ist zudem das Vorwissen gering, was nicht nur das Elaborieren erschwert, sondern auch eine effektive Kontrolle des Lernprozesses verhindert, also metakognitive Defizite nach sich zieht (siehe Kapitel 1).

Eine ökonomische und bewährte Form instruktionaler Unterstützung stellt die systematische Kombination von ausgearbeiteten Lösungsbeispielen und Problemlöseaufgaben dar. Stark, Gruber, Renkl und Mandl (2000) untersuchten diese Form der Förderung einer intensiveren Auseinandersetzung mit den Lerninhalten im Gebiet des kaufmännischen Rechnens. Fünfzehn Auszubildende einer Bank lernten mit Lösungsbeispielen und Problemlöseaufgaben, fünfzehn andere nur mit Lösungsbeispielen. Die kombinierte Lernmethode förderte sowohl die Quantität als auch die Qualität der Elaborationen. In der kombinierten Lernbedingung zeigten die Probanden zudem signifikant und substantiell bessere Transferleistungen. Die Autoren empfehlen daher, Lernen mit Problemlöseaufgaben und beispielbasiertes Lernen miteinander zu verbinden. Aufgrund der Effektivität der kombinierten Maßnahme kommt diese auch in der vorliegenden Studie zum Einsatz (siehe Abschnitt 2.5).

Das selbstständige Bearbeiten von Problemlöseaufgaben unterstützt Aktivität und Selbststeuerung der Lernenden und dient als Korrektiv für Verstehensillusionen. Nachfolgende Lösungsbeispiele fungieren als Feedback (siehe Kapitel 3); sie können Fehler korrigieren und etwaige Wissenslücken kompensieren. Wird dagegen zuerst das Lösungsbeispiel präsentiert, dient die anschließend selbstständig bearbeitete Aufgabe der Lernerfolgskontrolle. In der vorliegenden Studie wurde die erste Variante gewählt, da in allen Lernbedingungen Feedback vorliegen sollte.

2.4   Computergestütztes Lernen

Computergestützte Lernumgebungen ermöglichen eine selbstgesteuerte, an individuellen Bedürfnissen ausgerichtete Beschäftigung mit Lerninhalten. Auf diese Weise können auch angesichts hoher Studierendenzahlen an der Universität einzelne Lernende gezielte Unterstützung erfahren; Lerninhalte können mit Hilfe computerbasierter Lernumgebungen auf ökonomische Weise flexibel und adaptiv präsentiert werden (vgl. Leutner, 2002). Hintergrund entsprechender Konzeptionen ist häufig eine konstruktivistische Lehr-Lernauffassung (siehe Abschnitt 2.1.1), der zufolge Lernumgebungen *Lernangebote* sind, die die Lernenden in unterschiedlicher Weise für die Wissenskonstruktion nutzen (vgl. Kerres, 2001).

Im Rahmen zahlreicher Studien zum computergestützten Lernen wurden vor allem Effekte unterschiedlicher Repräsentations- bzw. Kodierungsformen untersucht (vgl. z.B. Brünken, Steinbacher, Schnotz & Leutner, 2001; Lewalter, 2003; Schnotz & Bannert, 1999; Weidenmann, 2002). Informationen können je nach Inhaltsbereich, Lernzielen und Lernvoraussetzungen der Zielgruppe sowohl visuell als auch auditiv und sowohl in verbaler als auch bildlicher Form präsentiert werden; zudem besteht die Möglichkeit, animierte Bilder zu integrieren (vgl. z.B. Lewalter, 2003).

Bezüglich der Präsentationsform lassen sich nach Mayer (2003) vor allem vier Effekte unterscheiden: (1) der *Multimediaeffekt*: Medienbasiertes Lernen ist effektiver, wenn sowohl verbale als auch bildliche Informationen präsentiert werden; (2) der *Kohärenzeffekt*: Es wird erfolgreicher gelernt, wenn die Darstellung keine irrelevanten Informationen enthält; (3) der *Effekt der räumlichen Nähe*: Lernen mit Medien ist effektiver, wenn zusammengehörende Texte und Bilder nahe beieinander stehen, und (4) der *Personalisierungseffekt*: Die Darbietung verbaler Informationen in Dialogform ist lernwirksamer als ein konventioneller Text. Bei der Präsentation der Informationen ist generell darauf zu achten, dass kognitive Überlastung vermieden wird (Mayer & Moreno, 2003).

Neben Effekten der Präsentations- bzw. Kodierungsform gilt es beim computergestützten Lernen zu berücksichtigen, dass die Lernenden ein ihren Lernvoraussetzungen entsprechendes Maß an instruktionaler Unterstützung erhalten. Es ist hierbei darauf zu achten, dass die Lernenden weder zu sehr eingeschränkt noch durch zu viel Freiraum überfordert werden (vgl. Mandl & Krause, 2003). Offene hypermediale Lernumgebungen beispielsweise ermöglichen einen hohen Grad an Selbststeuerung. Diese Offenheit kann jedoch zu Überforderung und Desorientierung führen. Lernende reagieren darauf häufig mit unreflektiertem „Datensammeln" oder auch mit einer „Flucht ins Detail", d.h. sie blenden den Gesamtzusammenhang aus. Insbesondere Lernende mit weniger günstigen Lernvoraussetzungen sind in hypermedialen Lernumgebungen leicht überfordert und nutzen folglich die vorhandenen Lernangebote oft nicht in sinnvoller Weise (vgl. Dillon & Gabbard, 1998; F. Fischer, 2001). Ein effektives Lernen findet also nur statt, wenn Lernende bereits über ein Repertoire an Selbststeuerungsstrategien verfügen bzw. wenn sie geeignete instruktionale Unterstützung erhalten (F. Fischer & Mandl, 2002).

Von einem medienbasierten Lernen mit angemessener instruktionaler Unterstützung sind langfristig günstige Effekte für die Selbststeuerungs- sowie die Medienkompetenz (vgl. Mandl & Krause, 2002, 2003) zu erwarten. Angesichts zunehmender Medienpräsenz in allen Lebens- und Lernbereichen braucht der Einzelne Fähigkeiten zum selbstgesteuerten und reflektierten Umgang mit alten und neuen Informations- und Kommunikationstechnologien, insbesondere die Kompetenz zu kritischer Bewertung und Selektion von Informationen (vgl. Aufenanger, 2001; Hamm, 2001; Mandl & Krause, 2003).

Insbesondere in Gebieten, die eine umfangreiche instruktionale Unterstützung erfordern, können zusätzliche computergestützte Lernangebote sehr hilfreich sein; dies gilt innerhalb der Sozialwissenschaften vor allem für den Bereich Statistik und Forschungsmethoden (siehe Abschnitt 2.1.4). Die Möglichkeit, auf diesem Wege den Wissenserwerb zu fördern, wird hier zunehmend genutzt (vgl. Schulmeister, 2001). Beispiele sind die Lernumgebungen „Lernstats"[3] von Schulmeister und M. Jacobs (vgl. Schulmeister, 2001), „Statistik in Anwendung" (vgl. Soellner, Flöter & Scheibner, 2006), Visualstat von Plötzner, Bodemer und Feuerlein (2001)[4] und „Einführung in die Versuchsplanung" von B. Jacobs (2000)[5].

Ein weiteres Beispiel ist die Lernumgebung NetBite zur Planung und Auswertung empirischer Studien (Stark & Mandl, 2002, 2005). Die Lernumgebung wurde am Institut für Pädagogische Psychologie der Universität München im Rahmen einer umfassenden problemorientierten Neukonzeption der Methodenausbildung entwickelt (Stark & Mandl, 2000a) und basiert auf Prinzipien des problemorientierten Lernens sowie des Lernens mit ausgearbeiteten Lösungsbeispielen (vgl. Renkl,

---

3 Verfügbar unter: http://www.lernstats.de/web/php/index.php [08.02.2007]
4 Verfügbar unter: http://www.psychologie.uni-freiburg.de/visualstat [08.02.2007]
5 Verfügbar unter: http://www.phil.uni-sb.de/~jakobs/seminar/vpl [08.02.2007]

Gruber, Weber, Lerche & Schweizer, 2003; Stark, 1999, 2001). In Feldstudien erwarben Studierende, die vorlesungsbegleitend mit NetBite arbeiteten, signifikant mehr anwendbares Wissen als Studierende, die nur die Vorlesung besuchten (vgl. z.B. Stark, Flender & Mandl, 2001; Stark & Mandl, 2002; siehe auch Abschnitt 2.3).

Im Rahmen der Weiterentwicklung von NetBite wurden verschiedene instruktionale Maßnahmen hinsichtlich ihrer Wirkung auf Lernleistung und Motivation überprüft. Vor dem Hintergrund des integrativen Forschungsparadigmas (Stark, 2001, 2004), das auf die Anwendung wissenschaftlicher Erkenntnisse in der pädagogischen Praxis sowie eine wechselseitige Befruchtung von Theorie und Praxis abzielt, wurde dies innerhalb systematisch aufeinander aufbauender Labor- und Feldstudien realisiert (Stark, Bürg & Mandl, 2002; Stark, Flender & Mandl, 2001; Stark & Mandl, 2002, 2005; Stark, Stegmann & Mandl, 2002). Im Rahmen der Forschungsaktivitäten zu NetBite wurde die problemorientierte, beispielbasierte Lernumgebung Koralle zur Korrelationsrechnung konzipiert, die in der vorgestellten Studie zum Einsatz kam.

2.5 Gestaltung der Lernumgebung

Ziele der Konzeption. Die Konzeption der Lernumgebung zielt darauf ab, Studierenden sozialwissenschaftlicher Fächer in möglichst effizienter Weise anwendbares Wissen in Korrelationsrechnung zu vermitteln (Tyroller, 2005; vgl. auch Krause & Stark, 2006b). Es sollte eine Lernumgebung entwickelt werden, die sowohl als Ergänzung zu Lehrveranstaltungen als auch zum selbstgesteuerten Lernen dienen kann. Da Studierende der Sozialwissenschaften häufig eine geringe Lernmotivation bezüglich empirischer Forschungsmethoden zeigen, soll die Lernumgebung nicht nur kognitive, sondern auch motivationale Aspekte fördern.

Thematik. In der Lernumgebung wird das Thema Korrelationsrechnung behandelt. Im Bereich Forschungsmethoden und Statistik gehört die Korrelationsrechnung zu den Inhaltsgebieten, in denen sich besonders häufig Fehlkonzepte und Schwierigkeiten bei der Wissensanwendung zeigen (z.B. J. Meyer & Shinar, 1992; siehe Abschnitt 2.1.3).

Der Schwerpunkt der Lernumgebung liegt auf häufig vernachlässigten Aspekten *deskriptiver* Statistik (vgl. J. Cohen, 1990). Themen sind Linearität sowie der Einfluss von heterogenen Untergruppen und Ausreißern auf den Korrelationskoeffi-

zienten. Für ein tieferes Verstehen sowie eine kompetente Anwendung der Korrelationsrechnung ist es von zentraler Bedeutung, dass deskriptive Aspekte verstanden
werden. Dies gilt insbesondere für die Interpretation von Korrelationskoeffizienten
vor dem Hintergrund von Rohdaten und Streuungsdiagrammen.

Zielgruppen. Hauptzielgruppe der Lernumgebung sind Studierende der Sozialwissenschaften und weiterer Fächer, deren Curricula eine Ausbildung in Statistik bzw.
Forschungsmethoden vorsehen, wie Wirtschaftswissenschaften oder Sportwissen-
schaft. Die Lernumgebung richtet sich außerdem an Wissenschaftler und interes-
sierte Praktiker, die ihre Kenntnisse im Bereich Korrelationsrechnung „auffrischen"
oder ergänzen möchten.

Lernziele. Zentrales Lernziel der Lernumgebung ist der Erwerb anwendbaren Wissens in Korrelationsrechnung. Es soll also ein Wissen erworben werden, das nicht
„träge" bleibt, sondern auf reale Problemstellungen transferiert werden kann (siehe
Abschnitt 2.1.2). Das hierfür notwendige tiefere Verständnis der Inhalte sowie
Kenntnisse über mögliche Anwendungskontexte soll Koralle vermitteln. Ein tieferes Verständnis ist zudem notwendig für ein effektives Weiterlernen im Bereich
Statistik und ist somit ein eigenständiges Lernziel. Die Lernumgebung soll weiterhin häufig zu beobachtende motivationale Defizite der Lernenden kompensieren
und nach Möglichkeit Interesse für den Inhaltsbereich wecken. Fachübergreifende
Lernziele wie ein verbessertes selbstgesteuertes Lernen oder eine höhere Medienkompetenz werden als erwünschte Nebeneffekte betrachtet; angesichts des anspruchsvollen Inhaltsbereichs wurden sämtliche Funktionen der Lernumgebung auf
themenspezifische (kognitive und motivationale) Ziele ausgerichtet.

Didaktisches Konzept. Die Lernumgebung basiert auf Prinzipien des problemorientierten und des beispielbasierten Lernens; zudem wurden Prinzipien des Lernens
mit Multimedia berücksichtigt. Nachfolgend wird die Umsetzung erläutert.

Sämtliche Inhalte und Aufgaben (mit Ausnahme des Glossars, s.u.) werden in einer
festen Reihenfolge präsentiert. Für eine gezielte Unterstützung der Lernenden wurde bewusst eine lineare Struktur und damit ein etwas höheres Maß an Kontrolle
gewählt. Erfahrungsgemäß können viele Studierende mit zu viel Wahlfreiheit beim
Wissenserwerb in dieser Domäne nicht effektiv umgehen. Zudem kann eine große
Offenheit beim computergestützten Wissenserwerb, beispielsweise beim Lernen
mit stark vernetzten und beliebig explorierbaren Hypertexten, leicht zu Überforderung und Desorientierung führen (siehe Abschnitt 2.4). Auf umfangreiche Explora-
tionsmöglichkeiten für die Lernenden wurde daher bei Koralle verzichtet.

Die Lernenden werden innerhalb der Lernumgebung zunächst aufgefordert sich
vorzustellen, sie arbeiteten als Hilfskraft an einem Lehrstuhl und müssten Daten

auswerten, die sie auch für ihre Magisterarbeit nutzen können. Die Daten stammen aus einer (fiktiven) Untersuchung zum komplexen Problemlösen, innerhalb derer verschiedene Merkmale der Probanden, u.a. Intelligenz und Selbstsicherheit, erhoben wurden. Es wird also ein narrativer Rahmen (siehe Abschnitt 2.2) präsentiert. Die narrative Präsentationsform soll die praktische Relevanz der Lerninhalte verdeutlichen und dadurch die Lernmotivation erhöhen. Nach einem Überblick über die Themen der Lernumgebung („Linearität", „heterogene Untergruppen" und „Ausreißer") ist die erste Problemlöseaufgabe zu bearbeiten (siehe Abbildung 2.1).[6]

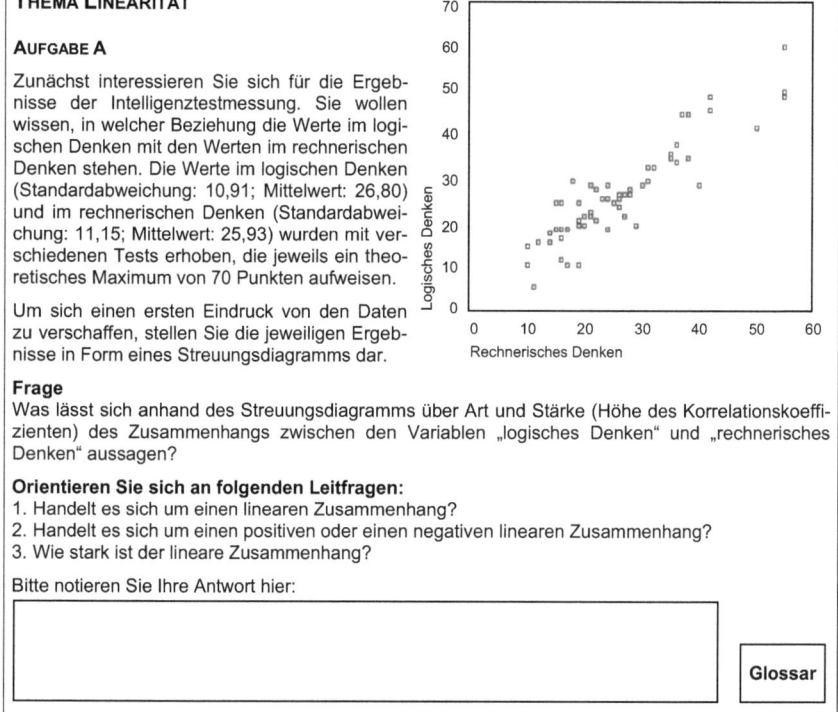

Abb. 2.1: Erste Problemlöseaufgabe

Das zentrale didaktische Prinzip der Lernumgebung ist die systematische Kombination von Problemlöseaufgaben und ausgearbeiteten Lösungsbeispielen. Für jedes der drei Themen werden je zwei Problemlöseaufgaben mit jeweils anschließendem Lösungsbeispiel präsentiert. Abbildung 2.2 gibt das Lösungsbeispiel zur ersten Problemlöseaufgabe wieder.

---

6   In dieser Arbeit werden exemplarisch einige Ausschnitte der Lernumgebung präsentiert. Weitere Informationen können bei der Autorin angefordert werden (u.krause@mx.uni-saarland.de).

THEMA LINEARITÄT – LÖSUNG

AUFGABE A

Was lässt sich anhand des Streuungsdiagramms über Art und Stärke (Höhe des Korrelationskoeffizienten) des Zusammenhangs zwischen den Variablen „logisches Denken" und „rechnerisches Denken" aussagen?

MUSTERLÖSUNG

Lösungsschritt 1: Handelt es sich um einen linearen Zusammenhang?

Die Beziehung zwischen den Werten im logischen Denken und im rechnerischen Denken ist linear, denn die Datenpunkte lassen sich sinnvoll durch eine Gerade anpassen.

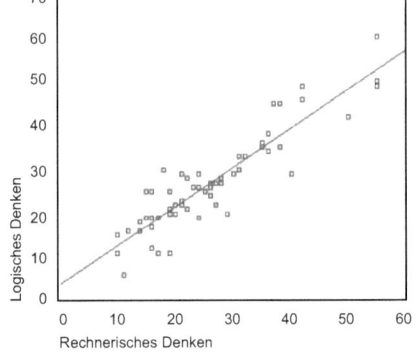

Grafik verändern

nächster Lösungsschritt

EIGENE LÖSUNG

Glossar

THEMA LINEARITÄT – LÖSUNG

AUFGABE A

Was lässt sich anhand des Streuungsdiagramms über Art und Stärke (Höhe des Korrelationskoeffizienten) des Zusammenhangs zwischen den Variablen „logisches Denken" und „rechnerisches Denken" aussagen?

MUSTERLÖSUNG

Lösungsschritt 2: Handelt es sich um einen positiven oder einen negativen linearen Zusammenhang?

Der Zusammenhang zwischen den Werten im logischen Denken und im rechnerischen Denken ist positiv: Probanden, die hohe Werte im logischen Denken erzielen, erzielen hohe Werte im rechnerischen Denken, während Probanden, die niedrige Werte im logischen Denken erreichen, niedrige Werte im rechnerischen Denken aufweisen.

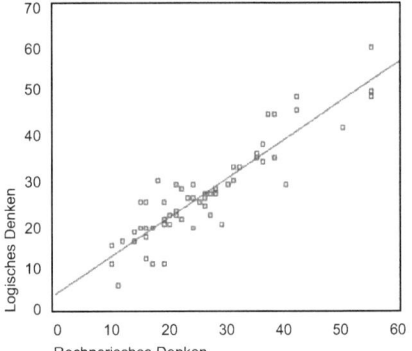

Grafik verändern

vorheriger Lösungsschritt　nächster Lösungsschritt

EIGENE LÖSUNG

Glossar

Abb. 2.2: Lösungsbeispiel für die erste Problemlöseaufgabe (Fortsetzung s.u.)

(Forts. Abb. 2.2)

THEMA LINEARITÄT – LÖSUNG

AUFGABE A

Was lässt sich anhand des Streuungsdiagramms über Art und Stärke (Höhe des Korrelationskoeffizienten) des Zusammenhangs zwischen den Variablen „logisches Denken" und „rechnerisches Denken" aussagen?

MUSTERLÖSUNG

Lösungsschritt 3: Wie stark ist der lineare Zusammenhang?

Hier sind zwei Antworten möglich:

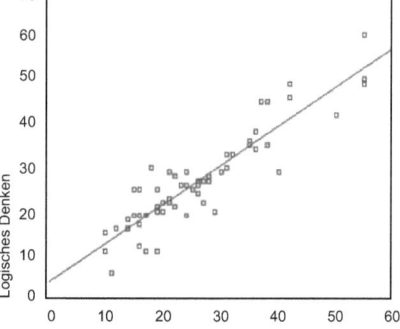

1) Die Datenpunkte streuen nur sehr wenig um die Regressionsgerade. Gleichzeitig streuen die Werte im logischen Denken innerhalb eines weiten Bereichs (die Werte im logischen Denken haben eine Standardabweichung von 10,91 und streuen fast innerhalb des gesamten Wertebereichs der Variablen „logisches Denken"). Folglich liegt ein starker linearer Zusammenhang vor.
2) Da die Variablen „logisches Denken" und „rechnerisches Denken" annähernd gleiche Varianzen und Mittelwerte haben, lässt sich auch die Steigung der Regressionsgeraden sinnvoll interpretieren. Diese liegt im vorliegenden Fall annähernd bei 40°, der Zusammenhang ist also sehr stark (der Korrelationskoeffizient r liegt schätzungsweise bei 0,9).

Grafik verändern

vorheriger Lösungsschritt   nächster Lösungsschritt

EIGENE LÖSUNG

Glossar

THEMA LINEARITÄT – LÖSUNG

AUFGABE A

Was lässt sich anhand des Streuungsdiagramms über Art und Stärke (Höhe des Korrelationskoeffizienten) des Zusammenhangs zwischen den Variablen „logisches Denken" und „rechnerisches Denken" aussagen?

MUSTERLÖSUNG

Fazit: Zwischen den Variablen „logisches Denken" und „rechnerisches Denken" besteht ein sehr starker positiver linearer Zusammenhang ($r \approx .9$).

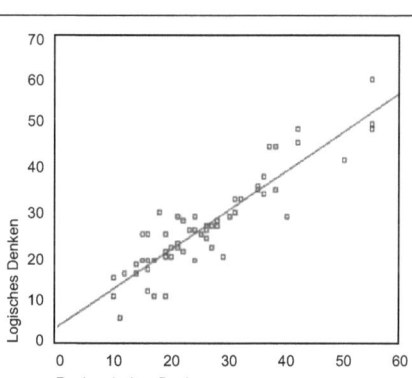

Grafik verändern

vorheriger Lösungsschritt

EIGENE LÖSUNG

Glossar

Das Prinzip der systematischen Kombination von Problemlöseaufgaben und Lösungsbeispielen hat sich innerhalb vorhergehender Studien bereits bewährt (siehe Abschnitt 2.3). Die Problemlöseaufgaben fordern und fördern die Aktivität der Lernenden; die Lösungsbeispiele unterstützen ein tieferes Verständnis der Lerninhalte, indem sie einzelne Schritte einer Musterlösung verdeutlichen. Die Präsentation der Lösungsbeispiele kommt der Demonstration einer Expertenlösung gleich und entspricht damit dem Prinzip des Modelling.

Die Problemlöseaufgaben und Lösungsbeispiele sind in einen authentischen Anwendungskontext eingebettet, die Problemstellungen sind anschaulich und nachvollziehbar. Das Prinzip der Authentizität ist ein zentrales Prinzip problemorientierten Lernens. Es soll ein vertieftes Verständnis der Inhalte und den Erwerb anwendbaren Wissens fördern. Die Darstellung konkreter Anwendungsmöglichkeiten soll zudem, wie die narrative Präsentationsform, die Relevanz der Lerninhalte verdeutlichen und die Lernmotivation fördern. Der Schwerpunkt auf authentischen Problemstellungen, verbunden mit einer geringen Betonung mathematischer Formeln, erleichtert auch Studierenden mit weniger Vorwissen in Mathematik den Zugang zur Thematik. Ziel ist nicht nur, die aktuelle Lernmotivation zu erhöhen, sondern auch längerfristig Berührungsängste zu reduzieren und themenspezifisches Interesse zu wecken.

Ebenfalls ein Prinzip problemorientierten Lernens ist das der multiplen Kontexte. Die Inhalte werden innerhalb verschiedener Zusammenhänge betrachtet. Dies soll kognitive Flexibilität fördern und Fehlkonzepten vorbeugen (Spiro et al., 1992) sowie die Anwendung des Gelernten unterstützen. Bei der Korrelationsrechnung können sich bestimmte Faktoren, wie das Vorliegen von Ausreißern, je nach Datenlage unterschiedlich auf den Korrelationskoeffizienten auswirken. Es werden daher innerhalb von Koralle für jedes dargestellte Problem jeweils zwei verschiedene „Datenkontexte" präsentiert, die unterschiedliche Effekte verdeutlichen. Abbildung 2.3 zeigt die zweite Problemlöseaufgabe. Diese behandelt dieselbe Problematik (Linearität), bezieht sich jedoch auf eine andere Datenlage.

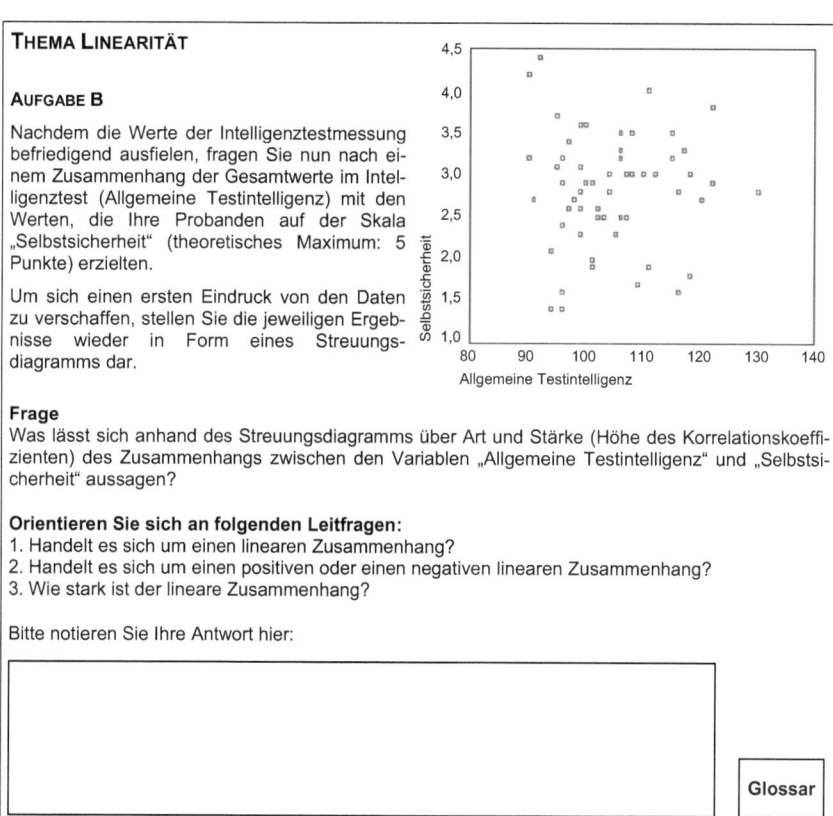

THEMA LINEARITÄT

AUFGABE B

Nachdem die Werte der Intelligenztestmessung befriedigend ausfielen, fragen Sie nun nach einem Zusammenhang der Gesamtwerte im Intelligenztest (Allgemeine Testintelligenz) mit den Werten, die Ihre Probanden auf der Skala „Selbstsicherheit" (theoretisches Maximum: 5 Punkte) erzielten.

Um sich einen ersten Eindruck von den Daten zu verschaffen, stellen Sie die jeweiligen Ergebnisse wieder in Form eines Streuungsdiagramms dar.

Frage
Was lässt sich anhand des Streuungsdiagramms über Art und Stärke (Höhe des Korrelationskoeffizienten) des Zusammenhangs zwischen den Variablen „Allgemeine Testintelligenz" und „Selbstsicherheit" aussagen?

Orientieren Sie sich an folgenden Leitfragen:
1. Handelt es sich um einen linearen Zusammenhang?
2. Handelt es sich um einen positiven oder einen negativen linearen Zusammenhang?
3. Wie stark ist der lineare Zusammenhang?

Bitte notieren Sie Ihre Antwort hier:

Glossar

Abb. 2.3: Zweite Problemlöseaufgabe

Es wurden verschiedene Formen instruktionaler Unterstützung realisiert. Neben Modelling (s.o.) wurden zwei weitere Methoden der Cognitive Apprenticeship (siehe Abschnitt 2.2) umgesetzt: Scaffolding und Fading. Bei den Problemlöseaufgaben werden zunächst Leitfragen zur Strukturierung des Lösungsweges präsentiert. Diese verdeutlichen, auf welche Aspekte bei der Lösung zu achten ist, und dienen somit als Scaffolding. Es soll so eine gezielte Unterstützung aller Lernenden sichergestellt und Fehlkonzepten vorgebeugt werden. Die Leitfragen werden dann schrittweise ausgeblendet, entfallen also im Verlauf der Lernumgebung (Fading). Das Scaffolding unterstützt vor allem Lernende mit wenig Vorwissen und beugt kognitiver Überlastung vor. Fading erhöht die Herausforderung und damit die

Wahrscheinlichkeit, dass sich die Studierenden als kompetent bzw. selbstwirksam erleben (siehe Abschnitt 2.2).

Die Aufgabenschwierigkeit nimmt im Laufe der Lernumgebung zu. Auf diese Weise soll ebenso wie durch Scaffolding kognitiver Überlastung vorgebeugt werden und ebenso wie durch Fading das Kompetenzerleben und damit die Lernmotivation gefördert werden. Zur instruktionalen Unterstützung wurden weiterhin Erklärungen implementiert. Die Erklärungen beziehen sich auf zentrale Begriffe der Korrelationsrechnung und können jederzeit über ein Glossar abgerufen werden. Abbildung 2.4 zeigt exemplarisch die Erläuterung des Begriffs „exponentieller Zusammenhang" im Glossar.

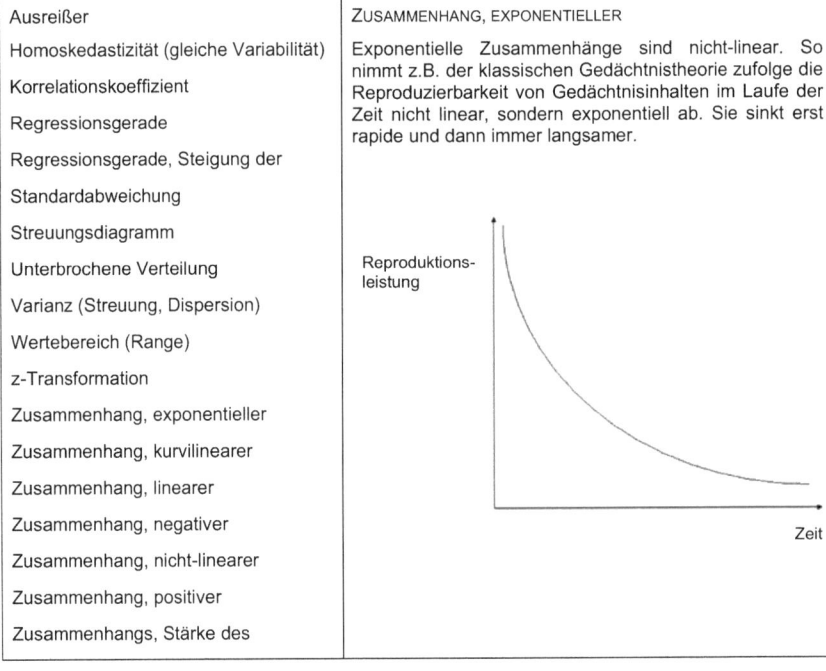

Abb. 2.4: Glossar

Die Erklärungen ermöglichen eine Anpassung der Lernumgebung an unterschiedliches Vorwissen. Zudem erhalten die Lernenden hierdurch ein gewisses Maß an Autonomie, die für die Lernmotivation bedeutsam ist (Deci & Ryan, 1993; 2000; siehe Kapitel 5.3). Das Glossar hilft insbesondere Lernenden mit geringeren Vorkenntnissen, Wissenslücken zu schließen. Die Nutzung des Glossars kann außerdem bei allen Lernenden kognitiver Überlastung vorbeugen sowie ein tieferes Verständnis fördern (vgl. Renkl, 2001, 2002).

Es wurde weiterhin auf eine lernförderliche multimediale Gestaltung geachtet (siehe Abschnitt 2.4). Nach Mayer (2003) wird erfolgreicher gelernt, wenn die Darstellung keine irrelevanten Informationen enthält (*Kohärenzeffekt*). Die narrativen Anteile innerhalb von Koralle beziehen sich daher immer direkt auf die jeweiligen Aufgaben. Die zu Beginn präsentierte kurze Rahmengeschichte ist zwar nicht direkt relevant für die Aufgabenbearbeitung, dient dafür aber motivationalen Zwecken (s.o.).

Mayer (2003) zufolge ist medienbasiertes Lernen außerdem dann effektiver, wenn sowohl verbale als auch bildliche Informationen präsentiert werden (*Multimediaeffekt*). Zusätzlich zu den verbalen Informationen werden entsprechend zahlreiche Grafiken und zudem Tabellen bereitgestellt. Diese multikodale Präsentation soll ein tieferes Verständnis des Lernstoffs fördern (vgl. Lewalter, 2003; Mayer, 2003). Eine Veranschaulichung spezieller Phänomene, beispielsweise der Auswirkung von Ausreißern auf eine Regressionsgerade, wird durch interaktive Grafiken erreicht, die durch Anklicken veränderbar sind. Nach Mayer ist Lernen dann erfolgreicher, wenn zusammengehörende Texte und Bilder nahe beieinander stehen (*Effekt der räumlichen Nähe*); Text, Grafiken und Tabellen werden daher immer gemeinsam präsentiert, ohne dass beispielsweise ein weiteres Navigieren erforderlich ist.

Technisches Konzept. Ziel der technischen Umsetzung ist eine hohe Benutzerfreundlichkeit. Eine effiziente Nutzung der Lernumgebung soll allen Anwendern mit basalen Computerkenntnissen und einer hardware- und softwarebezogenen Standardausstattung möglich sein. Es wurden daher nur didaktisch notwendige Funktionen implementiert; auf rechenintensive Merkmale wurde verzichtet. Koralle erfordert somit keine besonderen technischen Voraussetzungen. Die Lernumgebung ist außerdem in der Nutzung selbsterklärend.

Einsatzbereich. Die Lernumgebung wurde bereits an verschiedenen Instituten in der Lehre eingesetzt: am erziehungswissenschaftlichen und am sportwissenschaftlichen Institut der Universität des Saarlandes, im Studiengang Pädagogik der Universität München, im Studienbereich Erziehungs- und Bezugswissenschaften der Pädagogischen Hochschule Rorschach und an der Psychologischen Fakultät der Universität Heidelberg.

2.6   Erste Evaluation der Lernumgebung

Koralle wurde bereits innerhalb einer experimentellen Laborstudie evaluiert (Tyroller, 2005). Die wichtigsten Ziele, das Design sowie zentrale Befunde dieser Studie werden im Folgenden kurz dargestellt.

Ziele. Primäres Ziel der Studie war es, die Effektivität der Lernumgebung zu erproben. Es sollte untersucht werden, inwieweit die Arbeit mit der Lernumgebung zu einem Lernfortschritt führt bzw. inwieweit Studierende, die zusätzlich zum Besuch einer regulären Methodenvorlesung mit Koralle lernen, einen größeren Lernerfolg erzielen als Studierende, die nur die Vorlesung besuchen. Weiterhin war die Stabilität der kognitiven Effekte zu prüfen.

Stichprobe und Design. Die Experimentalgruppe bestand aus 55 Studierenden der Pädagogik bzw. der Psychologie, die die Lernumgebung im Labor bearbeiteten. Als Kontrollgruppe fungierte eine Gruppe Studierender, die keinen Zugriff auf die Lernumgebung hatte ($N = 67$). Alle Studierenden nahmen an einer einführenden Statistikvorlesung teil, in der die Themen der Lernumgebung behandelt wurden.

Zentrale Befunde. Experimental- und Kontrollgruppe waren vergleichbar hinsichtlich der erfassten kognitiven, metakognitiven und motivationalen Lernvoraussetzungsaspekte. Bei der Experimentalgruppe konnte ein signifikanter und praktisch relevanter Lernfortschritt nachgewiesen werden. Der Effekt erwies sich in einer Follow-up-Messung vier Wochen nach der Lernphase als stabil. Studierende der Experimentalgruppe zeigten zudem im Nachtest signifikant bessere Leistungen als Studierende der Kontrollgruppe, die Unterschiede waren praktisch bedeutsam. Die Arbeit mit der Lernumgebung führte also zu einem substantiellen und zeitlich stabilen Lernerfolg.

Eine qualitative Analyse der Nachtestleistungen ergab, dass die Mehrzahl der Studierenden der Experimentalgruppe im Vergleich zur Kontrollgruppe einen deutlichen Vorsprung im Hinblick auf die Qualität der Wissensanwendung hatte. Diese Analyse machte jedoch auch deutlich, dass auch Studierende aus der Experimentalgruppe die vorher genau bestimmten Lernziele nicht bei allen Aufgaben erreichten; zudem wurden auch in dieser Gruppe Fehler gemacht, die bei einem tieferen Verständnis der Korrelationsrechnung nicht auftreten würden.

In der ersten Fassung von Koralle konnten die Studierenden bei jeder Aufgabe wählen, ob sie diese als Problemlöseaufgabe bearbeiten oder gleich die Musterlösung, also das ausgearbeitete Lösungsbeispiel sehen wollten. Eine Analyse der Logfiles zeigte, dass das (möglicherweise passive) Nachvollziehen von Lösungsbeispielen dem selbstständigen Lösen von Problemlöseaufgaben oft vorgezogen wurde. Des Weiteren wurde deutlich, dass Studierende beim Bearbeiten der Problemlöseaufgaben oft nicht die gewünschte Sorgfalt zeigten und schnell aufgaben. Diese Analysen sprechen dafür, dass der Lernerfolg bei vielen Studierenden noch deutlich besser hätte ausfallen können, wenn die Lernangebote von Koralle intensiver wahrgenommen worden wären. Durch suboptimales Lernverhalten wurden also Lernchancen vergeben. Da zudem die Selbstbeurteilungen der Studierenden und die tatsächlichen Lernfortschritte kaum konvergierten, ist anzunehmen, dass sich viele Lernende ihrer noch vorhandenen Wissenslücken und Verständnisprobleme gar nicht bewusst waren.

Im Rahmen einer clusteranalytischen Re-Analyse (Stark, Tyroller & Mandl, 2003; Wippert, 2003) ergaben sich außerdem Unterschiede zwischen Studierenden mit unterschiedlichen Lernvoraussetzungsprofilen: Lernende mit ungünstigen kognitiven, metakognitiven und motivationalen Lernvoraussetzungen schnitten im Nachtest signifikant schlechter ab und zeigten eine geringere Akzeptanz der Lernumgebung. Diese Probanden legten zudem ein besonders ungünstiges Lernverhalten an den Tag: Sie bearbeiteten signifikant weniger Problemlöseaufgaben als ihre Kommilitonen mit günstigeren Lernvoraussetzungen.

Resümee. Es kann festgehalten werden, dass durch die Lernumgebung Koralle insgesamt praktisch relevante und zeitlich stabile Lernfortschritte erzielt werden konnten. Dennoch war das Lernverhalten bei vielen Lernenden suboptimal. Die qualitativen Analysen und die Befunde zum Lernverhalten sprechen dafür, dass es vielen Lernenden nicht zuverlässig gelang, ihren Kenntnisstand valide einzuschätzen und daraus strategische Konsequenzen für die weitere Bearbeitung der Lernumgebung zu ziehen. Dies gilt insbesondere für Studierende mit ungünstigen Lernvoraussetzungen.

2.7   Konsequenzen für die vorliegende Studie

Konsequenzen im Hinblick auf die Ziele der Studie. Im Hinblick auf Korrelationsrechnung lassen sich, wie beschrieben wurde, vielfältige Wissensdefizite diagnostizieren, die das Verständnis und die Wissensanwendung erschweren. Problemorientiertes Lernen kann als geeignet angesehen werden, diese Defizite zu kompensieren. Prinzipien problemorientierten Lernens lassen sich gut im Rahmen ausgearbeiteter Lösungsbeispiele umsetzen; zudem hat sich das Lernen mit Lösungsbeispielen im Bereich Statistik und Forschungsmethoden bereits als effektiv und effizient erwiesen. Der hohe Bedarf an instruktionaler Unterstützung in dieser Domäne legt angesichts hoher Studierendenzahlen zudem den Einsatz computergestützter Lernumgebungen nahe. Angesichts der problemorientierten, beispielbasierten Konzeption sowie der positiven Evaluationsbefunde wurde davon ausgegangen, dass mit Hilfe der computergestützten Lernumgebung Koralle das anwendungsbezogene Ziel der Studie, den Wissenserwerb in Korrelationsrechnung zu fördern, erreicht werden kann.

Erwartete Effekte des Lernens mit der Lernumgebung. Es wurde vermutet, dass die Arbeit mit Koralle einen deutlichen Lernfortschritt zur Folge hat. Da durch die Lernumgebung der Wissenserwerb gefördert und zudem die praktische Relevanz der Lerninhalte aufgezeigt wird, waren im Hinblick auf die behandelte Thematik außerdem günstige Auswirkungen auf die Erwartungs- und die Wertkomponente der Motivation (siehe Kapitel 5.3) zu erwarten.

Schlussfolgerungen für die Weiterentwicklung der Lernumgebung. Es galt, die Effektivität von Koralle weiter zu steigern. Dies sollte durch Maßnahmen erfolgen, die generell auf die Verbesserung der Qualität des Lernverhaltens abzielen. Der technische und organisatorische Aufwand sollte hierbei (mit Blick auf spätere Anwendungsmöglichkeiten in der universitären Lehre) möglichst gering sein.

Die Wahlmöglichkeiten, die die Lernumgebung bietet, wurden etwas eingeschränkt; dadurch sollte sichergestellt werden, dass jedes Thema von den Studierenden auch selbstständig, d.h. in Form von Problemlöseaufgaben, bearbeitet wird. In Anlehnung an Studien aus dem Bereich der Medizindidaktik (Gräsel & Mandl, 1993) wurden standardmäßig für jedes Themengebiet zuerst Problemlöseaufgaben, dann Lösungsbeispiele vorgegeben. Für eine weitere Optimierung wurden außerdem zwei Maßnahmen erprobt, die die Wirkung der Lernumgebung weiter verbessern sollten: Feedback und kooperatives Lernen.

Im Bereich Statistik und Forschungsmethoden sind Studierende oftmals kaum in der Lage oder nicht bereit, eine eigene Problemlösung mit einem Lösungsbeispiel in lernförderlicher Weise zu vergleichen (vgl. auch Aleven & Koedinger, 2000). Der eigenständige Ist-Soll-Vergleich führt insbesondere bei Lernenden mit wenig Vorwissen leicht zu kognitiver Überlastung. Es ist ein explizites Feedback notwendig, das gezielt Fehlkonzepte korrigiert und ineffektive Suchprozesse verhindert (vgl. auch Mason & Bruning, 1999). Um Verstehensillusionen entgegenzuwirken, die bei einem oberflächlichen Vergleich einer eigenen Lösung mit dem Lösungsbeispiel leicht entstehen können, bzw. um eine validere Selbstbeurteilung zu fördern, wurde daher eine zusätzliche Feedbackmaßnahme in Form von Verständnistests mit anschließendem elaboriertem Feedback in die Lernumgebung integriert. Angesichts des ungünstigen Lernverhaltens sowie der weniger guten Lernergebnisse der Studierenden mit schlechteren Lernvoraussetzungen in der ersten Evaluationsstudie sollte die Feedbackmaßnahme insbesondere vorwissensschwächeren Lernenden zugute kommen.

Angesichts der (bei insgesamt ordentlichem Lernerfolg) dennoch teilweise vorhandenen Verständnisschwierigkeiten in der ersten Evaluationsstudie ist davon auszugehen, dass die Lernenden innerhalb der ersten Evaluationsstudie die Lösungsbeispiele nicht umfassend genug elaborierten. Die Elaboration ist jedoch ein entscheidender Erfolgsfaktor beim beispielbasierten Lernen. Insbesondere zur Förderung von Elaborationsprozessen wurde daher zudem kooperatives Lernen in Dyaden implementiert. Beim kooperativen Lernen sollten verschiedene Prozesse auftreten, die die Elaboration fördern und den Lernerfolg erhöhen. Diese Lernform kommt angesichts knapper Ressourcen (und einer entsprechend geringen Computeranzahl) beim computerbasierten universitären Lernen ohnehin vielfach zum Einsatz. Die Maßnahmen werden in den nachfolgenden Kapiteln beschrieben.

3 Theoretischer und empirischer Hintergrund der Feedbackmaßnahme

Feedback für die Lernleistung gilt in der Pädagogik und der Psychologie als wichtiger Bestandteil von Lehr-Lernprozessen. Entsprechend umfassend wurden Auswirkungen verschiedener Feedbackformen untersucht sowie Empfehlungen zur Gestaltung der Rückmeldung ausgesprochen (vgl. Mory, 1996, für einen Überblick). Im Folgenden werden nach kurzen Ausführungen zum Feedbackkonzept und zu Feedbackfunktionen Perspektiven der Feedbackforschung beschrieben. Danach werden empirische Befunde zur Feedbackwirkung dargestellt; hierbei wird auf zentrale Einflussfaktoren der Wirkung eingegangen: die Feedbackgestaltung und die Feedbackrezeption. Der anschließende Abschnitt ist dem Feedback in computergestützten Lernumgebungen gewidmet. Diskutiert werden Besonderheiten der Feedbackgestaltung und -rezeption beim computergestützten Lernen sowie der Einsatz von Verständnistests als Basis der Feedbackgabe. Es folgen Überlegungen zu Feedback, das sich an Gruppen wendet, also zu Gruppenfeedback. Schließlich werden Konsequenzen für die vorliegende Studie abgeleitet, und es wird die Gestaltung der Feedbackmaßnahme beschrieben.

3.1 Feedbackkonzept

Feedbackbegriff. Der Begriff des Feedbacks stammt aus der Kybernetik, einer Forschungsrichtung, die sich mit Steuerungs- und Regelungsprozessen befasst; er bezieht sich auf die Rückkopplung bzw. Rückmeldung von Informationen (vgl. Fengler, 1998). Basis der Rückmeldung ist der Vergleich eines Ist-Zustandes mit einem Soll-Zustand. Feedback gibt also Aufschluss darüber, inwieweit ein bestimmtes Ziel erreicht wurde bzw. wie groß die Diskrepanz zwischen angestrebtem und gegebenem Zustand ist (vgl. z.B. Carver & Scheier, 2000; Frese & Zapf, 1994; Locke & Latham, 1990). Es hat somit eine diagnostische Funktion (P. M. Fischer & Mandl, 1988; Kulhavy, 1977). Innerhalb von Lehr-Lernkontexten ist der Ist-Zustand eine erbrachte Leistung, der Soll-Zustand das zu erreichende Lernziel. Aus kommunikationspsychologischer Sicht (z.B. Schulz v. Thun, 1981) ist Feedback die Botschaft eines Senders, der *Feedbackquelle*, an einen (oder mehrere) Rezipienten, den/die *Feedbackempfänger*.

Feedbackquelle. Ilgen, Fisher und Taylor (1979) unterscheiden drei mögliche Feedbackquellen: andere Personen, das Aufgabenumfeld und das Selbst. Mögliche Feedbackgeber sind z.b. Lehrende oder Vorgesetzte (*supervisors*), Gleichgestellte (*peers*), Untergebene (*subordinates*) oder Personen, die nicht Bestandteil der Hierarchie einer Institution oder Organisation sind, wie z.b. die Kunden eines Unternehmens.

Beim Feedback durch das Aufgabenumfeld gibt es mindestens zwei Arten. Feedback kann *Bestandteil* der Aufgabe sein, d.h. Erfolg oder Misserfolg sind bereits aus dem Ergebnis der Aufgabe selbst ersichtlich. Feedback kann aber auch zusätzlich in eine Aufgabe integriert werden; ein Beispiel ist die automatische Feedbackgabe beim computergestützten Lernen. Die *Selbstbeurteilung* ist eine weitere mögliche Feedbackquelle. Inwieweit diese genutzt und geschätzt wird, hängt zum einen vom Selbstvertrauen der Person ab und zum anderen davon, wie viel Erfahrung die Person mit dem Aufgabenbereich hat (Ilgen et al., 1979). In Lernkontexten ist entsprechend das aufgaben- bzw. themenspezifische (Vor-)Wissen (siehe Kapitel 5.1) relevant für die Selbstbeurteilung. Im vorliegenden Beitrag wird ein Feedback betrachtet, das Lernende als *instruktionale Maßnahme von außen* erhalten; das Selbst als Feedbackquelle ist insofern Bestandteil der Betrachtung, als die Selbstbeurteilung der Lernenden in die Untersuchung einbezogen wird.

Feedbackempfänger. Feedback kann sich entweder an einzelne Personen wenden oder an eine Gruppe. Je nach *Aggregationsniveau* (*aggregation level*, Nadler, 1979) thematisiert es also individuelle oder kollektive Aspekte. In der vorliegenden Arbeit wird sowohl eine Rückmeldung an Einzelpersonen (individuelles Feedback) betrachtet als auch ein Feedback, das sich an Gruppen richtet (Gruppenfeedback).

Entscheidend für die Feedbackwirkung ist auf der Seite der Feedbackquelle die Art der *Feedbackgestaltung* und auf der Seite des Feedbackempfängers die *Feedbackrezeption*. Diese Einflussfaktoren werden im Abschnitt zur Feedbackwirkung (3.4) näher beschrieben.

3.2 Feedbackfunktionen

In Lehr-Lernkontexten hat Feedback kognitive, metakognitive und motivationale Funktionen. Die zentrale kognitive Funktion von Feedback ist das Aufzeigen von Fehlern, Fehlkonzepten und Wissenslücken (vgl. z.B. P. M. Fischer & Mandl, 1988; Kulhavy, 1977). Es weist darauf hin, in welcher Hinsicht und in welchem

Umfang weiterer Wissenserwerb oder Wissensveränderung (Conceptual Change; vgl. z.B. Stark, 2003; Vosniadou, 1992) notwendig sind.

Indem Feedback Informationen über eine erbrachte Leistung im Vergleich zu einem bestimmten Standard liefert, ermöglicht es dem Lernenden, seine Selbstbeurteilung zu validieren. Zudem sollte es die Mindfulness[1] (Salomon & Globerson, 1987) fördern, also die bewusste Auseinandersetzung mit den Lerninhalten und deren Reflexion (vgl. auch Balzer, Doherty & O'Connor, 1989; Butler & Winne, 1995; Robinson & Weldon, 1993). Indem es diese metakognitiven Aspekte (siehe Kapitel 5.2) unterstützt, beugt Feedback Verstehens- bzw. Kompetenzillusionen vor (vgl. Baker, 1985; Kruger & Dunning, 1999; Mory, 1996). Durch regelmäßiges Feedback verinnerlicht der Lernende Standards und Kriterien und lernt, sie selbst anzuwenden. Damit trainiert er das eigene Urteil und wird zunehmend unabhängiger von Fremdeinschätzungen (Rowntree, 1988).

Feedback hat zudem motivationale Funktionen. Es kann die Überzeugung fördern, dass sich Lernaufwand lohnt, und Informationen darüber liefern, welcher Aufwand für eine bestimmte Lernleistung erforderlich ist (vgl. z.B. Ilgen et al., 1979). Feedback kann außerdem Beliebigkeit reduzieren und damit Bindung erzeugen: Wer für seine Leistung Feedback erhält, hat weniger den Eindruck, die eigenen Bemühungen seien nicht von Interesse. Es entsteht ein Gefühl von Bedeutung des eigenen Tuns; dies ist angesichts hoher Studierendenzahlen besonders für universitäres Lernen bedeutsam. In konkreten Lernsituationen unterstützt informierendes Feedback (s.u.) das Erleben von Selbstwirksamkeit bzw. Kompetenz (vgl. Deci & Ryan, 1993, 2000; Hoska, 1993; siehe auch Kapitel 5.3). Feedback kann beispielsweise Inkompetenzillusionen verhindern, indem es aufzeigt, dass Wissen vorhanden ist, und dadurch Kompetenzerleben fördern.

Eine klare Trennung der kognitiven, metakognitiven und motivationalen Feedbackfunktionen ist empirisch jedoch kaum möglich (vgl. Vroom, 1964).

3.3   Theoretische Perspektiven der Feedbackforschung

Die behavioristische Perspektive. Lange Zeit dominierte in der Feedbackforschung eine behavioristische Auffassung vom Lehren und Lernen. Vor dem Hintergrund von Thorndikes (1932) Effektgesetz wurde positives Feedback als Verstärker für erwünschtes Verhalten angesehen, negatives Feedback als Unterdrückung uner-

---

1   Für den englischen Begriff *mindfulness* gibt es keine wirklich treffende deutsche Übersetzung. In dieser Arbeit wird daher die englische Bezeichnung verwendet.

wünschten Verhaltens (vgl. Bangert-Drowns, Kulik, Kulik & Morgan, 1991; P. M. Fischer & Mandl, 1988). Diese Sichtweise wurde insbesondere auch in Arbeiten zum Programmierten Unterricht (Skinner, 1968) vertreten; bei diesem Instruktionsansatz geht es darum, ein bestimmtes Zielverhalten durch bestätigendes Feedback zu verstärken. Ausgangspunkt einer behavioristischen Herangehensweise ist die Annahme, dass positives Feedback, das auf richtige Antworten folgt, Stimulus-Response-Assoziationen stärkt und damit die Auftretenswahrscheinlichkeit dieser Antworten erhöht, während negatives Feedback oder auch das Ausbleiben einer Bestätigung diese Wahrscheinlichkeit verringert.

Die kognitivistische Perspektive. Die Auffassung, dass sich die Konsequenzen einer Handlung auf zukünftige Leistungen auswirken, blieb auch nach dem Übergang vom behavioristischen Lernparadigma zu kognitiv ausgerichteten Konzeptionen Ende der 60er, Anfang der 70er Jahre bestehen. Feedback wird innerhalb des *kognitivistischen* Ansatzes allerdings nicht als Verstärker angesehen, sondern als Informationsquelle. Innerhalb des TOTE-Modells (Test, Operate, Test, Exit; G. A. Miller, Galanter & Pribram, 1960) liefert Feedback diagnostische Informationen für die Handlungsregulation: Es wird davon ausgegangen, dass Feedback Diskrepanzen zwischen erbrachter und angestrebter Leistung aufzeigt und der Fehlerkorrektur dient. Dies entspricht dem kybernetischen Ansatz einer Rückkopplungsschleife von Ist- und Soll-Zustand.

Dieser Informationsverarbeitungsansatz der Feedbackwirkung findet sich in vielen Hypothesen wieder, die in den letzten Jahren aus Theorien wie der Goal-Setting-Theorie von Locke und Latham (1990) oder der Control-Theorie von Carver und Scheier (z.B. 1981) abgeleitet wurden. Auch in der vorliegenden Arbeit wird Feedback als Information betrachtet, die vom Empfänger unterschiedlich intensiv und gezielt verarbeitet werden kann. Dies gilt nicht nur für Individuen: Innerhalb der Kleingruppenforschung werden auch Gruppen zunehmend als informationsverarbeitende Systeme angesehen (Hinsz et al., 1997; siehe Kapitel 4.3), die Feedbackinformationen unterschiedlich effektiv rezipieren.

Die konstruktivistische Perspektive. Die Betrachtung von Feedback als *Angebot*, von dem Lernende in verschiedener Weise für die individuelle oder auch kollektive Wissenskonstruktion Gebrauch machen, entspricht einer konstruktivistischen Auffassung von Feedback (vgl. Mory, 1996; Musch, 1999). Aus konstruktivistischer Sicht ist für die *Lernwirksamkeit* von Feedback also relevant, inwieweit und in welcher Weise ein Lernender oder auch eine Gruppe von Lernenden Feedback rezipiert (vgl. Bangert-Drowns et al., 1991) und für die Wissenskonstruktion nutzt.

Theoretische Basis der vorgestellten Studie sind kognitivistische bzw. konstruktivistische Überlegungen zum Feedback. Die kognitivistische und die konstruktivistische Perspektive lassen sich in Bezug auf die Definition und Untersuchung von

Feedback kaum voneinander trennen; beide betrachten Feedback als Information, die bei geeigneter Gestaltung und Rezeption den Wissenserwerb fördert.

3.4 Feedbackwirkung und Bedingungen lernförderlicher Feedbackgabe

Lernen mit Feedback ist im Allgemeinen effektiver als ein Wissenserwerb, bei dem Lernende keinerlei Rückmeldung für ihre Lernleistung erhalten. Dies ist nicht nur plausibel, sondern wurde innerhalb mehrerer Metaanalysen gezeigt (z.b. Azevedo & Bernard, 1995; Bangert-Drowns et al., 1991; vgl. auch Schimmel, 1988). Empirische Befunde bestätigen zudem, dass Feedback nicht mit *Verstärkung* gleichzusetzen ist, sondern *Informationen* bereitstellt, die Lernende für ihren Wissenserwerb nutzen können (vgl. R. C. Anderson, Kulhavy & Andre, 1971).

Die Befundlage zur Feedbackwirkung ist insgesamt jedoch uneinheitlich. Studien ergaben zum Teil keine, zum Teil sogar negative Auswirkungen verschiedener Feedbackmaßnahmen (vgl. z.B. Bangert-Drowns et al., 1991; Kluger & DeNisi, 1996). Erklärungsansätze beziehen sich zumeist auf eine der beiden kommunikationspsychologischen Feedbackseiten (siehe Abschnitt 3.1): die Art der *Feedbackgestaltung* durch die Feedbackquelle und die Art der *Feedbackrezeption* durch den Feedbackempfänger. Diese Einflussfaktoren werden im Folgenden beschrieben.

3.4.1 Einflussfaktor Feedbackgestaltung

Hinsichtlich der Feedbackgestaltung sind mehrere Dimensionen relevant. Einige zentrale Gestaltungsdimensionen werden im Folgenden dargestellt; sämtliche Aspekte werden immer wieder diskutiert, ihre Bedeutung für die Feedbackwirkung wurde in der pädagogisch-psychologischen Feedbackforschung jedoch in sehr unterschiedlichem Ausmaß untersucht. Dimensionen, die speziell für die Feedbackgestaltung und -rezeption beim *computergestützten* Lernen bedeutsam sind, werden in Abschnitt 3.5.1 erläutert.

Bezugsnormorientierung. In Lehr-Lernkontexten ist im Allgemeinen das *Lernziel* die Basis für Feedback. Inwieweit sich das Feedback jedoch tatsächlich *explizit* auf die gesetzten Lernziele bezieht, hängt vom gewählten Vergleichsmaßstab ab. Feedback kann sich neben Lernzielen (kriterienbezogener Vergleich) auch an früheren

Leistungen des Lernenden (intraindividueller Vergleich) oder an Leistungen anderer (interindividueller Vergleich) orientieren. Diese Vergleichsmaßstäbe werden nach H. Heckhausen (1974) meist als sachliche, individuelle und soziale Bezugsnorm bezeichnet (vgl. auch Rheinberg, 2006). Je nach Bezugsnorm liefert Feedback innerhalb von Lehr-Lernkontexten also Informationen über das Erreichen eines Lernzieles, den eigenen Lernfortschritt oder das eigene Abschneiden bzw. eigene Stärken und Schwächen im Vergleich zu anderen Lernenden.

Mehrere Untersuchungen zeigten, dass die individuelle und die sachliche Bezugsnorm der sozialen vorzuziehen sind. Insbesondere die individuelle Bezugsnorm hat motivationale Vorzüge. Rückmeldungen auf der Basis dieser Bezugsnorm heben individuelle Fortschritte hervor und verdeutlichen auf diese Weise, dass durch Anstrengung persönliche Veränderungen möglich sind. Auch schwächere Lernende erhalten so positives Feedback und werden nicht durch den Vergleich mit Leistungsstärkeren entmutigt (Rheinberg, 2006; Rheinberg & Krug, 1999). Entsprechend wirkt sich Feedback, das sich an der individuellen Bezugsnorm orientiert, positiv auf die Lernmotivation und das Selbstkonzept aus. Im Vergleich zur sozialen Bezugsnorm zieht es außerdem eine größere Hoffnung auf Erfolg und eine geringere Furcht vor Misserfolg nach sich sowie realistischere Zielsetzungen (Rheinberg, 2001, 2006; Rheinberg, Duscha & Michels, 1980; Rheinberg & Krug, 1999; zu motivationalen Aspekten siehe Kapitel 5.3). Feedback, das auf der Basis der sozialen Bezugsnorm gegeben wird, kann zudem Leistungsdruck erzeugen; diese Form des Feedbacks wird leicht als kontrollierend erlebt (s.u.) und kann sich auch dadurch ungünstig auf motivationale Aspekte auswirken (vgl. Harackiewicz, Sansone & Manderlink, 1985).

Für die *sachliche* Bezugsnorm spricht insbesondere die klare Zielbezogenheit des Vergleichs. Ein Feedback, das sich auf sachliche Kriterien bezieht, zeigt eventuelle Diskrepanzen zwischen (Lern-)Leistung und angestrebtem Ziel auf, bietet so konkrete Anknüpfungspunkte für die Feedbackverarbeitung (siehe Abschnitt 3.4.2; vgl. auch Frese & Zapf, 1994) und verdeutlicht, inwieweit weitere Lernanstrengungen vonnöten sind. Diese Bezugsnorm lenkt damit die Aufmerksamkeit der Lernenden eher auf die Aufgabe und weniger auf das Selbst (Kluger & DeNisi, 1996; s.u.).

Rheinberg (2001, 2006) zufolge sollte die soziale Bezugsnorm jedoch nicht gänzlich ausgeblendet werden: Der Vergleich mit anderen entspricht einem menschlichen Bedürfnis und ermöglicht außerdem eine realistische Einschätzung der eigenen Stärken und Schwächen; dies betonte schon Festinger (1954). Zudem kann einigen Befunden zufolge auch Feedback, das sich an einer sozialen Bezugsnorm orientiert, motivierend und lernwirksam sein (z.B. Sansone, 1986). Entscheidend ist hierbei, dass das Feedback in einer informierenden Weise gegeben wird (s.u.).

Da jede der drei Bezugsnormen ihre Vorteile und „blinden Flecke" hat, erscheint eine Bezugsnormvielfalt sinnvoll (H. Heckhausen, 1974; Klauer, 1986; Rheinberg, 2001, 2006).

Angesprochene Ebene: Aufgabe, Motivation, Selbst. Kluger und DeNisi (1996) weisen bezüglich der Feedbackgestaltung auf einen weiteren relevanten Aspekt hin: den der angesprochenen Ebene. Die Art der Feedbackgestaltung kann den Aufmerksamkeitsfokus verändern. Kluger und DeNisi postulieren drei hierarchisch organisierte Kontrollebenen: Aufgabenlernen, Aufgabenmotivation und Metaprozesse, wobei Metaprozesse auch und insbesondere Kognitionen umfassen, die sich auf das Selbst des Lernenden beziehen. Je mehr durch eine Feedbackintervention die Aufmerksamkeit weg von der Aufgabe und hin zur Metaprozessebene, also zum Selbst gelenkt wird, umso eher wirkt sich Feedback nach Kluger und DeNisi nicht oder negativ auf den Lernerfolg aus. Relativierend muss hier angemerkt werden, dass zielführende Metaprozesse, wie Reflexion des eigenen Lernverhaltens und des Verständnisses der Aufgabe, im Hinblick auf den Lernprozess positiv zu bewerten sind. Studien weisen darauf hin, dass sich diese metakognitiven Prozesse positiv auf die Lernleistung auswirken (z.B. Kunz, Drewniak, Hatalak & Schön, 1992; siehe Kapitel 5.2). Es kann daher – je nach Lernziel – durchaus erstrebenswert sein, bei der Feedbackgestaltung auch die Metaebene anzusprechen.

Bestätigende oder kritische Feedbackgabe. Hinsichtlich der Feedbackgestaltung ebenfalls relevant ist, ob es sich um bestätigendes oder kritisches Feedback handelt und inwiefern und in welcher Weise durch das Feedback eine Wertung vorgenommen wird (z.B. in Form von Noten oder auch Lob). Ob bestätigendes oder kritisches Feedback gegeben wird, ist abhängig von der Funktion, die Feedback erfüllen soll. Soll es vor allem motivierend wirken, wird ein Feedbackgeber darauf achten, Erfolge hervorzuheben – auch (aber nicht nur) im Sinne einer Verstärkung. Positive Auswirkungen von bestätigendem Feedback auf die Lernmotivation sind insbesondere dann zu erwarten, wenn das Feedback in einer informierenden und nicht in einer kontrollierenden, also Druck ausübenden Form erfolgt (s.u.). Soll das Feedback Basis für eine kritische Reflexion sein und den Wissenserwerb unterstützen, wird der Feedbackgeber konstruktive Kritik üben, die auf Fehler, Fehlkonzepte und Wissenslücken hinweist und so Ansatzpunkte für Verbesserung aufzeigt (vgl. Elawar & Corno, 1985; P. M. Fischer & Mandl, 1988; Kulhavy, 1977). Feedbackgeber tun sich allerdings häufig schwer damit, kritisches Feedback zu geben, und kritisches Feedback wird weniger leicht akzeptiert als bestätigendes (Ilgen et al., 1979; vgl. auch M. Jacobs, A. Jacobs, Feldman & Cavior, 1973). In einer Studie von Schaible und A. Jacobs (1975) wurde bestätigendes Feedback als glaubwürdiger und erwünschter eingestuft als kritisches. Außerdem spielte die Reihenfolge positiver und negativer Wertung eine Rolle: Ein Feedback, in dem positive Wertung einer negativen vorangestellt war, wurde eher akzeptiert als eines, bei dem zuerst eine negative Wertung erfolgte. Gleichzeitig ist jedoch kritisches Feedback notwendig für den Lernfortschritt. Es sollte also nach Möglichkeit sowohl bestätigendes Feedback gegeben als auch konstruktive Kritik geübt werden und dabei das bestätigende Feedback an erster Stelle genannt werden (s.u.: Feedbackregeln). Es ist davon auszugehen, dass insbesondere eine explizite Wertung in Form von Lob, Kritik oder Noten die Aufmerksamkeit auf das Selbst richtet (s.o.). Für eine *motivierende* Wirkung ist insbesondere auch die Art der Feedbackgabe – informierend oder kontrollierend – bedeutsam.

Informierende oder kontrollierende Feedbackgabe. Deci und Ryan (1993) unterscheiden zwei Arten der Feedbackgabe: informierend und kontrollierend. Informierendes Feedback ist ein Feedback, das Lernende in eigenständigem Lernen unterstützt und dessen Ziel es ist, die Kompetenz der Lernenden steigern zu helfen. Kontrollierendes Feedback hingegen vermittelt den Lernenden, dass sie gute Leistungen erbringen müssen, geht also mit Leistungsdruck einher. Positive Effekte von Feedback auf die Lernmotivation sind nach der Selbstbestimmungstheorie der Motivation von Deci und Ryan (z.B. 1993; siehe Kapitel 5.3) von einem informierenden Feedback zu erwarten, das von den Lernenden als kompetenzunterstützend wahrgenommen wird (vgl. auch Prenzel, 1996). Studien ergaben, dass (bestätigendes) informierendes Feedback die intrinsische Motivation fördert, während kontrollierendes Feedback, das dazu dient, Druck auszuüben, die intrinsische Motivation eher beeinträchtigt (z.B. Deci, Koestner & Ryan, 2001; Harackiewicz & Larson, 1986; Sansone, 1986).

Beachtung von Feedbackregeln. Feedback kann in unterschiedlicher Weise präsentiert werden. Innerhalb kommunikationspsychologischer und pädagogischer Ratgeberliteratur wird hierbei häufig auf Feedbackregeln verwiesen, die es bei der Feedbackübermittlung zu beachten gilt. Es handelt sich um Richtlinien, die zwar nicht alle auf Ergebnissen empirischer Studien basieren, die sich aber in der Praxis vielfach bewährt haben. Für die Feedbackgabe wird oftmals Folgendes empfohlen (vgl. z.B. Antons, 1998; Fengler, 1998): Feedback sollte (1) eher beschreiben als bewerten, (2) möglichst konkret formuliert werden anstatt allgemein, (3) eher einladen als zurechtweisen, (4) sich auf veränderbares Verhalten beziehen und nicht auf den Charakter einer Person, (5) eher erbeten sein als aufgezwungen, (6) eher sofort gegeben werden als verzögert und rekonstruierend, (7) eher klar formuliert werden als vage, (8) möglichst durch Dritte überprüfbar sein anstatt auf dyadische Situationen beschränkt, (9) weiteres Lernen ermöglichen und (10) auch positive Aspekte enthalten; nach Möglichkeit sollte mit positiven Aspekten begonnen werden. Feedback wird eher akzeptiert, wenn den kritischen Aspekten eine bestätigende Rückmeldung vorausgeht (Schaible & A. Jacobs, 1975; s.o.). Für Lehr-Lernkontexte formuliert Hoska (1993) Regeln für ein motivationsförderliches Feedback: Feedback sollte verdeutlichen, dass Fähigkeiten durch Übung und Anstrengung erworben werden können. Weiterhin sollte vermittelt werden, dass Fehler nicht Versagen bedeuten, sondern zum Fertigkeitserwerb dazugehören. Und schließlich sollte deutlich sein, dass das Feedback dazu dient, die Lernenden beim Kompetenzerwerb zu unterstützen.

Mündliche oder schriftliche Feedbackgabe. Für die Feedbackwirkung ebenfalls relevant ist die Art der Feedbackübermittlung – mündlich oder schriftlich. Bei mündlichem Feedback werden neben verbalen auch para- und nonverbale Signale ausgesendet, die die Interpretation erleichtern; diese zusätzlichen Kommunikationskanäle fallen bei schriftlichem Feedback weg. Die Interpretation ist dadurch erschwert, und es können leichter Missverständnisse auftreten. Da die Feedbackbotschaft nicht durch Tonfall, Mimik oder Gestik ergänzt oder abgemildert wird, bekommen zudem die einzelnen Formulierungen ein stärkeres Gewicht. Es gilt also, Formulierungen mit Bedacht zu wählen. Besondere Aufmerksamkeit wurde dieser Problematik innerhalb der Forschung zur computer- bzw. internetbasierten Kommunikation zuteil (vgl. z.B. Kiesler, Siegel & McGuire, 1984; Walther, 1996). Schriftliches Feedback hat den Vorteil, dass es in individuellem Tempo rezipiert und bei Bedarf erneut gelesen werden kann. Es sind allerdings häufig keine direkten Rückfragen möglich, wie dies in der Regel bei mündlichem Feedback der Fall ist. Bei schriftlichem Feedback (und auch bei auditivem Feedback beim computergestützten Lernen) ist daher bei der Gestaltung besonders auf Verständlichkeit zu achten.

Verständlichkeit. Im „Hamburger Verständlichkeitskonzept" beschreiben I. Langer, Schulz v. Thun und Tausch (1999) Merkmale verständlich gestalteter Texte. Das erste Merkmal ist „Einfachheit" und umfasst z.B. eine einfache Wortwahl, kurze, geläufige Sätze, das Erklären von Fremdwörtern sowie konkrete und anschauliche Formulierungen. Das zweite Merkmal „Gliederung/Ordnung" ist u.a. gekennzeichnet durch Folgerichtigkeit, eine klare Unterscheidung von Wesentlichem und Unwesentlichem, eine sinnvolle Reihenfolge und die Sichtbarkeit des roten Fadens. „Kürze/Prägnanz" umfasst Aspekte wie die Beschränkung auf das Wesentliche und Zielorientierung. Das letzte Merkmal „anregende Zusätze" bezieht sich auf eine interessante, abwechslungsreiche und persönliche Textgestaltung. Die Verständlichkeit eines Feedbacks ist, wie generell die Verständlichkeit von Texten, stark vom Vorwissen der Lernenden abhängig (vgl. z.B. Kintsch, 1994; Krause & Stark, 2006a; siehe auch Kapitel 5.1). Für die Feedbackgestaltung ist diesbezüglich beispielsweise relevant, inwieweit bestimmte Fachbegriffe als bekannt vorausgesetzt werden können.

Sofortige oder verzögerte Feedbackgabe. Feedback kann direkt nach der erbrachten Leistung oder verzögert gegeben werden. In einer Metaanalyse von Kulik und Kulik (1988), die 53 Studien einschloss, erwies sich sofortiges Feedback gegenüber einem verzögerten als lernwirksamer. Aus ihrer Analyse schlussfolgern Kulik und Kulik, dass *verzögertes* Feedback vor allem dann effektiv ist, wenn das Feedback den Lernstoff wiederholt, also eine zusätzliche Lernphase darstellt. Befunde weisen darauf hin, dass vor allem vorwissensstarke Lernende von verzögertem Feedback profitieren, während vorwissensschwächere Lernende besser durch unmittelbares Feedback lernen (z.B. Gaynor, 1981; Roper, 1977; siehe auch Clariana, 1993). Es ist anzunehmen, dass vorwissensschwächere Lernende unmittelbares Feedback im Sinne von Scaffolding (siehe Kapitel 2.2) benötigen, das Fehlkonzepte korrigiert und „Schwimmen" verhindert (Mason & Bruning, 1999). Wird das Feedback unmittelbar im Anschluss an eine bearbeitete Aufgabe gegeben, so kann es *formativ* wirken, also für die Bearbeitung nachfolgender Aufgaben genutzt werden. Ein Feedback, das erst im Anschluss an eine Lernsequenz erfolgt, hat eher summativen Charakter.

Informationsgehalt. Die meisten Studien zur Feedbackwirkung untersuchten ein Feedback, das sich auf eine sachliche Bezugsnorm bezieht, die Aufgabenebene anspricht und in einer informierenden Art und Weise gegeben wird; in diesen „klassischen" Feedbackstudien wurden zumeist Effekte des Informationsgehaltes bzw. Elaborationsgrades dieser sachbezogenen Feedbackbotschaft untersucht (z.B. M. Collins, Carnine & Gersten, 1987; Huth, 2004; Moreno, 2004; Pridemore & Klein, 1991). Hinsichtlich des Informationsgehaltes werden mehrere Feedbackformen unterschieden (vgl. z.B. Dempsey, Driscoll & Swindell, 1993; Kulhavy & Stock, 1989): *Knowledge of Results* (KR) ist ein Feedback, das Informationen über das erzielte Ergebnis enthält. Es macht eine Aussage darüber, ob ein Ergebnis richtig ist oder falsch. *Knowledge of Correct Response* (KCR) besteht aus einer Darbietung der korrekten Lösung. Ausgearbeitete Lösungsbeispiele (siehe Kapitel 2.3) können demnach, wenn sie als Musterlösung im Anschluss an eine Problemlöseaufgabe präsentiert werden, als eine Art KCR angesehen werden. Beim *Try-again-Feedback* wird der Lernende nach einer falschen Antwort zu einem weiteren Versuch aufgefordert. Eine Variante hiervon stellt das *Answer-until-correct-Feedback* (AUC) dar, bei dem so lange das jeweilige Ergebnis rückgemeldet wird, bis der Lernende die richtige Antwort gefunden hat. Das *elaborierte Feedback* umfasst neben einer Richtig-Falsch-Aussage weitere Informationen, beispielsweise Erläuterungen, warum eine Lösung richtig ist.

Im Zusammenhang mit dem kognitiven Lehr-Lernparadigma, das Lernen als Informationsverarbeitung betrachtet, wurde zunehmend elaboriertes Feedback untersucht. Kulhavy und Stock (1989) unterscheiden folgende Formen der Elaboration:

aufgabenspezifische Elaboration, die zeigt, wie die Aufgabe zu bearbeiten gewesen wäre, instruktionsbasierte Elaboration, die die Instruktion erläutert, und extrainstruktionale Elaboration, die über die Instruktion hinausgehende Informationen umfasst.

Forschungsergebnisse weisen auf eine höhere Lernwirksamkeit von elaboriertem Feedback gegenüber KR bzw. KCR hin (z.B. M. Collins et al., 1987; Huth, 2004; Moreno, 2004; Pridemore & Klein, 1991). Eine Studie von Jacoby, Troutman, Mazursky und Kuss (1984) ergab, dass Feedback insbesondere dann ignoriert, also nicht weiter genutzt wird, wenn nur das Ergebnis ohne erklärende Zusätze rückgemeldet wird.

Die Überlegenheit von elaboriertem Feedback gilt insbesondere für komplexe Aufgaben. Soll reines Faktenwissen gelernt werden, kann KCR durchaus genügen (vgl. Kulhavy, White, Topp, Chan & Adams, 1985). Bei weniger komplexen Aufgaben kann auch der Einsatz von AUC sinnvoll sein. Gegenüber KCR hat AUC den Vorteil, dass sich Lernende nach einer falschen Antwort weiterhin mit der Aufgabe befassen, sofern sie die Antwort nicht einfach raten (Clariana, Ross & Morrison, 1991). Beim anwendungsbezogenen Wissenserwerb im Bereich Statistik und Forschungsmethoden und beim kooperativen Lernen (wie in der vorliegenden Studie) sind Aufgaben jedoch meist komplex, KCR oder AUC werden daher selten ausreichen (vgl. Hoffman, Earle & Slovic, 1981).

Nachfolgend wird eine neuere Untersuchung zu Effekten unterschiedlich elaborierter Feedbackformen exemplarisch vorgestellt. Die Studie von Huth (2004) wurde aus drei Gründen ausgewählt: Erstens ist sie ein aktuelles Beispiel für eine klassische Feedbackstudie und eignet sich damit gut zur Veranschaulichung pädagogisch-psychologischer Feedbackforschung. Zweitens wurde das Feedback, wie in dem in der vorliegenden Arbeit dargestellten Forschungsprojekt, im Rahmen einer computergestützten Lernumgebung implementiert. Und drittens wurden, ebenfalls wie im hier beschriebenen Projekt, neben kognitiven auch motivationale Effekte untersucht; die motivationale Feedbackwirkung wird in vielen Feedbackstudien vernachlässigt.

Huth (2004) untersuchte kognitive und motivationale Effekte unterschiedlich elaborierter Feedbackformen. Inhaltsbereich war die schriftliche Subtraktion. Elaboriertes Feedback (informatives tutorielles Feedback, ITF; Narciss, 2004), wurde hinsichtlich seiner Wirksamkeit mit einer weniger elaborierten Form (KR und KCR, s.o.) verglichen. Probanden waren 38 Schüler/innen, die im Mittel etwa neun Jahre alt waren und das Verfahren der schriftlichen Subtraktion noch nicht sicher beherrschten. Gelernt wurde mit einem computergestützten Lernprogramm zur Subtraktion.

Es wurden zwei Lernbedingungen realisiert. Unter der ersten Bedingung wurde fehlerspezifisches elaboriertes Feedback bereitgestellt: Bei einem Fehler wurde zunächst darauf hingewiesen, dass die Lösung nicht korrekt ist, und die Lernenden wurden aufgefordert, es erneut zu versuchen. Nach einem weiteren fehlerhaften Versuch wurden Informationen über die Art des Fehlers präsentiert. Wurde bei einem erneuten Versuch wieder fehlerhaft geantwortet, erhielten die Lernenden Informationen über die Lösungsprozedur sowie die richtige Lösung. Hier wurde also elaboriertes Feedback (KR, KCR und Fehlererläuterung) gegeben. Unter der zweiten Lernbedingung wurde nach einem Fehler ebenfalls darauf hingewiesen, dass die Lösung nicht korrekt ist, und auch hier wurde zu einem weiteren Versuch aufgefordert. Bei einem weiteren Fehler wurde die richtige Lösung präsentiert. Hier wurden also KR und KCR bereitgestellt.

Schüler, die fehlerspezifisches elaboriertes Feedback bekamen, erzielten in der Lernphase signifikant bessere Ergebnisse als Schüler, die nur KR- und KCR-Feedback erhielten. Zudem bewerteten die Schüler in der Bedingung mit elaboriertem Feedback ihre Leistungen signifikant besser als die Schüler in der Bedingung mit KR-KCR-Feedback, das Kompetenzerleben (ein Erwartungsaspekt der Motivation, siehe Kapitel 5.3) war demnach stärker ausgeprägt. Es zeigten sich also sowohl im kognitiven als auch im motivationalen Bereich positive Effekte des elaborierten Feedbacks. In einer weiteren Studie konnte Huth (2004) den Befund zur positiven kognitiven und motivationalen Wirkung elaborierten Feedbacks replizieren.

Zusammenfassend kann festgehalten werden, dass für eine lernwirksame Gestaltung von Feedback mehrere Dimensionen relevant sind; wie Feedback vor dem Hintergrund dieser Dimensionen zu gestalten ist, hängt zum einen davon ab, welche Funktionen es im Lehr-Lerngeschehen erfüllen soll, und zum anderen von ökonomischen Überlegungen.

3.4.2 Einflussfaktor Feedbackrezeption

Entscheidend für die Feedbackwirkung ist neben der Gestaltung des Feedbacks die Feedbackrezeption durch den Empfänger (vgl. Hancock, Thurman & Hubbard, 1995; Mory, 1996). Die Feedbackgestaltung beeinflusst die Feedbackwirkung vermittelt über die Wahrnehmung des Lernenden (Ilgen et al., 1979); die Feedbackinformationen müssen verarbeitet und aktiv zur Wissenskonstruktion genutzt werden, um sich lernförderlich auszuwirken. Dies entspricht sowohl dem kognitiven Lehr-Lernansatz, demzufolge Lernen Informationsverarbeitung erfordert, als auch der konstruktivistischen Auffassung vom Lernen, die davon ausgeht, dass Wissenserwerb aus einer aktiven Konstruktionsleistung besteht und dass Feedback lediglich ein Angebot ist, das Lernende für ihre Wissenskonstruktion nutzen können.

Die Bedeutung der Feedbackverarbeitung wird in der Feedbackforschung zwar vielfach betont, es wird jedoch häufig davon ausgegangen, dass diese quasi automatisch nach der Feedbackgabe erfolgt (Hancock et al., 1995). Forschungsergebnisse deuten jedoch darauf hin, dass Feedback oft suboptimal rezipiert und genutzt wird oder die Verarbeitung nicht in der vom Feedbackgeber gewünschten Weise erfolgt (z.b. R. C. Anderson, Kulhavy & Andre, 1971, 1972; Hancock et al., 1995; Jacoby et al., 1984; Krause, 2002; Stark, 2001).

Auch Bangert-Drowns et al. (1991) weisen darauf hin, dass eine lernförderliche Feedbackrezeption nicht selbstverständlich ist. Sie gehen vor dem Hintergrund von Ergebnissen einer Metaanalyse davon aus, dass positive Auswirkungen von Feedback vor allem dann zu erwarten sind, wenn die Rückmeldung bewusst rezipiert und berücksichtigt wird. In Anlehnung an das Konzept der Mindfulness (siehe Kapitel 5.2) bezeichnen die Autoren diesen Prozess als *mindful reception*, also aufmerksame oder bewusste Rezeption. Diese hängt von verschiedenen Bedingungen ab; nachfolgend werden zentrale Aspekte beschrieben.

Lernvoraussetzungen des Empfängers. Für die Rezeption eines Feedbacks sind vor allem Eigenschaften des Feedbackempfängers von Bedeutung (Hancock et al., 1995), in Lehr-Lernkontexten insbesondere dessen kognitive, metakognitive und motivationale Lernvoraussetzungen (siehe Kapitel 5). Zentraler *kognitiver* Faktor ist das Vorwissen des Lernenden im betreffenden Inhaltsbereich (vgl. Alexander et al., 1994; Clariana, 1993), da es sowohl das Verständnis des Feedbacks beeinflusst als auch die Möglichkeiten des Lernenden, das erhaltene Feedback im Lernprozess zu beherzigen. Neben dem Vorwissen spielen situationsspezifische kognitive Faktoren bei der Feedbacknutzung eine Rolle. Zentral ist vor allem, ob den Feedbackinformationen Aufmerksamkeit geschenkt wird (vgl. z.B. Kluger & DeNisi, 1996). Außerdem ist entscheidend, ob Lernstoff und Aufgabe verstanden wurden (Kulhavy, Yekovich & Dyer, 1976). Die Feedbackverarbeitung hängt außerdem von der Konzentration des Lernenden ab, insbesondere von Ermüdungserscheinungen (Hancock et al., 1995).

Bedeutsam sind weiterhin *metakognitive* Kompetenzen (siehe Kapitel 5.2). Diese ermöglichen eine Kontrolle des Lernvorgangs und des eigenen Verstehens; bei ausreichendem Vorwissen ist es dem Lernenden so möglich zu erkennen, inwieweit Feedback genutzt werden muss. Inwieweit diese Nutzung dann tatsächlich erfolgt, hängt von *motivationalen* Aspekten ab. Feedback stellt eine Lerngelegenheit dar, die entweder aufgrund von Motivation aktiv genutzt oder aufgrund mangelnder Motivation ignoriert werden kann.

Je nach *Feedbackgestaltung* sind unterschiedliche Lernvoraussetzungen für eine lernwirksame Feedbackrezeption notwendig. Ein effektiver Vergleich eines ausgearbeiteten Lösungsbeispiels mit einer eigenen Lösung erfordert beispielsweise in der Regel günstigere Lernvoraussetzungen als das Lesen einer individuellen Rückmeldung nach einem Wissenstest (siehe Kapitel 2.7).

Erwartungen des Empfängers an das Feedback. Neben Lernvoraussetzungen spielen Erwartungen des Lernenden an das Feedback ein Rolle. Studien von Kulhavy und anderen zur Antwortsicherheit (z.b. Kulhavy & Stock, 1989; Kulhavy, Yekovich & Dyer, 1976, 1979) ergaben, dass sich Lernende bei größeren Diskrepanzen zwischen dem erwarteten und dem erhaltenen Feedback länger mit dem Feedback befassen. Auch in diesem Zusammenhang wird die Relevanz der intensiven Rezeption des Feedbacks für den Lernerfolg betont. Es zeigt sich hier eine Parallele zum Konzept des soziokognitiven Konflikts (siehe Kapitel 4.3): Durch den Vergleich eigener Schemata oder Erwartungen mit externen Informationen entsteht eine Diskrepanz, die der Lernende durch Reflexionsprozesse aufzuheben sucht. Ziel ist die Wiederherstellung des kognitiven Gleichgewichts. Diese lernwirksamen Prozesse können beispielsweise durch kooperative Lernformen angestoßen werden. Es ist denkbar, dass eine Kombination von Feedback mit kooperativem Lernen zu einer intensiveren Feedbacknutzung führt. Eine gemeinsame Rezeption und Diskussion des (Gruppen-)Feedbacks sollten eine verbesserte Verarbeitung der Feedbackinformationen bewirken (siehe Abschnitt 3.6).

3.5 Feedback in computergestützten Lernumgebungen

3.5.1 Wirkung von Feedback und Bedingungen lernförderlicher Feedbackgabe beim computergestützten Lernen

In einer Metaanalyse untersuchten Azevedo und Bernard (1995) die Lernwirksamkeit von Feedback beim computerunterstützten Lernen. Der computergestützte Wissenserwerb war mit Feedback deutlich effektiver als ohne Feedback. Für die Feedbackwirkung sind beim computergestützten Lernen neben den bereits erwähnten Aspekten einige weitere Faktoren relevant. Diese werden nachfolgend beschrieben.

Persönliches Tutorenfeedback oder automatische Feedbackgabe. Innerhalb computergestützter Lernumgebungen, die über das Internet bearbeitet werden können, kann die Feedbackgabe entweder persönlich durch Tutoren erfolgen (z.B. über E-Mail oder in Diskussionsforen) oder automatisch durch die Lernumgebung. Tutorenfeedback ist persönlicher und individueller als automatisches Feedback. Persönliches Tutorenfeedback ist eine Möglichkeit, auch beim computerbasierten Lernen soziale Präsenz zu signalisieren (vgl. Schmidtmann & Grothe, 2001); dies kann eine höhere emotionale Bindung beispielsweise an einen internetbasierten Kurs erzeugen.

Für persönliches Feedback beim computergestützten Lernen ist der zeitliche Aspekt textbasierter Kommunikation relevant. In Diskussionsforen und E-Mails wird asynchron kommuniziert, die Feedbackgabe ist also immer zeitlich verzögert. Dies kann zu Unübersichtlichkeit und Missverständnissen führen (vgl. Hesse, Garsoffky & Hron, 2002; Kiesler & Sproull, 1992).

Vor allem aber ist die persönliche Feedbackgabe sehr aufwändig. Im Rahmen einer explorativen Interviewstudie zu Gruppenfeedback in virtuellen Seminaren (Krause, 2002) berichteten Seminarleitungen virtueller Seminare,[2] dass die Gestaltung von schriftlichem, nicht-standardisiertem Feedback sehr viel Zeit koste, zumal angesichts fehlender para- und nonverbaler Signale in besonderem Maße auf geeignete, für Missverständnisse wenig anfällige Formulierungen zu achten ist. Interviews mit Studierenden ergaben, dass der Aufwand der Seminarleitung erkannt und wertgeschätzt wird, eine gezielte Nutzung des Feedbacks jedoch nicht immer selbstverständlich erfolgt. Die Alternative zum persönlichen Tutorenfeedback, das in jedem einzelnen Fall neu formuliert wird, sind standardisierte Feedbackkomponenten, die automatisch nach einer Aufgabenbearbeitung präsentiert werden.

Ob Feedback persönlich durch Tutoren oder automatisch gegeben wird, ist bedeutsam für die Art der Feedbackrezeption durch den Empfänger. Bei persönlicher Feedbackgabe spielt die Person des Feedbackgebers eine Rolle bei der Akzeptanz des Feedbacks: Eine Studie von Ilgen et al. (1979) ergab, dass für das Akzeptieren von Feedback und für die Bereitschaft, Feedback zu beherzigen, die Glaubwürdigkeit des Feedbackgebers und seine Macht bzw. sein Einfluss entscheidend sind.

Bei automatisch bereitgestelltem Feedback fällt dieser Faktor weg. Eventuelle günstige motivationale Konsequenzen bei einem hoch geschätzten Feedbackgeber entfallen zwar auf diese Weise, ebenso die Möglichkeit, sehr speziell auf individuelle Probleme der Lernenden einzugehen. Die automatische Feedbackgabe hat jedoch vier Vorteile: Erstens entfallen auch mögliche negative personbedingte Effekte des Feedbacks auf die Motivation. Zweitens wird die Aufmerksamkeit der Lernenden durch automatisches Feedback weniger leicht abgelenkt als bei der Feed-

---

2   Beschreibungen der virtuellen Seminare finden sich bei Nistor (2003), Reinmann-Rothmeier, Nistor und Mandl (2001) und Weinberger, Lerche, Mandl und Gruber (2001).

backgabe durch einen Tutor; der Aufmerksamkeitsfokus bleibt bei der Aufgabe und „wandert" nicht zum Feedbackgeber. Drittens kann automatisches Feedback sofort erfolgen, während persönliches Tutorenfeedback beim computergestützten Lernen oftmals nur zeitlich verzögert gegeben werden kann. Und viertens ist eine automatische schriftliche Feedbackgabe sehr ökonomisch, sie kann jederzeit und unabhängig von der Verfügbarkeit von Lehrpersonal erfolgen und auch beim selbstgesteuerten Lernen ohne Internetanbindung zum Einsatz kommen.

Studien ergaben positive Effekte automatischer Feedbackgabe auf den Lernerfolg (z.b. Clariana et al., 1991). Eine persönliche Feedbackgestaltung durch einen Tutor ist also nicht in jedem Fall notwendig. Im Einzelfall ist abzuwägen, ob innerhalb der Lernumgebung soziale Präsenz signalisiert werden soll bzw. ob die Lerninhalte eine persönliche Feedbackgabe erfordern.

Innerhalb der computergestützten Lernumgebung NetBite (siehe Kapitel 2.4) wurden verschiedene Arten automatischer Feedbackgabe erprobt. Unter anderem wurden Feedback-Leitfragen eingesetzt (z.b. Stark, 2001) und Musterlösungen in Form ausgearbeiteter Lösungsbeispiele (Knowledge of Correct Response). Die Feedbackmaßnahmen hatten nicht immer die gewünschte Wirkung. Eine mögliche Erklärung hierfür ist eine mangelnde Nutzung des Feedbacks durch die Lernenden bzw. eine geringe Mindfulness bei der Feedbackrezeption. Eine oberflächliche Rezeption von Musterlösungen führt leicht zu Kompetenzillusionen und verhindert, dass Fehlkonzepte korrigiert werden; die tiefgehende Beschäftigung mit einer Musterlösung erfordert jedoch eine hohe Anstrengungsbereitschaft und Reflexionsfähigkeit. Lernende mit wenig Vorwissen und/oder ungünstigen metakognitiven Lernvoraussetzungen sind zur tiefgehenden Reflexion von Lerninhalten oft nicht ausreichend in der Lage. Sie benötigen unmittelbares Feedback im Sinne von Scaffolding, das Fehlkonzepte korrigiert und „Schwimmen" verhindert (Mason & Bruning, 1999). Es empfiehlt sich daher gerade bei ungünstigeren Lernvoraussetzungen (wie sie in Bezug auf Statistik und Forschungsmethoden gehäuft auftreten, siehe Kapitel 1) eine *adaptive* Feedbackgestaltung.

Adaptivität. Bei einer automatischen Feedbackgabe stellt sich die Frage nach der Adaptivität des Feedbacks, also einer *antwortabhängigen* Gestaltung (B. Jacobs, 2007; Sales, 1993), die explizit auf individuelle Fehler eingeht und – ohne dass auf Seiten der Lernenden eine besondere Anstrengung und Reflexion notwendig sind – Fehlkonzepte und Wissenslücken aufzeigt. Diese adaptive Feedbackform erfordert, sofern sie ökonomisch sein soll, im Rahmen computergestützten Lernens einen vorgeschalteten Test, der automatisch ausgewertet werden kann.

Sales (1993) unterscheidet hinsichtlich eines automatischen Feedbacks „adaptiertes" und „adaptives" Feedback. Adaptiertes Feedback erhalten alle Personen, die eine Aufgabe bearbeitet haben, unabhängig von Leistungsunterschieden. Ein Beispiel sind Musterlösungen in Form ausgearbeiteter Lösungsbeispiele. Adaptives Feedback differenziert zwischen unterschiedlich erfolgreichen Lernenden: Personen, die bei Aufgaben schlechter abschneiden, erhalten beispielsweise ein ausführlicheres Feedback als erfolgreichere (zur Adaptivität multimedialer Lernumgebungen vgl. auch Leutner, 2002).

3.5.2 Verständnistests als Basis der Feedbackgabe

Eine automatische und zugleich adaptive Feedbackgestaltung (also eine Gestaltung, die sowohl ökonomisch als auch individuell ist, vgl. Wager & Mory, 1993) erfordert eine vorgeschaltete Testung, beispielsweise durch Verständnistests. Damit diese automatisch ausgewertet werden können, sind geschlossene (anstatt offene) Fragen notwendig, also Fragen mit Antwortvorgaben; es empfiehlt sich ein Multiple-Choice-Format.

Die Implementation von Tests stellt nicht nur die Basis der Feedbackgabe dar; es ist anzunehmen, dass bereits die Testung (bzw. die Aussicht, dass eine solche bevorsteht) zusätzliche Reflexionsprozesse anstoßen und sich so auf den Lernerfolg auswirken kann (vgl. B. Jacobs, 2007). Einige Befunde unterstützen diese Vermutung (z.B. Nungester & Duchastel, 1982; Walczyk & Hall, 1989). Eine Testung *ohne* anschließendes Feedback ist aus einer pädagogischen Perspektive aber als wenig sinnvoll anzusehen. Durch eine Testung ohne Feedback werden Fehlkonzepte nicht korrigiert und Wissenslücken nicht geschlossen, zudem ist davon auszugehen, dass das Ausbleiben von Feedback motivationale Nachteile hat.

Es empfehlen sich Verständnistests mit *elaboriertem* Feedback, innerhalb dessen richtige und falsche Lösungen erläutert werden. Eine solche Feedbackmaßnahme spiegelt wider, inwieweit die Inhalte verstanden wurden, wodurch Verstehens- bzw. Kompetenzillusionen vorgebeugt wird (Walczyk & Hall, 1989). Durch die Erläuterungen können Fehlkonzepte korrigiert und Wissenslücken geschlossen werden. Verständnistests mit elaboriertem Feedback bieten so die Unterstützung, die insbesondere Lernende mit weniger günstigen Lernvoraussetzungen beim selbstgesteuerten Lernen mit computerbasierten Lernumgebungen benötigen (vgl. Dillon & Gabbard, 1998; F. Fischer & Mandl, 2002).

Stark, Flender und Mandl (2001) setzten in einer Studie zur Lernumgebung NetBite Multiple-Choice-Verständnisfragen mit elaboriertem Feedback ein. Entgegen den Erwartungen zeigten sich jedoch keine Auswirkungen auf den Erwerb anwendbaren Wissens. Da sich die *Lernzeit* durch die Bearbeitung der Verständnistests kaum verlängerte, ist zu vermuten, dass weder die Bearbeitung der Verständnisfragen noch die Rezeption des Feedbacks in ausreichendem Umfang erfolgte. Angesichts der oben dargestellten Überlegungen erscheint es sinnvoll, die Effektivität von Verständnistests im Multiple-Choice-Format mit anschließendem elaboriertem Feedback erneut zu überprüfen und die Feedbacknutzung durch kooperatives Lernen zu unterstützen. Es wird angenommen, dass durch die in der Gruppensituation vorhandene soziale Kontrolle sowie die Möglichkeit, das Feedback gemeinsam zu rezipieren und zu diskutieren, Feedback intensiver genutzt und daher stärker wirksam wird.

3.6   Feedback an Gruppen (Gruppenfeedback)

Vorhandene Theorien und Befunde zur Lernwirksamkeit von Feedback beziehen sich vor allem auf Feedback an einzelne Lernende. Das gestiegene Interesse an kooperativen Lernformen stellt die Feedbackforschung vor die Aufgabe, sich auch mit einem Feedback zu befassen, das sich an eine Gruppe von Lernenden wendet.

Gruppenfeedback wurde bisher vor allem im Bereich der Gruppentherapie (z.B. A. Jacobs, 1974; M. Jacobs et al., 1973) und innerhalb von Studien zu Gruppenarbeit in Unternehmen untersucht und diskutiert (z.B. Hey, 2001; Pritchard, Jones, Roth, Stuebing & Ekeberg, 1988; Schmidt & Kleinbeck, 1997). Überlegungen und Forschungsergebnisse zu Gruppenfeedback stammen also zumeist aus der Klinischen oder der Arbeits- und Organisationspsychologie. Gruppenfeedback wurde zudem im Rahmen von Untersuchungen zur Informationsverarbeitung und Entscheidungsfindung in Gruppen thematisiert (z.B. Chalos & Pickard, 1985; Tindale, 1989). In der Pädagogischen Psychologie finden sich diesbezüglich kaum theoretische Ansätze oder empirische Befunde.

Mit Gruppenfeedback werden vor allem in der Gruppentherapie verschiedene Feedbackformen bezeichnet: Feedback eines Außenstehenden an eine Gruppe, Feedback eines Gruppenmitglieds an den Rest der Gruppe, Feedback der Gruppe an ein Gruppenmitglied, wechselseitiges Feedback unter Gruppenmitgliedern oder auch Feedback einer Gruppe an eine andere Gruppe (vgl. z.B. Fengler, 1998). Im Rahmen von Gruppentherapie bezieht sich Gruppenfeedback in der Regel auf soziale oder emotionale Aspekte. Der Gruppenfeedbackbegriff der vorliegenden Arbeit ist jedoch an das organisationspsychologische Konzept von Gruppenfeedback angelehnt. Mit Gruppenfeedback wird hier ein Feedback bezeichnet, das aufgabenbezogen agierende Kleingruppen durch eine externe Quelle erhalten und das Informationen über die Leistung der Gruppe liefert (vgl. Nadler, 1979; siehe auch Hinsz et al., 1997).

Bei *Lerngruppen* geht es wie bei Arbeitsgruppen in Unternehmen um Leistung. Es besteht jedoch ein wichtiger Unterschied. In Lerngruppen soll durch die Kooperation vor allem das *Lernen* jedes *Einzelnen* gefördert werden. Obwohl auch auf der Gruppenebene ein erhöhtes Wissen (sozial geteiltes Wissen; vgl. z.b. Roschelle & Teasley, 1995) angestrebt werden kann, steht die Gruppenleistung nicht im Vordergrund. In Arbeitsgruppen hingegen geht es insbesondere um die *Produktivität der Gruppe.* Die individuelle (Lern-)Leistung ist weniger zentral. Arbeits- und Lerngruppen unterscheiden sich damit bezüglich des Kooperationszieles und damit auch hinsichtlich des Zieles, das ein Gruppenfeedback verfolgt: Produktivitätssteigerung der Gruppe vs. erhöhter Lernerfolg des Einzelnen.

In kooperativen Lernsettings soll Gruppenfeedback Lernen fördern. Im Einzelnen können dem Gruppenfeedback hierbei kognitive, metakognitive und motivationale Funktionen zukommen. Es kann eine kognitive Funktion erfüllen, indem es korrekte Antworten der Gruppe bestätigt, falsche Antworten korrigiert und Verbesserungsbedarf aufzeigt (Nadler, 1979; Robinson & Weldon, 1993). Es kann weiterhin die Gruppe dabei unterstützen, den Lernprozess zu überwachen und zu regulieren, und somit metakognitive Prozesse bzw. die Mindfulness fördern (Robinson & Weldon, 1993; Salomon & Globerson, 1989). Außerdem kann es auf eine Erhöhung der Anstrengungsbereitschaft abzielen, also auf motivationale Aspekte (Nadler, 1979).

Inwieweit Gruppenfeedback individuelles Lernen unterstützt, inwiefern durch Gruppenfeedback außerdem sozial geteiltes Wissen zunimmt bzw. inwieweit das Wissen der Gruppenmitglieder konvergiert (vgl. F. Fischer, 2002) und welche metakognitiven und motivationalen Auswirkungen Gruppenfeedback hat, gilt es innerhalb der Lehr-Lernforschung zu untersuchen. Pädagogische und pädagogisch-psychologische Ausführungen zu Gruppenfeedback umfassen bislang vorwiegend praktische Empfehlungen zur Feedbackgestaltung (z.B. Cramer, 1994; Huber, 1987; Jaques, 1995).

Eine der wenigen Studien zur Wirkung von Gruppenfeedback auf individuelles Lernen stammt von Thorpe, Chiang und Darch (1981). Die Autoren verglichen Gruppen- und individuelles Feedback hinsichtlich der Auswirkung auf die Leseleistung bei Kindern. Als Gruppenfeedback dienten Mittelwerte der Lesefehler und grafische Darstellungen der Leistung der Gesamtgruppe, als individuelles Feedback Rückmeldungen der individuellen Fehlerrate, ebenfalls in Form von Mittelwerten und Grafiken. Beide Bedingungen produzierten substantielle Verbesserungen der Leseleistung. Gruppenfeedback war in diesem Fall jedoch die deutlich effizientere Lösung, da es einfacher zu implementieren war und weniger Aufwand bedeutete.

Vor dem Hintergrund ökonomischer Überlegungen kann es also sinnvoll sein, sich für (reines) Gruppenfeedback zu entscheiden. Die in der Studie von Thorpe und anderen eingesetzte Feedbackform ist jedoch im Hinblick auf den Lerninhalt wenig informativ; für die Bearbeitung komplexer Problemstellungen innerhalb eines anspruchsvollen Inhaltsbereichs, wie in der vorliegenden Studie, ist eine elaboriertere Form als geeigneter anzusehen.

Es ist davon auszugehen, dass die Wirkung von Gruppenfeedback, wie die eines Feedbacks an einzelne Lernende, von der Gestaltung und der Rezeption des Feedbacks abhängt. Bezüglich der Gestaltung sind die in Abschnitt 3.4.1 beschriebenen Dimensionen als relevant anzusehen.

Bezüglich der Rezeption finden sich Hinweise in Forschungsarbeiten zur Informationsverarbeitung in Gruppen. Diese weisen darauf hin, dass Gruppen Feedback effektiver nutzen als Individuen (z.B. Chalos & Pickard, 1985; Tindale, 1989; vgl. auch Hinsz et al., 1997). Diese Ergebnisse beziehen sich vor allem auf Prozesse der Entscheidungsfindung. Vor dem Hintergrund von Befunden zum kooperativen Lernen (siehe Kapitel 4) ist jedoch zu vermuten, dass dies auch für Lernsettings gilt.

Beim kooperativen Lernen bietet elaboriertes Feedback Anknüpfungspunkte für eine *aktive* gemeinsame Feedbackrezeption, wie eine Diskussion des Feedbacks; diese sollte die Mindfulness und Elaborationsprozesse fördern und damit dem Lernerfolg zugute kommen. Nach Kluger und DeNisi (1996) sollte ein Feedback, das eine Aussage über die Gruppenleistung macht, zudem auch deshalb die individuelle Leistung erhöhen, da es die Aufmerksamkeit vom Selbst ablenkt. Es ist weiterhin zu vermuten, dass sich auch die beim kooperativen Lernen vorhandene soziale Kontrolle günstig auf die Feedbacknutzung auswirkt.

Als besonders lernwirksam müsste sich also eine Kombination aus Feedback und kooperativem Lernen erweisen. Zudem sollte Gruppenfeedback die Wissenskonvergenz der Gruppenmitglieder (siehe Kapitel 4) fördern, da durch das Gruppenfeedback Fehlkonzepte und Wissenslücken aufgezeigt werden, die in der Gruppe diskutiert und ausgeräumt werden können.

Zu Gruppenfeedback in Lehr-Lernkontexten existieren jedoch bisher kaum Befunde, und aufgrund theoretischer Überlegungen ist ebenso denkbar, dass sich keine positiven Effekte ergeben. Die Präsenz eines anderen Lernenden könnte beispielsweise die Aufmerksamkeit vom Feedback ablenken. Studien zur Selbstaufmerksamkeit ergaben beispielsweise, dass Individuen in Gegenwart anderer dazu neigen, dem Selbst erhöhte Beachtung zu schenken; die Aufmerksamkeit kann dadurch von aufgabenbezogenen Informationen abgezogen werden (vgl. Hinsz et al., 1997; O'Donnell, Dansereau, Hall & Rocklin, 1987).

Weiterhin ist von Belang, ob sich das einzelne Gruppenmitglied als Individuum
(nicht nur als Teil der Gruppe) durch das Feedback angesprochen fühlt (Leary &
Forsyth, 1987; Matsui, Kakuyama & Onglatco, 1987). Inwieweit ein Gruppenmitglied Gruppenfeedback auf sich bezieht, hängt auch davon ab, wie der eigene An-
teil am Gruppengeschehen und an der Gruppenleistung eingeschätzt wird, ob Erfolg oder Misserfolg also der Gruppe oder dem Selbst zugeschrieben werden (vgl.
Leary & Forsyth, 1987). Hierbei können Gruppenphänomene wie Verantwortungsdiffusion eine Rolle spielen (siehe Kapitel 4). Diese Aspekte sind aber vor allem
für größere Gruppen relevant; in der hier vorgestellten Studie wurde jedoch in Dyaden gelernt. Es wurde daher angenommen, dass sich die gemeinsame Feedbackrezeption aufgrund der oben beschriebenen Faktoren günstig auf das Lernen auswirkt.

3.7   Konsequenzen für die vorliegende Studie

Konsequenzen im Hinblick auf die Ziele der Studie. Theoretische Überlegungen
und die Befundlage unterstützen die plausible Annahme, dass sich Feedback positiv
auf den Lernerfolg auswirkt. Dies galt es in der vorliegenden Studie im Sinne des
eher grundlagenorientierten Ziels zu untersuchen. Durch eine Kombination mit kooperativem Lernen konnten hierbei außerdem Effekte von Gruppenfeedback überprüft werden.

Im Sinne des eher anwendungsbezogenen Ziels der Studie erschien es angesichts
der dargestellten Überlegungen und Befunde sinnvoll, zur Optimierung der Lernumgebung zusätzliches Feedback in die Lernumgebung zu integrieren und die Wirkung auf den Wissenserwerb in Korrelationsrechnung zu evaluieren.

Konsequenzen für die Gestaltung der Feedbackmaßnahme. In einer ersten Evaluationsstudie zur Wirksamkeit der Lernumgebung (siehe Kapitel 2.6) zeigte sich, dass
Lernende bei der Arbeit mit Koralle Lernchancen vergaben und das vorhandene
Feedback (Lösungsbeispiele, die mit eigenen Lösungen verglichen werden sollten)
weniger intensiv nutzten, als wünschenswert gewesen wäre. Viele Studierende sind
offenbar zum Ist-Soll-Vergleich, den der Vergleich einer eigenen Lösung mit dem
Lösungsbeispiel erfordert, nicht in der Lage oder sind nicht motiviert, diesen Vergleich vorzunehmen. Insbesondere angesichts der ungünstigen Lernvoraussetzungen vieler Studierender in Bezug auf Statistik und Forschungsmethoden ist es daher
angezeigt, Lernenden antwortabhängiges Feedback zu geben, das das individuelle
Verständnis widerspiegelt. Dies soll angesichts hoher Studierendenzahlen unab-

hängig von Lehrenden bzw. Tutoren erfolgen. Es ist also eine *automatische, adaptive* Feedbackgabe sinnvoll. Als Basis dieser Feedbackgabe bieten sich Verständnistests im Multiple-Choice-Format an, die automatisch ausgewertet werden können. Es wurde entsprechend keine *reine* Feedbackintervention eingesetzt, sondern Verständnistests mit Feedback. Diese beiden Bestandteile wurden bewusst nur gemeinsam implementiert, da zum einen die automatische adaptive Feedbackgabe eine vorgeschaltete Testung erfordert und zum anderen aus pädagogischer Sicht ein Einsatz von Tests ohne anschließendes Feedback nicht sinnvoll ist.

Eine solche adaptive Komponente stellt für die Lernumgebung eine sinnvolle Ergänzung dar. Zwar steht innerhalb von Koralle ein individuell und flexibel nutzbares Glossar zur Verfügung; hier entscheiden Lernende jedoch selbst über die Nutzung, adaptieren die Instruktion also gewissermaßen selbst. Angesichts der Befunde aus der ersten Evaluationsstudie ist es sinnvoll, eine automatische adaptive Komponente in die Lernumgebung zu integrieren. Mit Blick auf die Lernmotivation ist es zudem sinnvoll, die Verständnistests zwar anspruchsvoll, aber nicht *allzu* schwierig zu gestalten. Auch Lernende mit weniger Vorwissen sollten die Tests erfolgreich bearbeiten können.

Ein Feedback, das sich günstig auf den Lernerfolg auswirken soll, muss lernförderlich gestaltet sein und zudem vom Empfänger in geeigneter Weise rezipiert werden. Aus den Überlegungen und Befunden zur *Feedbackgestaltung* (Abschnitt 3.4.1) wurde für die Gestaltung der Feedbackmaßnahme Folgendes abgeleitet:

Feedback wird vor dem Hintergrund einer *sachlichen Bezugsnorm* gegeben. Es wird angezeigt, wie viele Antworten im Verständnistest richtig und wie viele falsch waren; Kriterium ist die maximal erreichbare Punktzahl. Die sachliche Bezugsnorm ist motivational eher günstig (oder zumindest nicht nachteilig, wie in vielen Fällen die soziale Bezugsnorm). Zudem ist sie bei automatischer Feedbackgabe gut realisierbar. Die Testung erfolgt an mehreren Stellen der Lernumgebung. Durch die wiederholte Feedbackgabe im Lernprozess ist es den Lernenden möglich, eigene Fortschritte festzustellen, implizit ist also auch eine individuelle Bezugsnorm gegeben. Die individuelle Bezugsnorm gilt als motivational besonders vorteilhaft. Innerhalb der kooperativen Lernbedingungen ist zudem ein sozialer Vergleich möglich (der jedoch, angesichts oftmals ungünstiger Effekte der sozialen Bezugsnorm, nicht explizit durch die Feedbackgabe unterstützt wird). Durch die wiederholte, prozessbegleitende Feedbackgabe hat das Feedback zudem einen *formativen* Effekt, kann also für den nachfolgenden Lernprozess genutzt werden.

Das Feedback lenkt die Aufmerksamkeit auf die *Aufgabenebene* (anstatt auf die Aufgabenmotivation oder das Selbst). Eine ablenkende Beschäftigung mit dem Selbst wird weiterhin durch den Verzicht auf Wertung vermieden; bestätigendes oder kritisches Feedback erfolgt indirekt über die Rückmeldung der Anzahl korrekter Antworten. Erfolgserlebnisse werden dadurch ermöglicht, dass die Verständnis-tests so gestaltet sind, dass auch Vorwissensschwächere diese gut bewältigen können.

Den *Feedbackregeln* entsprechend erfolgt konkretes und klar formuliertes Feedback für die erbrachte Leistung, also für veränderbares Verhalten. Angesichts ungünstiger Lernvoraussetzungen wird das Feedback immer *sofort* nach der Bearbeitung der Tests gegeben. Unproduktives „Schwimmen" durch eine Feedbackverzögerung wird so vermieden.

Es wird elaboriertes Feedback gegeben, also ein *hoher Informationsgehalt* realisiert. Es wird zurückgemeldet, inwieweit gegebene Antworten richtig oder falsch sind (KR und KCR); zudem wird erläutert, warum die Antworten richtig oder falsch sind. Hierbei wird explizit auf Fehlkonzepte eingegangen, die im jeweiligen Zusammenhang häufig auftreten. Die Erläuterungen können zudem Wissenslücken schließen.

Die Feedbackmaßnahme ist angesichts dieser Eigenschaften als *informierend* zu bezeichnen: Die Lernenden erhalten in sachlicher Weise Informationen, die sie für den Kompetenzerwerb benötigen. Die Lernenden dürften daher den Eindruck gewinnen, dass sie durch das Feedback beim Kompetenzerwerb unterstützt (und nicht manipuliert oder unter Druck gesetzt) werden sollen.

Das elaborierte Feedback erfolgt *schriftlich*; von der Möglichkeit, Feedback auditiv zu präsentieren, wird also nicht Gebrauch gemacht. So kann jeder Lernende das Feedback in individuellem Tempo rezipieren. Bei den Erläuterungen wird angesichts des anspruchsvollen Inhaltsbereichs verstärkt auf *Verständlichkeit* geachtet. Es werden kurze, klare Sätze formuliert, außerdem werden keine neuen Fachbegriffe eingeführt, sondern nur bereits vorher verwendete bzw. im Glossar enthaltene Konzepte wieder aufgegriffen.

Ein in dieser Weise gestaltetes Feedback sollte sich als lernförderlich erweisen – sofern es intensiv genug rezipiert wird. Bezüglich der *Feedbackrezeption* wurde aus den oben dargestellten Überlegungen und Befunden für die vorliegende Studie folgende Konsequenz gezogen: Es wurde eine Förderung der Feedbackverarbeitung und -nutzung durch kooperatives Lernen erprobt. Eventuell wird Feedback beim kooperativen Lernen bewusster und intensiver rezipiert (siehe Abschnitt 3.6).

Erwartete Effekte der Feedbackmaßnahme. Die Feedbackmaßnahme sollte bewirken, dass das eigene Verständnis und der eigene Lernfortschritt stärker reflektiert werden. Es sollten sich also eine größere Mindfulness beim Lernen sowie eine validere Selbstbeurteilung ergeben. Diese verbesserten metakognitiven Aspekte sowie das Aufdecken von Wissenslücken und Fehlkonzepten durch die Feedbackmaßnahme sollten sich positiv auf den Lernerfolg auswirken.

Vor dem Hintergrund der in Kapitel 2.1 beschriebenen Wissensdimensionen und Wissensdefizite der Studierenden stellt sich die postulierte Lernwirksamkeit der Feedbackmaßnahme wie folgt dar: Die Feedbackmaßnahme vertieft neben deklarativen auch prozedurale und konditionale Lerninhalte, die zuvor in den jeweiligen Lösungsbeispielen behandelt wurden (*Inhaltsdimension des Wissens*), sie spiegelt das Verständnis der Lernenden wider und verhindert somit Kompetenz- und Inkompetenzillusionen (*Bewusstheit*), sie korrigiert Fehlkonzepte (*Wissenschaftlichkeit*), sie elaboriert zuvor behandelte Lerninhalte und vergrößert so die Wissensbasis (*Umfang*), und sie trägt zu einer stärkeren Vernetzung der Wissensinhalte bei und fördert so ein tieferes Verstehen (*Tiefe*). Auf diese Weise sowie durch die Tatsache, dass Anwendungsmöglichkeiten der Lerninhalte aufgezeigt werden, unterstützt die Feedbackmaßnahme den Erwerb anwendbaren Wissens (*Anwendbarkeit*).

Für das Gruppenfeedback wurden besonders günstige Effekte auf den Lernerfolg angenommen. Es wurde vermutet, dass durch die Möglichkeit, das Feedback gemeinsam zu rezipieren und zu diskutieren, sowie durch die in der Gruppensituation vorhandene soziale Kontrolle das Feedback intensiver genutzt und daher stärker wirksam wird.

Weiterhin wurde postuliert, dass sich in der Gruppenfeedbackbedingung eine Wissenskonvergenz der Lernpartner ergibt, da durch das Gruppenfeedback beiden Lernpartnern Fehlkonzepte und Wissenslücken aufgezeigt werden, die sie anschließend diskutieren und ausräumen können.

Die Feedbackmaßnahme sollte zudem ein geringes Vorwissen kompensieren, da sie zusätzliche Unterstützung und adaptives Feedback bereitstellt. Hier sollte sich also eine Aptitude-Treatment-Interaktion (Cronbach & Snow, 1977) ergeben.

Da die Feedbackmaßnahme Fehler aufzeigt und Erläuterungen bereitstellt, sollten sich die Lernenden in ihrem Kompetenzerwerb unterstützt fühlen (vgl. Deci & Ryan, 1993, 2000; siehe Kapitel 5.3). Die Feedbackmaßnahme umfasst jedoch weder explizit bestätigendes noch kritisches Feedback. Je nachdem, wie das Feedback jeweils ausfällt und wie die Lernenden die erhaltenen Informationen wahrnehmen bzw. bewerten (vgl. z.B. Prenzel, 1996), können sich positive, negative oder auch keine motivationalen Effekte ergeben.

Die Gestaltung der Feedbackmaßnahme wird im folgenden Abschnitt dargestellt.

3.8 Gestaltung der Feedbackmaßnahme

In der weiterentwickelten Fassung der Lernumgebung, die in der vorliegenden Studie erstmals zum Einsatz kam, wurden Verständnistests im Multiple-Choice-Format mit anschließendem elaboriertem Feedback implementiert. Ebenso wie die übrige Lernumgebung behandeln die Tests authentische Problemstellungen der Korrelationsrechnung. Die Tests erscheinen innerhalb der Lernumgebung jeweils nach der Hälfte und nach dem Ende der drei Themenbereiche „Linearität", „heterogene Untergruppen" und „Ausreißer" (siehe Kapitel 2). Sie beziehen sich auf die zuvor behandelten Lerninhalte und zielen auf eine Reflexion des Verständnisses des soeben Gelernten ab.

Jeder Test umfasst zwölf Items, die zwei oder drei Fragen zugeordnet sind. Jedes Item ist durch die Lernenden als „richtig" oder „falsch" einzustufen. Die Lernenden werden durch die Lernumgebung darauf hingewiesen, dass ggf. mehrere Antworten richtig sind oder keine der präsentierten Aussagen zutrifft. Abbildung 3.1 zeigt den ersten Verständnistest.[3]

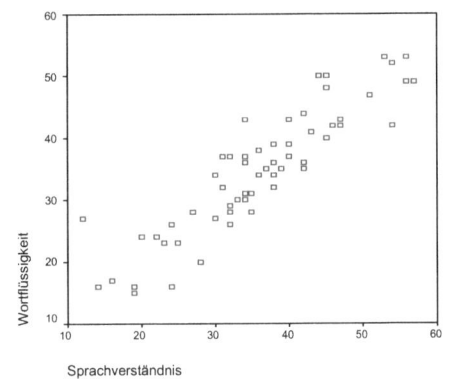

VERSTÄNDNISTEST 1

Bitte beachten Sie: Bei allen Fragen können auch mehrere oder alle Aussagen richtig sein, ebenso kann keine Aussage zutreffen.

Sie analysieren Daten zur verbalen Intelligenz und prüfen, inwieweit zwischen den Skalen „Sprachverständnis" (Standardabweichung: 10,81; Mittelwert: 36,27) und „Wortflüssigkeit" (Standardabweichung: 9,95; Mittelwert: 34,85) ein Zusammenhang besteht.

Abb. 3.1: Erster Verständnistest (Fortsetzung s.u.)

---

3   Weitere Informationen zur Lernumgebung können bei der Autorin angefordert werden (u.krause@mx.uni-saarland.de).

(Forts. Abb. 3.1.)

Aufgabe 1: Welcher Art ist der Zusammenhang zwischen den beiden Variablen?

❑ Es liegt ein nicht-linearer Zusammenhang vor, da nicht alle Punkte auf einer Geraden liegen.

❑ Es liegt ein exponentieller Zusammenhang vor, da nicht alle Punkte auf einer Geraden liegen.

❑ Es liegt ein linearer Zusammenhang vor, da sich die Punkte sinnvoll durch eine Gerade beschreiben lassen.

❑ Es liegt kein perfekter linearer Zusammenhang vor, da nicht alle Punkte auf einer Geraden liegen.

Aufgabe 2: Was können Sie über die Richtung des Zusammenhangs sagen?

❑ Die Datenpunkte lassen sich sinnvoll durch eine Gerade mit positiver Steigung beschreiben, daher hat der Korrelationskoeffizient ein positives Vorzeichen.

❑ Positive Werte im Sprachverständnis gehen tendenziell mit positiven Werten in der Wortflüssigkeit einher und negative Werte im Sprachverständnis tendenziell mit negativen Werten in der Wortflüssigkeit, daher handelt es sich um einen positiven Zusammenhang.

❑ Hohe Werte im Sprachverständnis gehen tendenziell mit hohen Werten in der Wortflüssigkeit einher und niedrige Werte im Sprachverständnis tendenziell mit niedrigen Werten in der Wortflüssigkeit, daher handelt es sich um einen positiven Zusammenhang.

❑ Um eine sichere Aussage über die Richtung des Zusammenhangs machen zu können, ist es notwendig, den Korrelationskoeffizienten zu berechnen.

Aufgabe 3: Was stellen Sie hinsichtlich der Stärke des Zusammenhangs fest?

❑ Die Datenpunkte streuen stark um die Regressionsgerade. Gleichzeitig streuen die Werte der Variablen „Wortflüssigkeit" innerhalb eines weiten Bereichs. Folglich liegt ein starker Zusammenhang vor.

❑ Da die Variablen annähernd gleiche Varianzen und Mittelwerte haben, kann von der Steigung der Geraden in etwa auf die Stärke des Zusammenhangs geschlossen werden.

❑ Die Merkmale hängen schwach zusammen, daher ist der Korrelationskoeffizient kleiner als .5.

❑ Die Merkmale hängen eng zusammen, von der Ausprägung des Merkmals „Sprachverständnis" kann also in etwa auf die Ausprägung des Merkmals „Wortflüssigkeit" geschlossen werden.

Nach Bearbeitung jedes Tests erhalten die Lernenden ein automatisch generiertes Feedback, das Auskunft darüber gibt, wie viele Items korrekt angekreuzt wurden und welche Items richtig gewesen wären. Weiterhin werden die richtigen sowie die *falsch angekreuzten* Items erläutert (Knowledge of Results, Knowledge of Correct Response und Elaboration, siehe Abschnitt 3.4.1). Es wird so gezielt auf individuelle Fehler eingegangen; durch die Erläuterungen werden mögliche Fehlkonzepte aufgezeigt und Wissenslücken geschlossen. Abbildung 3.2 zeigt das Feedback, das Probanden erhalten, die beim ersten Verständnistests alle Items angekreuzt (also als „korrekt" eingestuft) haben.

Sie haben nicht alle Items richtig angekreuzt. Sie haben **6 von 12** Items richtig angekreuzt.

VERSTÄNDNISTEST 1 – LÖSUNG

Hinweis: Erläutert werden die *richtigen* (grün angezeigten) sowie die *falsch angekreuzten* Items.

Sie analysieren Daten zur verbalen Intelligenz und prüfen, inwieweit zwischen den Skalen „Sprachverständnis" (Standardabweichung: 10,81; Mittelwert: 36,27) und „Wortflüssigkeit" (Standardabweichung: 9,95; Mittelwert: 34,85) ein Zusammenhang besteht.

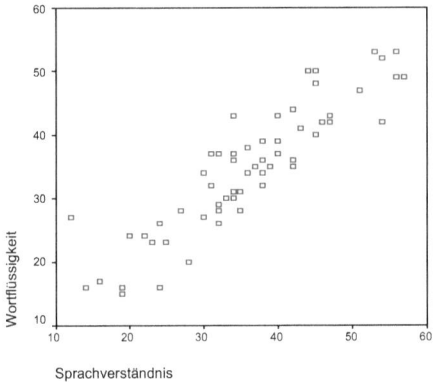

Aufgabe 1: Welcher Art ist der Zusammenhang zwischen den beiden Variablen?

A   Es liegt ein nicht-linearer Zusammenhang vor, da nicht alle Punkte auf einer Geraden liegen.

B   Es liegt ein exponentieller Zusammenhang vor, da nicht alle Punkte auf einer Geraden liegen.

C   Es liegt ein linearer Zusammenhang vor, da sich die Punkte sinnvoll durch eine Gerade beschreiben lassen.

D   Es liegt kein perfekter linearer Zusammenhang vor, da nicht alle Punkte auf einer Geraden liegen.

Feedback zu den richtigen Items:

C   RICHTIG. Wenn man den Punkteschwarm im Streuungsdiagramm sinnvoll durch eine Regressionsgerade anpassen kann, so besteht ein linearer Zusammenhang zwischen den beiden Variablen.

D   RICHTIG. Da nicht alle Punkte auf der Regressionsgeraden liegen, ist der Zusammenhang nicht perfekt. Es kann also von dem Wert einer Person im Sprachverständnis nur *ungefähr* auf den dazugehörigen Wert in der Wortflüssigkeit geschlossen werden und *nicht eindeutig*, wie dies bei einem perfekten linearen Zusammenhang möglich wäre. Im *Regelfall* liegen bei einem linearen Zusammenhang nur wenige oder keine Datenpunkte auf der Geraden. Ein perfekter Zusammenhang, bei dem alle Punkte auf der Geraden liegen, ist ein *Idealfall*. Der Korrelationskoeffizient ist dann bei einem positiven perfekten Zusammenhang r = 1, bei einem negativen r = -1.

Feedback zu den falsch angekreuzten Items:

A   FALSCH. Bei nicht-linearen Zusammenhängen lässt sich der Punkteschwarm im Streuungsdiagramm nicht sinnvoll durch eine Gerade anpassen. Da sich der Punkteschwarm hier jedoch sinnvoll durch eine Gerade beschreiben lässt, ist der Zusammenhang *linear*. Dass nur wenige Datenpunkte direkt auf der Geraden liegen, zeigt, dass der lineare Zusammenhang nicht *perfekt* ist.

B   FALSCH. Bei einem exponentiellen Zusammenhang kann der Punkteschwarm im Streuungsdiagramm nicht sinnvoll durch eine Gerade beschrieben werden. Exponentielle Zusammenhänge sind *nicht-linear*, die Punkte lassen sich durch eine Kurve darstellen, die z.B. wie in der Grafik verläuft. Im vorliegenden Fall lässt sich der Punkteschwarm sinnvoll durch eine Gerade beschreiben, daher ist der Zusammenhang linear. Dass nur wenige Datenpunkte direkt auf der Geraden liegen, zeigt, dass der lineare Zusammenhang nicht *perfekt* ist.

Abb. 3.2: Erster Verständnistest, Beispiel für ein Feedback (Fortsetzung s.u.)

(Forts. Abb. 3.2)

Aufgabe 2: Was können Sie über die Richtung des Zusammenhangs sagen?

A Die Datenpunkte lassen sich sinnvoll durch eine Gerade mit positiver Steigung beschreiben, daher hat der Korrelationskoeffizient ein positives Vorzeichen.

B Positive Werte im Sprachverständnis gehen tendenziell mit positiven Werten in der Wortflüssigkeit einher und negative Werte im Sprachverständnis tendenziell mit negativen Werten in der Wortflüssigkeit, daher handelt es sich um einen positiven Zusammenhang.

C Hohe Werte im Sprachverständnis gehen tendenziell mit hohen Werten in der Wortflüssigkeit einher und niedrige Werte im Sprachverständnis tendenziell mit niedrigen Werten in der Wortflüssigkeit, daher handelt es sich um einen positiven Zusammenhang.

D Um eine sichere Aussage über die Richtung des Zusammenhangs machen zu können, ist es notwendig, den Korrelationskoeffizienten zu berechnen.

Feedback zu den richtigen Items:

A RICHTIG. Die Gerade verläuft von links unten nach rechts oben im Diagramm, sie hat also eine positive Steigung. Je höher ein Wert im Sprachverständnis, desto höher ist tendenziell auch der dazugehörige Wert in der Wortflüssigkeit. Der Zusammenhang ist damit positiv, und der Korrelationskoeffizient hat ein positives Vorzeichen.

C RICHTIG. Probanden, die im Sprachverständnis hohe Werte vorweisen, erreichen tendenziell ebenfalls hohe Werte in der Wortflüssigkeit. Das Entsprechende gilt für niedrige Werte. Somit liegt ein positiver Zusammenhang vor.

Feedback zu den falsch angekreuzten Items:

B FALSCH. Es gibt hier *nur positive* Werte. Negative Werte liegen nicht vor. Richtig ist: *Hohe* Werte im Sprachverständnis gehen tendenziell mit *hohen* Werten in der Wortflüssigkeit einher, *niedrige* im Sprachverständnis tendenziell mit *niedrigen* in der Wortflüssigkeit, daher handelt es sich um einen positiven Zusammenhang.

D FALSCH. Die Richtung des Zusammenhangs kann dem Streuungsdiagramm zweifelsfrei entnommen werden. Lässt sich der Punkteschwarm sinnvoll durch eine Gerade anpassen, die von links unten nach rechts oben verläuft (also eine positive Steigung hat), liegt ein positiver Zusammenhang vor, verläuft die Gerade von links oben nach rechts unten, so ist der Zusammenhang negativ.

Aufgabe 3: Was stellen Sie hinsichtlich der Stärke des Zusammenhangs fest?

A Die Datenpunkte streuen stark um die Regressionsgerade. Gleichzeitig streuen die Werte der Variablen „Wortflüssigkeit" innerhalb eines weiten Bereichs. Folglich liegt ein starker Zusammenhang vor.

B Da die Variablen annähernd gleiche Varianzen und Mittelwerte haben, kann von der Steigung der Geraden in etwa auf die Stärke des Zusammenhangs geschlossen werden.

C Die Merkmale hängen schwach zusammen, daher ist der Korrelationskoeffizient kleiner als .5.

D Die Merkmale hängen eng zusammen, von der Ausprägung des Merkmals „Sprachverständnis" kann also in etwa auf die Ausprägung des Merkmals „Wortflüssigkeit" geschlossen werden.

Feedback zu den richtigen Items:

B RICHTIG. Wenn die Varianzen und Mittelwerte der Variablen in etwa übereinstimmen, gibt die Steigung der Geraden Auskunft über die Stärke des linearen Zusammenhangs. Sind die Varianzen und Mittelwerte identisch (z.B. nach z-Transformation der Messwerte), so lässt sich die Höhe des Koeffizienten (r) direkt aus der Steigung (b) ablesen (dann ist b = r). Im vorliegenden Fall liegt die Steigung der Geraden annähernd bei 40°, der Zusammenhang ist also sehr stark. Der Korrelationskoeffizient ist etwa r = .9 (die Schreibweise „.9" ist eine Kurzform für „0,9").

D RICHTIG. Hat ein Proband einen hohen Wert im Sprachverständnis, so kann man davon ausgehen, dass er auch einen hohen Wert in der Wortflüssigkeit vorweist. Das Entsprechende gilt für niedrige Werte. Legt man eine Regressionsgerade durch den Punkteschwarm (und zwar jene für die Regression von „Sprachverständnis" auf „Wortflüssigkeit"), so kann anhand der Geraden eine recht gute Schätzung des zu einem Wert im Sprachverständnis gehörenden Wertes in der Wortflüssigkeit vorgenommen werden.

Feedback zu den falsch angekreuzten Items:

A FALSCH. Die Datenpunkte streuen nur *geringfügig* um die Gerade. Es ist allerdings tatsächlich ein starker Zusammenhang festzustellen, und zwar gerade *weil* die Datenpunkte nur geringfügig um die Regressionsgerade streuen. Von den Werten im Sprachverständnis kann also anhand der Geraden einigermaßen präzise auf die dazugehörigen Werte in der Wortflüssigkeit geschlossen werden.

C FALSCH. Es handelt sich um einen *starken* Zusammenhang, da die Datenpunkte wenig um die Regressionsgerade streuen. Der Korrelationskoeffizient liegt schätzungsweise bei r = .9.

Innerhalb jedes Feedbacks werden die richtigen Items erläutert; die falschen Items werden nur dann elaboriert, wenn sie durch die Probanden als „richtig" eingestuft wurden. Wurden richtige Items *nicht* angekreuzt, so erscheint unter „Feedback zu den falsch angekreuzten Items" die Anmerkung „RICHTIG. Sie haben dieses Item nicht angekreuzt. Erklärung siehe ‚Feedback zu den richtigen Items'." Diese Variante wurde aus technischen Gründen gewählt.

Die Feedbackmaßnahme soll vor allem Lernende mit wenig Vorwissen unterstützen, die zu einem Vergleich der eigenen mit der Musterlösung weniger in der Lage sind. Die Tests können aber auch kompetenteren Lernenden als Bestätigung oder zum Aufdecken von Wissenslücken und Fehlkonzepten dienen. Die Verständnistests sollten also bei allen Lernenden bewirken, dass der eigene Lernfortschritt stärker reflektiert wird.

Wird *kooperativ* mit der Lernumgebung gelernt, so sind die Verständnistests im Team zu bearbeiten. Das anschließende Feedback gibt entsprechend Auskunft über die gemeinsame Leistung; es handelt sich also um Gruppenfeedback, das die Lernenden gemeinsam rezipieren und nutzen können. Kooperatives Lernen, die zweite in der vorliegenden Studie erprobte Maßnahme, wird im nächsten Kapitel thematisiert.

4 Theoretischer und empirischer Hintergrund des kooperativen Lernens

Beim Lernen werden im Allgemeinen drei übergeordnete Sozialformen unterschieden: individuelles Lernen, kompetitives Lernen und kooperatives Lernen (vgl. Johnson, Johnson & D. Anderson, 1978). Im traditionellen Unterricht werden zumeist die ersten beiden Formen realisiert. Das Interesse an kooperativen Lernformen wächst jedoch angesichts veränderter gesellschaftlicher Bedingungen (siehe Abschnitt 4.2). Kooperatives Lernen gilt zunehmend als eine geeignete Strategie zur Förderung höherer Denkprozesse und prosozialen Verhaltens (vgl. E. G. Cohen, 1994). In Aus- und Weiterbildung erfreut es sich daher einiger Beliebtheit. Seine Auswirkungen wurden vielfach untersucht, und es wurden Bedingungen lernförderlicher Gruppenarbeit herausgearbeitet.

In diesem Kapitel erfolgen zunächst Anmerkungen zum Begriff und zu Funktionen des kooperativen Lernens. Anschließend werden Perspektiven der Forschung zum kooperativen Lernen beschrieben. Danach werden empirische Befunde zur Wirkung kooperativen Lernens dargestellt. Hierbei werden zentrale Einflussfaktoren thematisiert: die Aufgabe, die Kooperationsform und die Gruppenzusammensetzung. Weiterhin wird auf kooperatives Lernen am Computer eingegangen. Schließlich werden Konsequenzen für die präsentierte Studie abgeleitet, und es wird die Gestaltung des kooperativen Lernens im vorliegenden Kontext beschrieben.

4.1 Begriff des kooperativen Lernens

Unter kooperativem Lernen wird eine Form des Wissenserwerbs verstanden, bei der zwei oder mehr Personen gemeinsam lernen (Dillenbourg, 1999), in einer Gruppe, die klein genug ist für eine aktive Partizipation aller ihrer Mitglieder bei der Aufgabenbearbeitung (E. G. Cohen, 1994). Anders als eine Arbeit in Kleingruppen zur Intensivierung des Frontalunterrichts findet kooperatives Lernen ohne eine ständige Supervision und Kontrolle durch einen Lehrer statt (E. G. Cohen, 1994).

Einige Autoren, insbesondere im englischen Sprachraum, unterscheiden kooperatives und kollaboratives Lernen: Kooperation wird als Aufgabenteilung betrachtet, während sich Kollaboration auf Koordination und Zusammenarbeit bezieht (z.b. Dillenbourg, Baker, Blaye & O'Malley, 1996; Roschelle & Teasley, 1995). Den folgenden Ausführungen liegt die allgemeine Definition zugrunde; der Begriff der Kooperation bezieht sich hierbei auf eine gemeinsame Aufgabenbearbeitung, die über eine einfache Arbeitsteilung hinausgeht.

4.2   Funktionen kooperativen Lernens

Kooperatives Lernen hat unterschiedliche kognitive, metakognitive, motivationale und soziale Funktionen (vgl. z.B. E. G. Cohen, 1994). Als zentrale Funktion ist die Förderung des individuellen Lernerfolgs, z.b. durch verstärkte Elaboration oder soziokognitive Konflikte, anzusehen (siehe Abschnitt 4.3). Kooperatives Lernen kann zudem auf die Verbesserung metakognitiver Prozesse abzielen: Die Diskussion mit Mitlernenden kann die Mindfulness fördern (Lambiotte, Dansereau, O'Donnell, Young, Skaggs & Hall, 1988; Salomon & Globerson, 1989; siehe auch Kapitel 5), und der beim kooperativen Lernen mögliche Vergleich mit anderen, also der Vergleich anhand einer sozialen Bezugsnorm, kann die Selbstbeurteilung unterstützen (vgl. Rheinberg, 2001, 2006). Eine weitere Funktion kann in der Erhöhung der Lernfreude, also der intrinsischen Motivation bestehen. Hierbei dürfte das Erleben sozialer Eingebundenheit eine Rolle spielen (Deci & Ryan, 1985, 1993; siehe auch Kapitel 5).

Kooperative Lernformen zielen zudem häufig darauf ab, soziale Einstellungen sowie die Kooperationsfähigkeit positiv zu beeinflussen (vgl. z.B. E. G. Cohen, 1994; siehe auch Mandl & Krause, 2003). Lernen gilt zunehmend nicht nur als Erwerb von Faktenwissen und Fertigkeiten, sondern auch als Einführung in eine *community of practice* (Lave & Wenger, 1991). Als Lernziele gelten damit auch spezifische Denkmuster, Heuristiken und ethische Standards der jeweiligen Expertenkultur. Diese werden vor allem im kooperativen Austausch erworben.

Aus der massiven Zunahme von Wissen in der Gesellschaft ergibt sich außerdem ein höherer Bedarf an Teamarbeit: Wissen ist verteilter, zudem werden die zu bewältigenden Aufgaben immer komplexer. Die Bearbeitung aktueller Problemstellungen erfordert also immer häufiger die Zusammenarbeit verschiedener Experten (Mandl & Krause, 2003; Spada, Caspar & Rummel, 2000). Die Fähigkeit, effektiv zu kooperieren, kann daher als wichtige Qualifikation für das Berufsleben und lebenslanges Lernen (vgl. Baltes, 2001) angesehen werden. Studien weisen darauf hin, dass *Übung* für den Erwerb dieser Fähigkeit von zentraler Bedeutung ist (vgl. Renkl, 1997b); der Einsatz kooperativer Lernformen in Schule und Universität hat somit die Funktion, neben inhaltlichem Lernen auch die Kooperationsfähigkeit der Lernenden zu fördern.

4.3 Theoretische Perspektiven der Forschung zum kooperativen Lernen

Forschungsarbeiten zum kooperativen Lernen basieren auf verschiedenen theoretischen Ansätzen (vgl. Dillenbourg et al., 1996; F. Fischer, 2002), die angesichts zunehmenden Interesses an kooperativen Lernformen umfassend rezipiert und weiterentwickelt wurden. Es lassen sich drei übergeordnete Perspektiven unterscheiden, auf denen die meisten Forschungsansätze basieren: die soziokonstruktivistische Perspektive, die an Arbeiten von Piaget anknüpft (vgl. Doise & Mugny, 1984; Piaget, 1985), die soziokulturelle Perspektive nach Vygotskij bzw. Ansätze situierten Lernens (vgl. Resnick, Levine & Teasley, 1991; Vygotskij, 1986) sowie die Perspektive der kollektiven Informationsverarbeitung (vgl. Hinsz et al., 1997). Diese Perspektiven werden im Folgenden dargestellt.

Die soziokonstruktivistische Perspektive. Großen Einfluss auf die Forschung zum Lernen in Gruppen hat die soziokonstruktivistische Perspektive, die sich auf Überlegungen und Studien von Piaget bezieht. Nach Piaget (1985) konstruiert der Mensch sein Wissen über die Interpretation von Erfahrungen, die er mit der physikalischen Umwelt macht, insbesondere durch hierbei auftretende kognitive Konflikte. Innerhalb dieses Explorations- und Konstruktionsvorgangs werden zum einen Erfahrungen mit der Umwelt so interpretiert, dass sie in vorhandene Wissensstrukturen hineinpassen (Assimilation), zum anderen werden Wissensschemata (vgl. Mandl et al., 1988; siehe Kapitel 2.1.2) vor dem Hintergrund neuer Erfahrungen umstrukturiert und erweitert (Akkommodation). Ziel dieses Vorgangs, den Piaget als Äquilibration bezeichnet, ist die Aufrechterhaltung bzw. Wiederherstellung des kognitiven Gleichgewichts (Äquilibrium) durch das Herstellen logischer Kohärenz (vgl. De Lisi & Golbeck, 1999).

Piaget thematisiert soziale Interaktion, genauer die Interaktion mit Gleichaltrigen, im Zusammenhang mit ihrer Bedeutung für die Entwicklung des logischen Denkens. Neopiagetianer, wie Doise und Kollegen (z.b. Doise & Mugny, 1984), betonen die *generelle* Lernwirksamkeit dieser Interaktion, insbesondere des sogenannten *soziokognitiven Konflikts*. Vor dem Hintergrund des Piagetschen Ansatzes geht die soziokonstruktivistische Perspektive davon aus, dass beim kooperativen Lernen durch das Aufeinandertreffen verschiedener Sichtweisen bzw. Schemata Störungen (Perturbationen) des individuellen kognitiven Gleichgewichts auftreten können. Indem das Individuum versucht, das Gleichgewicht wiederherzustellen, konstruiert es neues Wissen und modifiziert somit die kognitiven Voraussetzungen für die Interpretation seiner Umwelt (vgl. De Lisi & Golbeck, 1999; Doise & Mugny, 1984; F. Fischer, 2002). Das kooperative Lernen stößt also Reflexionsprozesse an, die die Wissenskonstruktion fördern.

Entscheidend für die *Lernwirksamkeit* des soziokognitiven Konflikts ist dessen erfolgreiche *Auflösung* (Nastasi, Clements & Battista, 1990; vgl. auch Renkl & Mandl, 1995), und zwar insbesondere das wechselseitige Geben von Erklärungen innerhalb der Verhandlungen (*negotiations*) im Auflösungsprozess (Webb & Farivar, 1999). Dies kann sowohl für denjenigen, der erklärt, als auch für denjenigen, der die Erklärung erhält, lernförderlich sein (vgl. z.B. Renkl, 1997b).

Die soziokulturelle Perspektive bzw. situierte Ansätze. Nach Vygotskij (1986) ist die Entwicklung höherer psychischer Funktionen soziokulturell vermittelt; sie treten zuerst auf interindividueller Ebene und dann auf individueller Ebene auf (vgl. F. Fischer, 2002; Slavin, 1998). Auch Vygotskij betrachtet kognitive Entwicklung als Konstruktionsvorgang: In der Interaktion mit anderen Menschen konstruiert das Individuum Wissen über kulturelle Symbole und Werkzeuge.

Hinsichtlich der Bedeutung sozialer Interaktion für das Lernen geht Vygotskij entsprechend einen Schritt weiter als Piaget. Er betrachtet die Auseinandersetzung mit anderen als *Kernprozess* der kognitiven Entwicklung. Anders als Piaget – und ähnlich wie die Neopiagetianer – misst er auch der *asymmetrischen* Interaktion zwischen Partnern unterschiedlicher kognitiver Entwicklungsstadien große Bedeutung bei, wie der Interaktion zwischen Kind und Erwachsenem oder zwischen Kindern unterschiedlicher Altersstufen. In diesem Zusammenhang prägte Vygotskij den Begriff der „Zone der proximalen Entwicklung", womit er den Bereich bezeichnete zwischen dem, was ein Individuum allein lernen kann, und dem, was es mit Hilfe einer erfahreneren bzw. kompetenteren Person zu erreichen vermag. Durch Interaktion innerhalb dieser Zone internalisiert das Individuum Kenntnisse und Fertigkeiten. Dies gelingt umso besser, je mehr die kompetentere Person die Denkweise des

Lernenden versteht und sich auf einem ähnlichen sprachlichen Niveau bewegt. Dies ist beim kooperativen Lernen mit etwas kompetenteren Peers gegeben.

Die soziokulturelle Sichtweise wurde innerhalb von Ansätzen *situierten Lernens* aufgegriffen und weiterentwickelt. Autoren wie Lave (z.b. 1988), Brown (z.b. Brown, Ash, Rutherford, Nakagawa, Gordon & Campione, 1993) oder Greeno (z.b. 1998) betonen die Bedeutung des *Lernkontextes* für den Wissenserwerb, auch und speziell der sozialen Lernbedingungen. Forschungsarbeiten zum situierten Lernen befassen sich beispielsweise mit der Wirksamkeit längerfristig bestehender Lerngemeinschaften (*learning communities*; vgl. Bielaczyc & A. Collins, 1999; Wenger, McDermott & Snyder, 2002).

In Lerngruppen versuchen die Gruppenmitglieder, zu einem gemeinsamen Verständnis der Lerninhalte zu kommen, es werden also Bedeutungen ausgehandelt. Hierbei wird Wissen externalisiert und internalisiert. Auf diese Weise wird individuelles sowie distribuiertes (sozial geteiltes) Wissen konstruiert, zudem konvergiert das Wissen der Gruppenmitglieder zu einem gewissen Grade (vgl. z.b. F. Fischer, 2002; Renkl & Mandl, 1995; Roschelle, 1992). Diese kollektiven Konstruktionsprozesse werden auch als *Ko-Konstruktion* von Wissen bzw. Bedeutung bezeichnet (vgl. F. Fischer, 2002).

Die Perspektive der kollektiven Informationsverarbeitung. Informationsverarbeitungsansätze bezogen sich lange Zeit ausschließlich auf *individuelle* kognitive Prozesse. In den letzten Jahren gewann die Perspektive der *kollektiven* Informationsverarbeitung an Bedeutung. Vor dem Hintergrund des gestiegenen Interesses an Gruppen als informationsverarbeitenden Systemen (Hinsz et al., 1997) rückte auch innerhalb der Forschung zum kooperativen Lernen neben dem Individuum auch die Gruppe selbst als Analyseeinheit ins Zentrum von Forschungsaktivitäten (Dillenbourg et al., 1996).

Hinsz et al. (1997) veröffentlichten eine vielzitierte Überblicksarbeit zur Informationsverarbeitung auf Gruppenebene. Den Autoren zufolge bezieht sich kollektive Informationsverarbeitung auf das *Teilen von Informationen, Ideen und kognitiven Prozessen* innerhalb der Gruppe und auf den Einfluss der Wissensteilung auf individuelle und kollektive Ergebnisse. Die geteilten Informationen können die Aufgabe, Charakteristika der Gruppe oder der Gruppenmitglieder, Interaktionsmuster oder den Kontext der Gruppenarbeit betreffen. Damit die Gruppe agieren kann, ist ein gewisser Grad an Wissensteilung notwendig. Ein hoher Grad an Wissensteilung ist nach Hinsz et al. allerdings nicht unbedingt ein Indikator für die Gruppeneffektivität.

In ihrer Analyse fassen Hinsz et al. Erkenntnisse zu kollektiven Verarbeitungspro-
zessen und -phänomenen zusammen. Diese Prozesse und Phänomene sind – ana-
log zur Verarbeitung auf individueller Ebene – Fokussierung der Aufmerksamkeit,
Enkodierung, Speicherung, Abruf, Verarbeitung, Antwort (*response*) und Feedback.

In mancher Hinsicht sind Gruppen Individuen bei der Informationsverarbeitung
offenbar überlegen. Aufgrund ihrer höheren „Speicherkapazität" können Gruppen
mehr Informationen „behalten" als Individuen (z.b. Hinsz, 1990). Die Anwendung
von Strategien erfolgt in Gruppen häufig konsequenter, und Entscheidungen sind
konsistenter und reliabler (vgl. z.B. Chalos & Pickard, 1985; Laughlin & Sweeney,
1977). Vorteilhaft ist zudem das größere Wissenspotential. Es existieren weiterhin
Hinweise, dass Gruppen *Feedback effektiver nutzen* als Individuen (z.b. Chalos &
Pickard, 1985; Tindale, 1989). Nachteilig können sich allerdings Phänomene der
Akzentuierung (vgl. Hinsz et al., 1997) auswirken: In Gruppen verstärken sich häufig vorhandene Tendenzen (*biases*) der Mitglieder, was zu Fehlentscheidungen führen kann (z.B. durch *groupthink*; Janis, 1972).

Für das kooperative Lernen kann aus den Erkenntnissen zur kollektiven Informationsverarbeitung gefolgert werden, dass das Lernen in Gruppen zahlreiche relevante Prozesse, z.B. der Speicherung oder der Strategieanwendung, positiv beeinflussen kann. Für die hier präsentierte Untersuchung ist eine eventuell *effektivere
Feedbacknutzung* durch die Gruppe von besonderem Interesse. Generell ist anzunehmen, dass das Teilen von Wissen und kognitiven Prozessen das Lernen fördert
und sich zudem in besseren Leistungen der Gruppe gegenüber Einzelleistungen
niederschlägt.

Slavin (1992, 1998) fasst die soziokonstruktivistische und soziokulturelle Sicht unter dem Begriff *entwicklungsbezogene Perspektiven* (*developmental perspectives*)
zusammen. Diese ordnet er den *kognitiven Perspektiven* zu, zusammen mit Ansätzen der *kognitiven Elaboration*. Ansätze der kognitiven Elaboration knüpfen an
Modelle der kognitiven Informationsverarbeitung an. Lernen wird diesen Modellen
zufolge insbesondere durch Elaboration, also durch Anreicherung von Inhalten
durch zusätzliche Informationen gefördert. Kooperative Lernformen können diese
Anreicherungsprozesse anregen und so die Integration neuer Inhalte in bestehende
Wissensstrukturen unterstützen (vgl. E. G. Cohen, 1994; Renkl, 1997b). Auch die
Perspektive der kollektiven Informationsverarbeitung ist als eine *kognitive* Perspek-
tive anzusehen.

Slavin unterscheidet weiterhin *motivationale Perspektiven*, die sich vornehmlich
mit Ziel- und Belohnungsstrukturen beim kooperativen Lernen befassen, sowie

Perspektiven der sozialen Kohäsion, die den sozialen Zusammenhalt in den Vordergrund der Analyse stellen. Motivationale und soziale Perspektiven sind vor allem bezüglich der Bedingungen für erfolgreiches kooperatives Lernen relevant (s.u.).

In der vorliegenden Arbeit werden vor dem Hintergrund der beschriebenen theoretischen Perspektiven folgende Prozesse und Phänomene als ausschlaggebend für die postulierte Effektivität kooperativen Lernens angesehen: das Auftreten soziokognitiver Konflikte und deren Auflösung (soziokonstruktivistische Perspektive), die Entwicklung eines gemeinsamen Verständnisses der Lerninhalte und die hierbei auftretenden Externalisierungs- und Internalisierungsprozesse (soziokulturelle bzw. situierte Perspektive) und das Teilen und die gemeinsame Nutzung von Informationen und kognitiven Prozessen (Perspektive kollektiver Informationsverarbeitung).

Im Rahmen der Aushandlungsprozesse beim kooperativen Lernen werden *eigene* und *fremde* Problemlöseprozesse explizit. Beides dürfte bei der Wirksamkeit kooperativen Lernens eine Rolle spielen. Das Artikulieren eigener Gedanken sollte Reflexionsprozesse anregen (vgl. A. Collins et al., 1989). Hierbei dürfte zudem der *generation effect* auftreten: Selbst verbalisierte Informationen werden im Allgemeinen besser behalten als passiv rezipierte (vgl. Foos, Mora & Tkacz, 1994; Slamecka & Graf, 1978). Indem Mitlernende ihre Ideen und Strategien artikulieren, fungieren sie als *Modelle*, was sich ebenfalls positiv auf den Lernerfolg auswirken kann (Bandura, 1986; vgl. auch E. G. Cohen, 1994; A. Collins et al., 1989; Hinsz et al., 1997).

Sofern das einzelne Gruppenmitglied aktiv an der Aufgabenbearbeitung partizipiert, sollten sich die genannten Prozesse im kognitiven und metakognitiven Bereich auswirken. Es sollten kognitive Elaborationsprozesse gefördert werden, die den Lernerfolg erhöhen (vgl. z.B. Renkl, 1997b). Hierbei sollten die Lernenden von der in der Gruppe vorhandenen größeren Wissensbasis profitieren (vgl. auch E. G. Cohen, 1994). Zudem sollte sich durch Aushandlungsprozesse und die gemeinsame Reflexion eine größere Mindfulness ergeben, die sich ihrerseits ebenfalls lernförderlich auswirken dürfte (Salomon & Globerson, 1987, 1989): Die erhöhte Mindfulness sollte ein tieferes Verständnis der zu lernenden Konzepte und Prozeduren und eine effektivere Feedbackrezeption zur Folge haben (siehe Kapitel 3.6).

Im metakognitiven Bereich ist zudem denkbar, dass das gemeinsame Lernen durch die Möglichkeit des sozialen Vergleichs eine verbesserte Selbstbeurteilung zur Folge hat (Rheinberg, 2001, 2006). Es ist allerdings ebenfalls möglich, dass die Gegenwart anderer Lernender die Aufmerksamkeit auf das Selbst lenkt und somit von der Aufgabe abzieht (vgl. Hinsz et al., 1997). Ebenfalls denkbar ist, dass die postulierten Prozesse nicht oder nicht in einer lernförderlichen Qualität auftreten. Beispielsweise könnten Phänomene wie die Verstärkung bestimmter Tendenzen in der Gruppe (s.o.) oder eine geringe Qualität der individuellen Beiträge die Lernwirksamkeit dieser Prozesse einschränken. In diesem Fall würde das kooperative Lernen nicht in der vermuteten Weise wirksam.

Es sind ebenfalls motivationale Effekte denkbar. Die Rolle der Motivation ist beim kooperativen Lernen eine wichtige, zugleich aber auch besonders schwierige. Motivation ist Voraussetzung für die aktive Partizipation des Einzelnen, diese wiederum ist für dessen Lernerfolg von zentraler Bedeutung (siehe Abschnitt 4.4).

Das Lernen in Gruppen kann über das Erleben sozialer Eingebundenheit die Lernfreude erhöhen (Deci & Ryan, 1985, 1993). Ungünstige Gruppenphänomene, wie Verantwortungsdiffusion und soziales Faulenzen (siehe Abschnitt 4.4), können jedoch die Motivation unterminieren. Entscheidend für die Motivation dürften zudem emotionale Faktoren sein, insbesondere Sympathie bzw. Antipathie, Gefühle von Über- oder Unterlegenheit aufgrund von Wissens- oder Statusunterschieden (vgl. z.B. Dembo & McAuliffe, 1987) und gruppendynamische Aspekte, wie das Teamklima (Brodbeck & Frey, 1999) oder persönliche Konflikte. Diese komplexe Problematik ist jedoch nicht Gegenstand der vorliegenden Studie; hier geht es primär um kognitive Effekte. In Bezug auf die Motivation wurde bei der Gestaltung der Kooperationsmaßnahme lediglich darauf geachtet, dass das kooperative Lernen die Studierenden nicht *de*motiviert (vgl. z.B. Prenzel, 1997; siehe Abschnitt 4.7).

Wie lernförderlich kooperatives Lernen Studien zufolge ist bzw. von welchen Bedingungen die Lernwirksamkeit abhängt, wird im nächsten Abschnitt ausgeführt.

4.4   Wirkung kooperativen Lernens und Bedingungen lernförderlicher Kooperation

Forschungsergebnisse sprechen für eine hohe Lernwirksamkeit kooperativen Lernens (vgl. z.B. Bossert, 1988; E. G. Cohen, 1994; Hertz-Lazarowitz & N. Miller, 1992; Slavin, 1983). Die Vorteile kooperativen Lernens zeigen sich bei Lernenden aller Altersgruppen, in den unterschiedlichsten Domänen und bei verschiedenen Aufgabenstellungen (Memorieren, Problemlösen etc.). Es profitieren sowohl vorwissensstärkere Lernende als auch Lernende mit weniger Vorwissen von kooperativen Lernformen (vgl. Bossert, 1988; E. G. Cohen, 1994).

In Studien zum kooperativen Lernen wurden zumeist traditionelle (individuell bzw. kompetitiv ausgerichtete) Unterrichtsformen kooperativen gegenübergestellt. Bei diesem Vergleich erwiesen sich die kooperativen Lernformen in vielen Fällen als überlegen (E. G. Cohen, 1994). Kooperatives Lernen förderte die Lernleistung (z.b. Fantuzzo, King & Heller, 1992; Palincsar, Brown & Campione, 1993; Shachar & Sharan, 1994), eine anspruchsvolle Elaboration der Lerninhalte (Krol, Janssen, Veenman & van der Linden, 2004), die Aktivität der Lernenden im Lernprozess (z.b. Jürgen-Lohmann, Borsch & Giesen, 2001), die Persistenz bei der Aufgabenbearbeitung (Lou, Abrami & d'Apollonia, 2001) sowie kritisches Denken und metakognitive Aspekte bzw. die Mindfulness (Johnson & Johnson, 1989; Lambiotte et al., 1988). Zudem wurden positive Einflüsse kooperativer Lernformen auf motivationale und soziale Variablen sowie die Einstellung zum kooperativen Lernen nachgewiesen (Gupta, 2004; Johnson & Johnson, 1989; Jürgen-Lohmann et al., 2001; Lou et al., 2001).

Insgesamt ist die Befundlage jedoch uneinheitlich (Renkl, 1997b). Nach zahlreichen Studien, die sich allein auf *Effekte* der Kooperation konzentrierten und in denen Lernende ohne besondere Vorgaben zusammenarbeiteten, ging man daher zunehmend dazu über, die *Bedingungen* für eine erfolgreiche Gruppenarbeit näher zu beleuchten (vgl. E. G. Cohen, 1993, 1994; Lou et al., 2001; Renkl & Mandl, 1995; Slavin, 1992).

Die betrachteten Aspekte lassen sich den folgenden drei übergeordneten Einflussfaktoren zuordnen: Aufgabe (Lerninhalt, Aufgabenstellung, Ziel- und Bewertungsstrukturen), Kooperationsform (Art und Grad der Strukturierung der Kooperation) und Gruppenzusammensetzung (Gruppengröße, Eigenschaften der Gruppenmitglieder).

4.4.1 Einflussfaktor Aufgabe

Hinsichtlich des Einflussfaktors *Aufgabe* werden in der Regel die Aspekte Lerninhalt, Art der Aufgabenstellung sowie Ziel- und Bewertungsstrukturen diskutiert. In Bezug auf den Lerninhalt ist davon auszugehen, dass mit kooperativem Lernen je nach Strukturiertheit des Inhaltsbereichs verschiedene Ziele erreicht werden können. In gut strukturierten Gebieten (wie z.b. Statistik) geht es eher um Elaboration der Inhalte und die Korrektur von Fehlkonzepten. In weniger strukturierten Bereichen (wie z.b. Philosophie) oftmals eher um das Kennenlernen unterschiedlicher

Perspektiven, um Diskussionsfähigkeiten oder auch um die Förderung kritischen Denkens bzw. von Reflexionskompetenz. Es ist anzunehmen, dass je nach Inhalts-bereich, Lernziel und Lernvoraussetzungen unterschiedliche Kooperationsformen und Gruppenzusammensetzungen sinnvoll sind (s.u.).

Ebenfalls von Bedeutung ist die Art der Aufgabenstellung. Nach E. G. Cohen (1994) sollte es sich hierbei um eine spezielle Gruppenaufgabe handeln, die nur durch Kooperation erfolgreich bearbeitet werden kann. Dies ist z.b. dann der Fall, wenn jedes Gruppenmitglied über Ressourcen verfügt, die den anderen nicht zu-gänglich sind, so dass für eine Aufgabenlösung eine Zusammenarbeit aller Lernen-den notwendig ist. So soll verhindert werden, dass die Lernenden die Aufgabe ent-weder abwechselnd bearbeiten oder die Arbeit einfach aufteilen (vgl. Renkl & Mandl, 1995). Nach Johnson und Johnson (1992, 1999) sollte die Aufgabenstellung *positive Interdependenz* der Lernenden erzeugen. Kooperation ist Johnson und Johnson zufolge dann erfolgreich, wenn Lernende sowohl hinsichtlich vorhandener Ressourcen als auch hinsichtlich der Erreichung individueller Ziele voneinander abhängig sind.

Slavin (z.B. 1992, 1998) betont die Bedeutung von Belohnungs- bzw. Bewertungs-strukturen für effektive Gruppenarbeit. Seinen Untersuchungen zufolge (z.B. 1983) begünstigen vor allem zwei Bedingungen erfolgreiches Lernen in der Gruppe: Gruppenbelohnungen und eine individuelle Verantwortlichkeit (*accountability*) der Mitglieder für die Zielerreichung. Aufgaben und Bewertungen gilt es nach Slavin entsprechend so zu gestalten, dass der individuelle Beitrag der Gruppenmitglieder zur Gruppenleistung deutlich wird (beispielsweise durch Aufsummierung von Ein-zelleistungen zu *team scores*).

Zusammenfassend werden also vor allem Bedingungen als förderlich erachtet, die die Verantwortlichkeit des einzelnen Gruppenmitglieds für die gemeinsame Leis-tung unterstützen. Auf diese Weise lässt sich Verantwortungsdiffusion vermeiden (Slavin, 1992), also ein verringertes Engagement aufgrund unklarer Zuständigkei-ten (Berkowitz, 1978; Latané, Williams & Harkins, 1979). Zudem können weitere ungünstige Gruppeneffekte verhindert werden. Hier sind insbesondere der Tritt-brettfahrereffekt (*free-rider effect*) bzw. das soziale Faulenzen (*social loafing*) zu nennen (Kerr, 1983; Latané et al., 1979). Diese Effekte bezeichnen das in Gruppen häufig auftretende Problem, dass sich einige Gruppenmitglieder um das gemeinsa-me Ziel bemühen, während andere sich wenig kümmern und „trittbrettfahren" bzw. „sozial faulenzen" (vgl. auch Renkl, Gruber & Mandl, 1996).

Angestrebt wird also die *aktive Partizipation aller Gruppenmitglieder* an der Auf-gabenbearbeitung. Dies ist sowohl motivational als auch im Hinblick auf den individuellen Lernerfolg als förderlich anzusehen. Die Bedeutung aktiver Partizipation für den Lernerfolg wird, häufig unter Bezugnahme auf Vygotskij (1978), in zahlreichen Arbeiten zum kooperativen Lernen betont (vgl. E. G. Cohen, 1994; F. Fischer, 2001). O'Donnell, Dansereau und Kollegen zeigten in mehreren Studien (z.b. Spurlin, Dansereau, Larson & Brooks, 1984; vgl. auch O'Donnell & Dansereau, 1992), dass Lernende, die sich aktiver beteiligen, deutlich bessere Lernleistungen erbringen als eher passive Gruppenmitglieder.

Es ist anzunehmen, dass für die aktive Partizipation bzw. die Vermeidung sozialen Faulenzens nicht *unbedingt* spezielle, Interdependenz erzeugende Gruppenaufgaben oder Gruppenbelohnungen notwendig sind. Insbesondere die Bedingung der speziellen Gruppenaufgabe schränkt die Einsatzmöglichkeiten kooperativen Lernens deutlich ein, da Aufgaben nicht immer in dieser Weise gestaltet werden können. Sofern es möglich ist, die gemeinsame Aufgabendurchführung zu überprüfen (beispielsweise im Unterricht), ist davon auszugehen, dass kooperatives Lernen auch bei anderen Aufgabenstellungen effektiv ist. Vor allem Aufgaben, die intrinsische Motivation (siehe Kapitel 5.3) erzeugen, sollten auch ohne künstlich erzeugte Interdependenz in effektiver und lernförderlicher Weise bearbeitet werden (vgl. E. G. Cohen, 1994; Renkl & Mandl, 1995).

4.4.2 Einflussfaktor Kooperationsform

Kooperatives Lernen kann auf verschiedene Arten und unterschiedlich stark strukturiert werden. Es kann in Form unstrukturierter Gruppenarbeit erfolgen, es können jedoch auch bestimmte Regeln für die Kooperation vorgegeben werden. Strukturierte Kooperationsformen sind beispielsweise das Gruppenpuzzle, die Gruppenrecherche, das reziproke Lehren oder die skriptunterstützte Kooperation (zu unterschiedlichen Kooperationsformen vgl. z.B. Konrad & Traub, 2005; Renkl, 1997b). Die Strukturierung zielt in der Regel (wie auch spezielle Gruppenaufgaben und Gruppenbelohnungen) auf eine aktive Partizipation aller Gruppenmitglieder ab.

In mehreren Studien erwies sich eine durch instruktionale Vorgaben strukturierte Kooperation als besonders lernförderlich (vgl. die Metaanalyse von Lou et al., 2001). Positive Ergebnisse wurden beispielsweise mit Hilfe des reziproken Lehrens (Palincsar & Brown, 1984) erzielt. Ziel der Methode ist ein verbessertes Textverständnis; hierfür übernehmen Lehrer und Schüler bei der Diskussion des Gelesenen abwechselnd die Lehrerrolle. Viele empirische Studien befassen sich außerdem mit der Wirksamkeit von Kooperationsskripten (z.B. O'Donnell & Dansereau, 1992; Rummel & Spada, 2005), die das Vorgehen beim Lernen beispielsweise durch Rollenzuweisung strukturieren. In Studien von Mandl und Mitarbeitern sowie F. Fischer und Mitarbeitern (z.B. Ertl, Reiserer & Mandl, 2002; F. Fischer, 2001; Weinberger, Ertl, F. Fischer & Mandl, 2005) ergaben sich positive Auswirkungen von Interaktionsskripten auf den Lernerfolg. King (1994) prüfte das angeleitete Stellen von Fragen; auch hier zeigten sich positive Effekte hinsichtlich der Lernleistung.

Andere diesbezügliche Befunde sind jedoch weniger eindeutig (z.B. Renkl, 1997b). Bei der Strukturierung der Kooperation ist zu berücksichtigen, dass eine starke Strukturierung die Interaktion auch einschränken kann (vgl. z.B. E. G. Cohen, 1994) und dass umfangreiche Interaktionsregeln möglicherweise auch von Lerninhalten ablenken oder zu kognitiver Überlastung führen. Es ist also zu überlegen, inwieweit und in welcher Form Strukturierung in einem bestimmten Kontext (Inhaltsbereich, Lernziele, Lernvoraussetzungen etc.) sinnvoll ist.

4.4.3 Einflussfaktor Gruppenzusammensetzung

Für eine aktive Partizipation aller Gruppenmitglieder sind insbesondere die Gruppengröße und -zusammensetzung bedeutsam (E. G. Cohen, 1994; Renkl & Mandl, 1995). Phänomene wie Verantwortungsdiffusion oder soziales Faulenzen treten eher in größeren Gruppen auf (Berkowitz, 1978; Salomon & Globerson, 1989). In kleineren Gruppen ist eine aktive Partizipation aller Gruppenmitglieder wahrscheinlicher und leichter realisierbar. Auch für das Lernen am Computer empfiehlt sich ein Lernen in kleinen Gruppen, am besten in Dyaden (s.u.).

Hinsichtlich der Gruppengröße sind allerdings auch der Inhaltsbereich und das jeweilige Lernziel zu berücksichtigen. Für die Korrektur bestimmter Fehlkonzepte in Physik ist z.B. möglicherweise ein Lernen in kleinen Gruppen sinnvoller. Geht es um Diskussionsfähigkeiten, um das Kennenlernen unterschiedlicher Perspektiven oder um die Förderung kritischen Denkens bzw. genereller Reflexionskompetenz, empfehlen sich u.U. größere Gruppen.

Auch für die Gruppenzusammensetzung ergeben sich je nach Inhaltsbereich, Lernziel und Lernvoraussetzungen unterschiedliche Folgerungen. Vor dem Hintergrund des Konzepts der „Zone der proximalen Entwicklung" (siehe Abschnitt 4.3) ist eine *heterogene* Gruppenzusammensetzung hinsichtlich des *Vorwissens* als lernförderlich anzusehen (vgl. z.B. Hooper & Hannafin, 1988; Swing & Peterson, 1982). Wenn der Inhaltsbereich für die Lernenden jedoch angstbesetzt ist bzw. wenn die motivationalen Lernvoraussetzungen ungünstig sind (wie dies bei Statistik oftmals der Fall ist), empfehlen sich eher vorwissenshomogene Gruppen: Lernende mit geringen Vorkenntnissen lassen sich gerade im Bereich Statistik und Forschungsmethoden erfahrungsgemäß leicht durch kompetentere (bzw. als kompetenter wahrgenommene) Mitlernende einschüchtern (vgl. auch E. G. Cohen, 1994; Dembo & McAuliffe, 1987; O'Donnell & Dansereau, 1992).

Soziokognitive Konflikte und insbesondere deren erfolgreiche Auflösung durch Aushandlungsprozesse sind daher im vorliegenden Fall (Wissenserwerb in einem gut strukturierten, bei vielen Studierenden unpopulären Gebiet) eher innerhalb einer *kleinen, homogenen* Gruppe zu erwarten, innerhalb derer kein Gruppenmitglied den anderen deutlich überlegen ist (vgl. Damon, 1984; Rogoff, 1991). Bei einer größeren, bezüglich des Vorwissens heterogenen Gruppe ist anzunehmen, dass Lernende mit größerem Vorwissen die gemeinsame Arbeit dominieren (vgl. Dembo & McAuliffe, 1987), während weniger kompetente Mitglieder zu kurz kommen oder „trittbrettfahren".

Es ist davon auszugehen, dass neben dem Vorwissen auch metakognitive und motivationale Lernvoraussetzungen der Gruppenmitglieder sowie deren Einstellung zum kooperativen (bzw. individuellen und kompetitiven) Lernen (Johnson et al., 1978; Neber, 1994) für die Effektivität kooperativen Lernens bedeutsam sind, insbesondere für das Auftreten ungünstiger Gruppenphänomene (siehe auch Kapitel 5).

4.5   Kooperatives Lernen am Computer

Da die Kooperation in der vorgestellten Untersuchung in Form gemeinsamer Bearbeitung einer computergestützten Lernumgebung stattfand, folgt eine Beschreibung der Ergebnisse einer Metaanalyse zum kooperativen Lernen am Computer. Lou et al. (2001) analysierten Ergebnisse von 122 Studien zum individuellen und kooperativen computergestützten Lernen und extrahierten Erfolgsfaktoren.

Die analysierten Forschungsergebnisse wiesen zumeist auf eine Überlegenheit der Gruppen- gegenüber der Einzelarbeit hin. Lernende, die gemeinsam ein Lernprogramm bearbeiteten, zeigten häufig bessere Leistungen als Lernende, die allein vor dem Bildschirm saßen. Durch die Gruppenarbeit positiv beeinflusst wurden außerdem die Einstellungen zum kooperativen Lernen und zu den Mitlernenden. Kooperativ Lernende profitierten von der Interaktion mit ihren Mitschülern, von einem häufigeren Einsatz geeigneter Lernstrategien sowie einer größeren Persistenz bei der Aufgabenbearbeitung. Individuell Lernende bewältigten Aufgaben schneller als Lerngruppen, indem sie stärker mit dem Lernprogramm interagierten und häufiger Unterstützung durch die Lehrkraft suchten. Insgesamt schlussfolgern die Autoren, dass dem sozialen Kontext beim Lernen am Computer eine wichtige Rolle zukommt und dass kooperatives Bearbeiten von Lernprogrammen unter geeigneten Bedingungen effektiver ist als individuelles.

Vor dem Hintergrund ihrer Metaanalyse spezifizieren Lou et al. Erfolgsfaktoren kooperativen computergestützten Lernens. Hierfür stützen sie sich auf Merkmale der untersuchten Studien, die die Effekte der Sozialform moderierten. Gute (Einzel-)Leistungen waren im Hinblick auf den Einflussfaktor *Aufgabe* vor allem dann zu verzeichnen, wenn die Aufgabe speziell für die Gruppenarbeit konzipiert war und wenn ein explizites Gruppenziel vorlag. Eine Rolle spielten auch die Art des Lernprogramms und das Inhaltsgebiet: Optimal waren Tutoring-Programme in den Bereichen Sozialwissenschaften und Informatik. Bezüglich des Einflussfaktors *Kooperationsform* zeigten sich vor allem dann gute individuelle Leistungen, wenn eine spezifische Instruktion für die Gruppenarbeit gegeben wurde. Hinsichtlich des Einflussfaktors *Gruppenzusammensetzung* waren individuelle Leistungen dann am besten, wenn in kleinen Gruppen, am besten in Dyaden gelernt wurde. Zudem waren das themenspezifische Vorwissen sowie Gruppenarbeitserfahrungen der Lernenden entscheidend. Besonders erfolgreich waren Lernende mit niedrigem und hohem Fähigkeitsniveau sowie Lernende, die bereits über Erfahrung mit Gruppenarbeit verfügten.

Das Vorliegen eines Gruppenziels und einer speziellen Gruppenaufgabe fördert Lou et al. zufolge die positive Interdependenz und die individuelle Verantwortlichkeit der Gruppenmitglieder. Die besondere Effektivität von Dyaden gegenüber größeren Gruppen beim computergestützten kooperativen Lernen kann nach Lou et al. an der physischen Situation vor dem Computer liegen: Zu zweit kann die Arbeit am Bildschirm bequemer und gleichberechtigter erfolgen als in einer größeren Gruppe, es ist also eher eine aktive Partizipation des Einzelnen möglich.

Die Autoren extrahieren ebenfalls Bedingungen für eine optimale Leistung der Gruppe. Diese sollen hier jedoch nicht näher ausgeführt werden. Sie sind für die vorgestellte Untersuchung nicht von Belang, da die eingesetzten instruktionalen

Maßnahmen nicht auf eine Maximierung der Gruppenproduktivität, sondern auf die Förderung individueller Lernleistung abzielen.

4.6   Konsequenzen für die vorliegende Studie

Konsequenzen im Hinblick auf die Ziele der Studie. Aus den dargestellten Überlegungen und Befunden lässt sich folgern, dass kooperatives Lernen sehr lernwirksam sein kann. Dies galt es in der präsentierten Studie im Sinne des eher grundlagenorientierten Ziels zu untersuchen. Im Sinne des eher anwendungsbezogenen Ziels erschien es angesichts der dargestellten Überlegungen und Befunde sinnvoll, zur Optimierung des Wissenserwerbs mit der Lernumgebung Koralle kooperatives Lernen einzusetzen und die Lernwirksamkeit der Maßnahme zu evaluieren. Der Einsatz kooperativen Lernens entspricht zudem dem Prinzip problemorientierten Lernens, nach Möglichkeit soziale Lernformen zu realisieren.

Als zentrale Bedingung für den individuellen Lernerfolg beim kooperativen Lernen ist die aktive Partizipation jedes Einzelnen an der Aufgabenbearbeitung anzusehen. Dies entspricht der konstruktivistischen Sicht des Lernens als einer aktiven Wissenskonstruktion, die es innerhalb von Lernumgebungen zu unterstützen gilt. Durch eine Gruppengestaltung, die eine intensive Mitarbeit aller Lernenden ermöglicht (s.u.), sollte sich das anwendungsbezogene Ziel der Studie, *alle* Lernenden zu fördern, erreichen lassen.

Konsequenzen für die Umsetzung des kooperativen Lernens in der vorliegenden Studie. Damit lernförderliche Prozesse beim kooperativen Lernen wirksam werden können und alle Gruppenmitglieder aktiv an der Aufgabenbearbeitung mitwirken, waren kleine, homogene Gruppen zu bilden. Auf diese Weise sollten ungünstige Gruppenphänomene, wie Verantwortungsdiffusion und soziales Faulenzen, verhindert werden. Dyaden sind zudem beim Lernen am Computer erfolgreicher als größere Gruppen.

Die Lernumgebung Koralle behandelt ein anspruchsvolles Thema und wurde außerdem so gestaltet, dass sie zum Lernen motivieren sollte (siehe Kapitel 2). Zudem wurden die Lernsitzungen über Monitore beobachtet, worüber die Lernenden auch informiert waren. Es war also – wie im Unterricht – eine gewisse Kontrolle vorhanden. Somit war davon auszugehen, dass eine künstlich erzeugte Interdependenz der Lernenden (durch eine spezielle Gruppenaufgabe, Gruppenbelohnungen o.ä.) nicht zwingend notwendig ist. Zugunsten der internen Validität wurde daher auf spezielle Aufgaben oder Ziele für das kooperative Lernen verzichtet. Außer einem einfachen Kooperationsskript für die Verständnistests (siehe Abschnitt 4.7) wurde zudem keine weitere Strukturierung der Kooperation vorgenommen, um die Lernenden nicht durch zu viele zusätzliche Regeln, die nichts mit den Inhalten zu tun haben, kognitiv zu überlasten und um die Interaktion nicht einzuschränken.

Erwartete Effekte des kooperativen Lernens. Die beschriebenen theoretischen Überlegungen und empirischen Befunde sprechen dafür, dass kooperatives Lernen eine für die Förderung des Wissenserwerbs geeignete Maßnahme darstellt. Es wurde daher angenommen, dass sich positive Effekte ergeben. Sofern das einzelne Gruppenmitglied aktiv an Gruppenprozessen partizipiert, sollten sich die in Abschnitt 4.3 genannten Prozesse im kognitiven und metakognitiven Bereich auswirken: Im Vergleich zum Lernen in Einzelarbeit sollten sich ein erhöhter Lernerfolg und eine größere Mindfulness ergeben. Weiterhin ist denkbar, dass sich durch den interindividuellen Vergleich (Beurteilung anhand der sozialen Bezugsnorm, siehe Kapitel 3.4.1) die Fähigkeit zur Selbstbeurteilung in Bezug auf die behandelte Thematik verbessert. Der soziale Vergleich kann allerdings, je nach Lernpartner, auch eine Verzerrung der Selbstbeurteilung zur Folge haben.

Hinsichtlich der Motivation wurden keine bestimmten Auswirkungen postuliert. Da es sich um kleine Gruppen handelte, innerhalb derer weder Wissens- noch Statusunterschiede vorlagen und die zudem nur kurz (ca. 1–3 Stunden) zusammenarbeiten mussten (siehe Kapitel 7), waren sowohl das Konfliktpotential als auch das Risiko von Verantwortungsdiffusion oder sozialem Faulenzen eher gering; größere Beeinträchtigungen der Motivation, die sich ihrerseits negativ auf den Lernerfolg auswirken können, dürften daher ausbleiben. Inwieweit sich *positive* motivationale Effekte ergeben, war unklar.

In Bezug auf die in der Lernumgebung erbrachten Leistungen wurde erwartet, dass die Gruppenleistungen besser sind als die Einzelleistungen. Die Gruppen sollten von der kollektiven Informationsverarbeitung profitieren, insbesondere von der größeren Wissensbasis. Es wurde angenommen, dass die Lernpartner einander in ihrem Wissen ergänzen und bei Irrtümern und Fehlkonzepten gegenseitig korrigieren.

Bezüglich der Bedeutung des Vorwissens (siehe Kapitel 5.1) für Effekte des kooperativen Lernens wurde kein bestimmter Effekt postuliert. Angesichts der Homogenität der Gruppen war davon auszugehen, dass das Vorwissen für die Art der Interaktion der Lernpartner keine bedeutsame Rolle spielt. Zudem ist kooperatives Lernen sowohl für Lernende mit wenig als auch mit mehr Vorwissen effektiv (siehe Abschnitt 4.5).

4.7 Gestaltung des kooperativen Lernens

Es lernten je zwei Studierende mit ähnlich großem Vorwissen zusammen. Es wurden also vorwissenshomogene Dyaden gebildet. Bei der Auswahl der Untersuchungsteilnehmer wurde darauf geachtet, dass diese zumindest über basales themenspezifisches Vorwissen verfügten. Auf diese Weise war allen Lernenden eine aktive Partizipation möglich. Die Lernpartner saßen zu zweit vor dem Computer, es wurde also nicht über das Internet kommuniziert. Während der gesamten Lernzeit wurde über Monitore überprüft, ob beide Lernpartner aktiv an der Aufgabenbearbeitung partizipieren (siehe Kapitel 7).

Weiterhin wurde ein einfaches Kooperationsskript für die Bearbeitung der Verständnistests implementiert, um sicher zu stellen, dass sich beide Lernpartner aktiv an der Testbearbeitung beteiligen, und um die individuelle Verantwortlichkeit zu verdeutlichen. Die Lernpartner waren hierbei abwechselnd hauptverantwortlich für die Tests. Zu Beginn des Experiments wurde jeweils einem Lernpartner innerhalb jeder Dyade mitgeteilt, er sei „Lernpartner A", der andere war „Lernpartner B". Jeder Verständnistest enthielt einen kurzen Hinweis, ob Lernpartner A oder B zuständig war. Der verantwortliche Lernpartner sollte für jedes Item einen Lösungsvorschlag machen, während der andere Lernpartner diesem Vorschlag zustimmen oder ihn ablehnen konnte. Bei Differenzen galt es, in der Diskussion zu einer gemeinsamen Lösung zu gelangen; gegebenenfalls hatte die verantwortliche Person eine Entscheidung zu treffen. Auf weitere Modifikationen für die kooperativen Bedingungen, beispielsweise bezüglich der Aufgabenstellungen, wurde zugunsten der internen Validität verzichtet.

5 Bedeutung von Vorwissen, Metakognition, Motivation, Einstellungen und Lernzeit im vorliegenden Kontext

Angesichts der im ersten Kapitel beschriebenen kognitiven, metakognitiven und motivationalen Defizite, die viele Studierende der Sozialwissenschaften in Bezug auf Statistik und Forschungsmethoden aufweisen, war in der vorliegenden Studie neben kognitiven Auswirkungen der Maßnahmen zweierlei zu berücksichtigen.

Erstens war den *Lernvoraussetzungen* der Studierenden umfangreiche Beachtung zu schenken. Hierbei galt es zum einen, die interne Validität hinsichtlich verschiedener Aspekte zu sichern. Es wurden mehrere kognitive, metakognitive, motivationale und einstellungsbezogene Variablen erhoben, um mögliche Störvariablen bei den Lernvoraussetzungen ggf. kontrollieren zu können. Trotz randomisierter Stichproben wurde die Vergleichbarkeit der experimentellen Gruppen hinsichtlich der Lernvoraussetzungen überprüft. Zum anderen war das *Vorwissen* in die Analysen zur Wirksamkeit der instruktionalen Maßnahmen einzubeziehen, da das Vorwissen der beste Prädiktor des Lernerfolgs ist (siehe Abschnitt 5.1).

Zweitens galt es, nicht nur auf einen guten Lernerfolg abzuzielen, sondern auch auf eine Förderung metakognitiver und motivationaler Aspekte. Vor dem Hintergrund der besonderen Defizite im *motivationalen* Bereich, die zu geringer Anstrengung führen und damit kognitive und metakognitive Defizite nach sich ziehen, musste der Motivation spezielle Aufmerksamkeit zuteil werden.

Im Folgenden werden relevante bzw. zu fördernde Variablen näher betrachtet. Die Trennung von Kognition, Metakognition, Motivation und Einstellungen ist allerdings schwierig. Hier liegen komplexe Wechselbeziehungen vor (vgl. Boekaerts, 1996; Pintrich, Smith, Garcia & McKeachie, 1993; Schiefele & Rheinberg, 1997), und einige Konzepte, z.B. das der Mindfulness, sind kaum eindeutig zuzuordnen; die Einteilung erfolgt hier zugunsten der Klarheit und Übersichtlichkeit.

Mit der Lernzeit wird in diesem Kapitel eine weitere Variable thematisiert, die ebenfalls für den Lernerfolg und die Wirkung der erprobten instruktionalen Maßnahmen bedeutsam sein dürfte.

5.1 Vorwissen

Dass das Vorwissen eine zentrale Rolle beim Lernen spielt, gilt in der Psychologie und der Pädagogik als gesicherte Erkenntnis (vgl. z.B. Alexander et al., 1994; Ausubel, 1968; Dochy, 1992; Gagné, 1965). Der Begriff des Vorwissens (als Spezifizierung des Wissensbegriffs) impliziert, dass eine Wissensveränderung, also Lernen stattfindet; es wird der Wissensstand vor und nach einer Lernaktivität betrachtet. Mit Vorwissen wird also Wissen als Lernvoraussetzung bezeichnet und weniger als Voraussetzung für Urteilen, Entscheiden oder Problemlösen (Krause & Stark, 2006a).

Nach Dochy und Alexander (1995) ist Vorwissen das gesamte Wissen einer Person, das (a) dynamisch ist, (b) vor der Bearbeitung einer Lernaufgabe verfügbar ist, (c) strukturiert ist, (d) in verschiedenen Formen vorliegt, (e) teilweise explizit und teilweise implizit ist und (f) konzeptuelle und metakognitive Komponenten umfasst. Die Autoren betonen somit die Multidimensionalität des Vorwissens; zudem verweisen sie auf die Interaktivität der Vorwissenskomponenten. Die metakognitive Komponente wird in der vorliegenden Arbeit aus Gründen der Übersichtlichkeit separat betrachtet. Wissen (bzw. Vorwissen) lässt sich anhand verschiedener Dimensionen kategorisieren; diese werden in Kapitel 2.1.2 beschrieben.

Die Forschung zum Vorwissen wurde insbesondere durch das Modell des kumulativen Lernens von Gagné beeinflusst (Weinert, 1996). Nach Gagné (1965) hängt der Erwerb komplexen Wissens von der Verfügbarkeit relevanten Vorwissens ab; dieser Tatsache ist bei instruktionalen Interventionen gezielt Rechnung zu tragen. Tatsächlich wurde kaum ein Befund der Kognitiven Psychologie häufiger repliziert als der, dass das Vorwissen eines Lernenden die wichtigste kognitive Ressource für den Wissenserwerb ist und somit den besten Prädiktor für den Lernerfolg darstellt (z.B. Dooling & Lachman, 1971; Sulin & Dooling, 1974; vgl. auch Alexander, 1996). Das vorhandene Wissen beeinflusst, worauf Lernende ihre Aufmerksamkeit lenken, welche Informationen sie wahrnehmen, welche Aspekte sie für wichtig halten und was sie verstehen und behalten (Alexander, 1996).

Beim Lernvorgang wird vorhandenes Wissen aktiviert und das neue Wissen über Elaborationsprozesse mit diesem Vorwissen verknüpft (vgl. z.B. Kintsch, 1994). Das Lernen neuer Informationen gelingt umso leichter, je umfangreicher und differenzierter bestehende Wissensstrukturen sind (vgl. Kail & Pellegrino, 1989) bzw. je stärker das Vorwissen eines Lernenden innerhalb des Lernprozesses aktiviert wird (z.B. Dooling & Lachman, 1971; vgl. auch Krause & Stark, 2006a). Vor allem Experten-Novizen-Vergleiche zeigten, dass das umfangreiche und gut vernetzte Vorwissen eines Experten ein effektives und effizientes Lernen in der jeweiligen Domäne begünstigt (vgl. z.B. Boshuizen, 2004; Chi et al., 1981; Gruber & Mandl, 1996).

Die Bedeutung des Vorwissens für das Lernen wurde vielfach anhand des Lernens aus Texten untersucht. Für ein tieferes Verstehen von Textinhalten ist nach Befunden von Kintsch (1994) das Vorwissen entscheidend, da es die Bildung angemessener Situationsmodelle ermöglicht. In einer Studie von McNamara, Kintsch, Butler-Songer und Kintsch (1996) profitierten Lernende mit weniger Vorwissen eher von sehr kohärenten, expliziten Texten, Lernende mit viel Vorwissen hingegen von weniger kohärenten, lückenhaften Texten. Die lückenhaften Texte regten die vorwissensstarken Lernenden dazu an, Inferenzen zu ziehen, also ihr Vorwissen zu aktivieren. Auch beim Lernen mit Lösungsbeispielen (siehe Kapitel 2.3) lassen sich differentielle Effekte unterschiedlicher Instruktion für Lernende mit weniger oder mehr Vorwissen feststellen (Krause & Stark, 2004; Stark, 2000).

Für Lernende mit unterschiedlichen Vorkenntnissen sind also verschiedene Instruktionsformen effektiv. Vorwissensschwächere Lernende benötigen zumeist mehr instruktionale Unterstützung (Scaffolding; siehe Kapitel 2.3), vorwissensstärkere weniger (vgl. z.B. Kalyuga, Chandler & Sweller, 2001). Es ist davon auszugehen, dass Lernende mit gutem Vorwissen eher mehr Autonomie und Herausforderung brauchen (vgl. Lepper & Malone, 1987) und durch ein Überangebot an instruktionalen Maßnahmen eher demotiviert werden; dies kann negative Konsequenzen für den Lernerfolg haben. Kalyuga et al. (2003) bezeichnen dieses Phänomen als Expertise-Reversal-Effekt (siehe auch Kapitel 2.3).

Ein Großteil des für Lernvorgänge nötigen Vorwissens wird automatisch aktiviert, wie beispielsweise vorhandene Schemata (siehe Kapitel 2.1.2). Auf deren Grundlage werden Inferenzen vorgenommen und Informationslücken geschlossen. Dies erleichtert im Allgemeinen das Verständnis und das Behalten neuer Informationen, kann aber auch zu Fehlern führen (z.B. Sulin & Dooling, 1974).

Befunde der Hirnforschung unterstützen die auf der Verhaltensebene festgestellten Zusammenhänge zwischen Vorwissen und weiterem Lernen (vgl. z.B. Roth, 2003). Die meisten Neurowissenschaftler vertreten inzwischen die Position, dass Lernen durch die Veränderung synaptischer Übertragungseffizienz, also die Modifikation neuronaler Verbindungen erfolgt. Beim Lernen wird vorhandenes Wissen abgerufen (über die Aktivierung vorhandener neuronaler Verknüpfungen), das dann der Gedächtnisleistung und dem Lernen neuer Informationen zugute kommt (über die Stärkung alter sowie die Bildung neuer Nervenzellenverbindungen). Entscheidend sind hierbei Geschwindigkeit und Ausmaß des Abrufs und der Kombination relevanten Vorwissens (vgl. Roth, 2003, 2004).

Das Vorwissen in Bezug auf Statistik und Forschungsmethoden ist erfahrungsgemäß bei vielen Studierenden auch nach dem Besuch entsprechender Lehrveranstaltungen eher gering (Stark & Mandl, 2005); dies gilt zumindest für das *anwendbare* Wissen (siehe Kapitel 2.1.2 und 2.1.3). Es ist daher davon auszugehen, dass der vielfach geringe Lernerfolg in Statistik bei Studierenden sozialwissenschaftlicher Fächer ein kumulativer Effekt ist; in weiterführenden Veranstaltungen, in denen ein bestimmtes Vorwissen vorausgesetzt wird, ist das Lernen deutlich behindert. In der vorliegenden Studie wird mit Hilfe der Feedbackmaßnahme versucht, geringes Vorwissen zu kompensieren (im Sinne von Scaffolding).

Für das kooperative Lernen ist insbesondere relevant, inwieweit sich die Gruppenmitglieder hinsichtlich des Vorwissens unterscheiden, also inwieweit die Gruppe homogen oder heterogen ist (siehe Kapitel 4.4).

5.2 Metakognition

Metakognition, die Reflexion des eigenen Wissens und Lernens, wird als bedeutsam für die erfolgreiche Bewältigung anspruchsvoller kognitiver Aufgaben gesehen (Flavell, 1984; Gage & Berliner, 1996; Weinert, 1984). Die metakognitiven Lernvoraussetzungen lassen sich in Anlehnung an Hasselhorn (1992; vgl. auch Flavell, 1979, 1984; Weinert, 1990) in drei Komponenten unterteilen: (1) metakognitives Wissen, das Wissen über die eigenen Fähigkeiten und das eigene Lernen, (2) metakognitive Kontrolle, die Planung, Überwachung und Regulation des Lernprozesses, und (3) metakognitive Sensitivität, intuitive Aspekte der Metakognition.

Studien weisen darauf hin, dass sich metakognitive Prozesse positiv auf die Lernleistung auswirken (z.B. Kunz et al., 1992; vgl. auch Weinert, 1984). Es ist weiterhin davon auszugehen, dass metakognitive Kompetenzen eine effektive Gruppenarbeit begünstigen (vgl. Hinsz et al., 1997): Sie versetzen Lernende in die Lage, Gruppenprozesse zu reflektieren und gegebenenfalls einen Strategiewechsel herbeizuführen. Auch eine bewusste Feedbackrezeption erfordert die Fähigkeit, den eigenen Kenntnisstand sowie das eigene Vorgehen zu reflektieren und die Informationen gezielt für den eigenen Wissenserwerb zu nutzen (vgl. Hancock et al., 1995).

In Bezug auf das Lernen im Bereich Statistik und Forschungsmethoden sind insbesondere zwei metakognitive Aspekte von Bedeutung: die Fähigkeit zur Selbstbeurteilung (also zur Einschätzung der eigenen Kompetenz) und die Mindfulness (E. Langer, 1993; Salomon & Globerson, 1987).

Der erste Aspekt, die *Selbstbeurteilung*, ist dem metakognitiven *Wissen* zuzuordnen. Viele Studierende sozialwissenschaftlicher Fächer weisen im Bereich Statistik angesichts eines geringen Vorwissens besondere Defizite bei der Selbstbeurteilung auf; häufig liegen Verstehens- bzw. Kompetenzillusionen vor, zuweilen sind auch Inkompetenzillusionen festzustellen (siehe Kapitel 2.1.3). Die Selbstbeurteilung und die tatsächliche Kompetenz (bzw. deren Manifestation durch erbrachte Leistungen) klaffen also häufig auseinander (z.B. Stark, Gruber, Renkl & Mandl, 1998). Dies ist oftmals u.a. auf universitäre Lernbedingungen zurückzuführen: Angesichts hoher Studierendenzahlen ist es im Rahmen traditioneller Instruktion nicht immer möglich, individuelles Feedback zu geben und so die Kompetenz widerzuspiegeln.

Der zweite Aspekt, die *Mindfulness*, ist bei der metakognitiven *Kontrolle* anzusiedeln, hat aber auch Anteile metakognitiver Sensitivität. Aufgrund geringer Motivation erfolgt beim Statistiklernen häufig eine oberflächliche Auseinandersetzung mit den Inhalten; diese ist in Anlehnung an E. Langer (1993) als *mindless* zu bezeichnen. Mindfulness bezieht sich nach Salomon und Globerson (1987) auf die absichtliche, metakognitiv kontrollierte Nutzung nicht-automatischer, mit Anstrengung verbundener Prozesse. Zentrales Merkmal der Mindfulness ist nach Salomon und Globerson die *Kontrolliertheit* oder auch Bewusstheit. Die Autoren unterscheiden zwischen Mindfulness als genereller Tendenz (*trait*) und Mindfulness als aktueller Herangehensweise bei einer bestimmten Aufgabe (*state*). Für Aufgaben im Bereich Statistik und Forschungsmethoden fehlt vielen Studierenden der Sozialwissenschaften oftmals die Bereitschaft oder auch die Fähigkeit zu einer Herangehensweise, die als *mindful* bezeichnet werden kann.

Selbstbeurteilung und Mindfulness wurden in der vorliegenden Studie zwar als metakognitive Variablen eingestuft, diese Variablen könnten jedoch auch zu den Motivationsaspekten gezählt werden: Die Selbstbeurteilung könnte als Erwartungsaspekt der Motivation (siehe Abschnitt 5.3) angesehen werden, die Mindfulness hat auch motivationale bzw. volitionale Anteile. Die hier vorgenommene Einteilung erfolgt zugunsten der Übersichtlichkeit.

5.3 Motivation

Die Bedeutung der Lernmotivation für effektives und nachhaltiges Lernen ist wohl unbestritten. Die Motivation lässt sich grob in eine Erwartungs- und eine Wert-komponente unterteilen (vgl. Stark, 1999). Die Unterscheidung von Erwartungs- und Wertaspekten basiert auf dem Erwartungs-Wert-Modell der Motivation (McClelland, Atkinson, Clark & Lowell, 1953; vgl. auch Heckhausen & Heckhausen, 2006). Nach diesem Modell entsteht motiviertes Verhalten durch Bewertungs-prozesse: Es wird abgeschätzt, ob ein Ziel aufgrund der eigenen Fähigkeiten er-reicht werden kann (Handlungs-Ergebnis-Erwartungen; Heckhausen & Heckhau-sen, 2006), zudem wird dieses Ziel bewertet. Die Motivation zu handeln liegt dann vor, wenn das Ziel sowohl erstrebenswert als auch erreichbar erscheint. Nachfol-gend werden Erwartungs- und Wertaspekte der Motivation beschrieben.

5.3.1 Erwartungskomponente der Motivation

Im Hinblick auf die Erwartungskomponente werden die vielzitierten Konzepte Selbstwirksamkeit, Selbstkonzept und Leistungsmotiv betrachtet.

Selbstwirksamkeit. Das Konzept der Selbstwirksamkeit (*self-efficacy*) von Bandura (z.b. 1997) bezeichnet die Erwartung bzw. Überzeugung, etwas bewirken bzw. er-folgreich sein zu können. Auf die Selbstwirksamkeit wird auch unter den Bezeich-nungen Selbstwirksamkeitserleben, Selbstwirksamkeitsüberzeugung und Selbst-wirksamkeitserwartung Bezug genommen.

Die Selbstwirksamkeit entwickelt sich durch Erfahrungen, die das Individuum im Laufe des Lebens macht; günstig sind diesbezüglich Erfolgserlebnisse, die auf ei-gene Anstrengung und Fähigkeit zurückgeführt werden können (Jerusalem, 2005). Vor dem Hintergrund mehrerer Studien schlussfolgert Bandura (z.b. 1982, 1997), dass eine größere Selbstwirksamkeit bessere Leistungen zur Folge hat sowie eine größere Bereitschaft, sich weiterhin bei einer Aufgabe zu bemühen. Auch nach Pintrich und DeGroot (1990) beeinflusst die Selbstwirksamkeitserwartung die An-strengungsbereitschaft, außerdem die Aufgabenwahl sowie das lernstrategische Vorgehen.

Selbstkonzept. Ebenfalls der Erwartungskomponente der Motivation zuzurechnen sind themenspezifische Fähigkeitsselbstkonzepte bzw. Kompetenzeinschätzungen (vgl. W.-U. Meyer, 1984; Pekrun, 1983). Selbstkonzepte sind die selbstbezogenen Kognitionen einer Person. Es werden verschiedene Arten von Selbstkonzepten unterschieden (z.b. soziales Selbstkonzept, körperliches Selbstkonzept; vgl. Shavelson, Hubner & Stanton, 1976). Als Fähigkeits- oder akademisches Selbstkonzept werden die selbstbezogenen Kognitionen in Bezug auf die eigenen Fähigkeiten in einem bestimmten Gebiet bezeichnet (vgl. Helmke, 1992; Marsh, 1993). Wenn im Folgenden vom Selbstkonzept die Rede ist, ist das Fähigkeitsselbstkonzept gemeint.

Die Bedeutung des Selbstkonzepts für Lernen und Leistung ist unumstritten. Selbstkonzepte bzw. Einschätzungen der eigenen Kompetenz (vgl. z.B. Koriat, 1997) sind, wie die Selbstwirksamkeit, relevant für die Anstrengungsbereitschaft und damit für die Effektivität von Lernprozessen (vgl. Helmke & Schrader, 2006; W.-U. Meyer, 1984; Pekrun & Helmke, 1991).

Leistungsmotiv: Hoffnung auf Erfolg, Furcht vor Misserfolg. Der Erwartungskomponente lassen sich weiterhin Leistungsmotive zuordnen. Leistungsmotive sind generelle Tendenzen, Hoffnung auf Erfolg bzw. Furcht vor Misserfolg zu zeigen. Hoffnung auf Erfolg bezieht sich auf die Erwartung, Aufgaben gut bewältigen zu können, und geht daher eher mit Anstrengungsbereitschaft einher; Furcht vor Misserfolg bezieht sich auf die Erwartung zu scheitern und resultiert eher in Vermeidungsverhalten (vgl. Heckhausen & Heckhausen, 2006; McClelland et al., 1953).

Hinsichtlich der Erwartungskomponente der Motivation gelten also eine hohe Selbstwirksamkeitserwartung, ein positives Selbstkonzept sowie das Leistungsmotiv „Hoffnung auf Erfolg" als günstig für die Anstrengungsbereitschaft und den Lernerfolg (vgl. Heckhausen & Heckhausen, 2006; Helmke, 1992).

Beim Erlernen von Statistik und Forschungsmethoden zeigen sich jedoch häufig ein ungünstiges Selbstkonzept und eine niedrig ausgeprägte Selbstwirksamkeits- bzw. Erfolgserwartung (vgl. z.B. Gruber & Renkl, 1996; Renkl, 1994; Stark, 2001). Die Beschäftigung mit dem Lernstoff erfolgt entsprechend oberflächlich und wenig ausdauernd (vgl. Gräsel & Mandl, 1999; Renkl, 1994; Stark, 2001); motivationale Defizite beeinträchtigen also sowohl die Verarbeitungstiefe als auch die Persistenz beim Wissenserwerb in diesem Bereich.

5.3.2 Wertkomponente der Motivation

Bezüglich der Wertkomponente der Motivation wird auf die zentralen Aspekte intrinsische vs. extrinsische Motivation, Zielorientierung und Interesse eingegangen. Ebenfalls thematisiert werden Akzeptanzaspekte, die für die Evaluation von Lernangeboten (wie der eingesetzten Lernumgebung) und Lernformen (wie kooperativem Lernen) relevant sind.

Intrinsische vs. extrinsische Motivation. Bezüglich der Wertkomponente der Lernmotivation ist seit den frühen 70er Jahren besonders ein Aspekt beforscht worden: die Unterscheidung von intrinsischer und extrinsischer Lernmotivation. Unter intrinsisch motiviertem Lernen wird im Allgemeinen ein Lernen verstanden, das um der Lernhandlung selbst willen geschieht oder aus Interesse am zu lernenden Inhalt. Bei der intrinsischen Motivation liegt die Belohnung für das Lernen also im Lernen selbst. Extrinsische Lernmotivation liegt dann vor, wenn der Lernende eine von der Lernhandlung getrennte Konsequenz anstrebt, wenn dem Lernen also eine instrumentelle Absicht zugrunde liegt. Die Belohnung für das Lernen (die auch eine Vermeidung von Strafe sein kann) liegt also außerhalb des Lernens.

Die Unterscheidung von intrinsischer und extrinsischer Motivation ist als eine übergeordnete Einteilung der motivationalen Wertkomponente anzusehen; Zielorientierungen (s.u.) lassen sich in (eher) intrinsische und (eher) extrinsische unterteilen, das Interesse (s.u.) gilt gemeinhin als intrinsischer Motivationsaspekt.

In einer Metaanalyse von Schiefele und Schreyer (1994) zeigte sich, dass intrinsische Lernmotivation positiv mit tiefenorientierten Verarbeitungsstrategien und mit der Leistung korreliert. Extrinsische Lernmotivation hingegen ist den bei Schiefele und Schreyer dargestellten Ergebnissen zufolge nur ein schwacher und überwiegend nicht signifikanter Prädiktor des Lernerfolgs, und sie korreliert mit dem Einsatz oberflächenorientierter Verarbeitungsstrategien.

Eine Theorie, die sich mit der Bedeutung der Qualität von Lernmotivation für den Lernprozess befasst und die in der Lernmotivationsforschung häufig aufgegriffen wird, ist die Selbstbestimmungstheorie der Motivation von Deci und Ryan (1985, 1993). Dieser Theorie liegen folgende Ideen zugrunde: (1) Der Wunsch nach Lernen ist angeboren. Menschen haben aus eigenem Antrieb den Wunsch, ihre Umwelt zu erforschen und zu verstehen. Diese Motivation ist schon in den frühesten Entwicklungsstadien vorhanden und braucht weder Zwang noch Anleitung. Sie ist eine wesentliche Grundlage für den Erwerb kognitiver Fähigkeiten und bestimmt die Entwicklung des individuellen Selbst. (2) Lernmotivation ist optimal, wenn sie dem individuellen Selbst entspricht. (3) Optimales Lernen ist an die Entwicklung des Selbst geknüpft und hängt gleichzeitig von der Beteiligung des Selbst ab. Lernmotivation, die nicht den Prinzipien des individuellen Selbst entspricht, sondern durch äußere Zwänge bedingt ist, verringert die Lerneffektivität und behindert die individuelle Entwicklung. (4) Optimales Lernen ist selbstbestimmt motiviertes Lernen. Die engagierte Aktivität des Selbst im Lernprozess bewirkt eine höhere Lernqualität und fördert die Entwicklung des individuellen Selbst.

Selbstbestimmt motiviertes Lernen ist nach Deci und Ryan also die erstrebenswerte Lernform, da es die individuelle Entwicklung fördert. Selbstbestimmt motiviertes Lernen ist den Autoren zufolge vor allem *intrinsisch* motiviertes Lernen, aber auch ein extrinsisch motiviertes Lernen, das auf *eigene* Ziele ausgerichtet ist (identifizierte oder integrierte Regulation, vgl. Deci & Ryan, 1993; siehe auch Prenzel, 1996). Nach Deci und Ryan wird selbstbestimmt motiviertes und interessiertes Lernen durch folgende Faktoren gefördert: (1) wahrgenommene Autonomie, also das Gefühl, Wahlmöglichkeiten zu haben, (2) wahrgenommene soziale Eingebundenheit, also das Gefühl, in das soziale Geschehen integriert zu sein und respektiert zu werden, und (3) wahrgenommene Kompetenzunterstützung, also das Gefühl, dass ein Interesse am eigenen Lernfortschritt besteht und dass Feedback helfen soll und nicht kontrollieren. Kompetenzunterstützung kann z.B. durch informierendes (anstatt kontrollierendes) Feedback und Orientierung an der individuellen Bezugsnorm erfolgen (Deci & Ryan, 1993; Prenzel, 1996; siehe auch Kapitel 3.4).

Zielorientierungen. Ebenfalls der Wertkomponente der Motivation zuzuordnen sind Zielorientierungen. Zielorientierungen werden als habituelle bzw. dispositionale Persönlichkeitsmerkmale angesehen, die die situationsspezifische Lernmotivation beeinflussen (Köller & Schiefele, 2006). Sie können (eher) intrinsisch oder (eher) extrinsisch sein (vgl. z.B. Harter, 1981). Es gibt verschiedene Ansätze, Zielorientierungen zu klassifizieren: Nicholls (1984) differenziert zwischen Aufgaben- und Ich-Orientierung, Dweck und Leggett (1988) stellen einer Lernzielorientierung eine Performanzorientierung gegenüber. Aufgaben- und Lernzielorientierung werden der intrinsischen Lernmotivation zugerechnet, Ich- und Performanzorientierung der extrinsischen Lernmotivation. Studien von Dweck und anderen ergaben, dass Lernzielorientierte nach Misserfolgen zu bewältigendem Verhalten neigen, z.B. zu erhöhter Anstrengung. Performanzorientierte dagegen reagieren auf Misserfolge eher mit Hilflosigkeit und stabiler interner Attribution des „Scheiterns", insbesondere dann, wenn sie ihre Kompetenz im betreffenden Bereich als gering einschätzen (z.B. Elliott & Dweck, 1988). Einige Autoren ergänzen zudem den Aspekt der Anstrengungsvermeidung (vgl. z.B. Pintrich & Schunk, 2002).

Interesse. Zur Wertkomponente gehört außerdem das Interesse; dieses gilt als intrinsischer Motivationsaspekt. Neuere Ansätze bezeichnen Interesse als Person-
Gegenstands-Beziehung (vgl. z.B. Krapp, 1999; Schiefele & Wild, 2000). Interesse
kann sich diesen Ansätzen zufolge sowohl auf Inhaltsgebiete als auch auf Tätigkei-
ten beziehen. Im vorliegenden Kontext wird ein Interesse betrachtet, das sich auf
bestimmte Inhalte (Korrelationsrechnung) bezieht, also themenspezifisches Interesse. Nach der Person-Gegenstands-Theorie hat Interesse eine wertbezogene und eine
emotionale Komponente: Interessengegenstände werden wertgeschätzt, und die
Beschäftigung mit ihnen ist von positiven Gefühlen begleitet. Daher benötigt inte-
ressegeleitetes Lernen keinerlei externen Zwang (Krapp, 1999; Schiefele & Wild,
2000). Interessen beeinflussen die Auswahl von Lerngelegenheiten, z.B. die Wahl
des Studienfachs (Krapp, 2000), und es finden sich wie generell für intrinsische
Motivation substantielle Zusammenhänge zwischen Interesse und Lernleistung
(vgl. z.B. Schiefele, Krapp & Schreyer, 1993). Vor allem für eine intensive und
ausdauernde Auseinandersetzung mit einem Gebiet ist themenspezifisches Interesse
förderlich.

Akzeptanz von Lernangeboten bzw. -formen. Für die Bewertung von Lernangeboten
und -formen ist die Akzeptanz relevant. Da die in der vorliegenden Studie imple-
mentierte Lernumgebung erneut evaluiert und anschließend optimiert werden sollte, war im vorliegenden Kontext vor allem von Bedeutung, inwieweit die Lernumgebung durch die Studierenden akzeptiert wird: Inwieweit sie das Gefühl haben,
etwas zu lernen, inwieweit ihnen die Arbeit mit der Lernumgebung Spaß macht etc.
Es war weiterhin von Interesse, inwieweit die kooperativ Lernenden die Teamarbeit
akzeptieren. Die Akzeptanz des kooperativen Lernens dürfte für die Einstellung
und die Motivation zu kooperativem Lernen relevant sein. Diese gilt es angesichts
der gewachsenen Bedeutung von Kooperation bzw. kooperativem Lernen zu fördern.

Hinsichtlich der Wertkomponente sind also *intrinsische* Formen, wie eine Lernziel-
bzw. Aufgabenorientierung und themenspezifisches Interesse, als besonders lernförderlich anzusehen. Sie wirken sich positiv auf eine tiefere Verarbeitung von
Lerninhalten und damit auf die Lernleistung aus (z.B. Nolen, 1988; Schiefele et al.,
1993; Schiefele & Schreyer, 1994).

Für den Erwerb anwendbaren Wissens in Statistik und Forschungsmethoden ist eine tiefergehende Verarbeitung in besonderem Maße notwendig, da es sowohl gilt,
Konzepte und Methoden zu verstehen, als auch, diese zueinander und zu Anwendungskontexten in Beziehung zu setzen. Hier zeigt sich jedoch häufig ein geringes
Interesse an den Inhalten. Viele Studierende sozialwissenschaftlicher Fächer befas-

sen sich gezwungenermaßen mit dem Lernstoff, mit dem Ziel, Prüfungen zu bestehen; sie weisen diesbezüglich eher eine extrinsische als eine intrinsische Motivation auf.

5.4   Einstellungen zu verschiedenen Sozialformen beim Lernen

Für kooperatives Lernen ist die Einstellung der Lernenden zu verschiedenen Sozialformen beim Lernen von Interesse (vgl. D. W. Johnson et al., 1978; D. W.
Johnson & Norem-Hebeisen, 1979; Neber, 1994). Wird individuelles bzw. kompetitives Lernen präferiert und kooperatives eher abgelehnt, so ist beispielsweise mit
einer geringen Motivation zur Gruppenarbeit zu rechnen. Eine positive oder zumindest neutrale Haltung zur Gruppenarbeit kann also als wichtige Voraussetzung
für erfolgreiches kooperatives Lernen betrachtet werden. Die Einstellungen zu verschiedenen Sozialformen wurden in der vorliegenden Studie als Kontrollvariablen
erhoben.

5.5   Lernzeit

Neben den Lernvoraussetzungen wurde die Lernzeit als potentielle Kontrollvariab-
le berücksichtigt. Da die dargestellte Untersuchung Maßnahmen evaluiert, die unter
regulären Lernbedingungen zum Einsatz kommen sollen, wurde eine hohe ökologi-
sche Validität der Untersuchung angestrebt. Es war somit sinnvoll, auf eine Stan-
dardisierung der Lernzeit zu verzichten. Auf diese Weise ließ sich überprüfen, wie
lange Lernende für die Bearbeitung der Lernumgebung brauchen, wenn sie nicht
unter „künstlichem" Zeitdruck stehen.

Für die interne Validität der Studie war es notwendig zu untersuchen, inwieweit
sich die instruktionalen Maßnahmen auf die Lernzeit auswirken. Es galt auszuschließen, dass sich Effekte nur durch eine längere Lerndauer ergeben. Da die
Feedbackmaßnahme in der vorgestellten Studie aus zusätzlich zu bearbeitenden
Verständnistests mit anschließendem elaboriertem Feedback bestand, wurde angenommen, dass die Maßnahme die Lernzeit verlängert. Da kooperatives Lernen

Austausch und Diskussion erfordert bzw. fördern soll, wurde vermutet, dass auch diese Maßnahme eine längere Lernzeit zur Folge hat.

In diesem Zusammenhang war von Interesse, inwieweit Lernzeit und Lernerfolg assoziiert sind: Eine Verlängerung der Lernzeit hat im Allgemeinen einen erhöhten Lernerfolg zur Folge (vgl. z.b. Helmke & Renkl, 1992); eine längere Lernzeit kann jedoch auch auf ineffektiven Prozessen beruhen und sich entsprechend nicht in verbessertem Lernerfolg niederschlagen.

5.6 Konsequenzen für die vorliegende Studie

Konsequenzen im Hinblick auf die Ziele der Studie. Zentraler Prädiktor des Lernerfolgs ist das Vorwissen. Für die vorliegende Studie ist dies das Wissen in Korrelationsrechnung. Im Sinne des eher *grundlagenorientierten* Ziels, also für den Erkenntnisgewinn hinsichtlich der Wirkung von Feedback und kooperativem Lernen, war es daher angezeigt, das Vorwissen als unabhängige Variable einzubeziehen, um eventuelle Interaktionen der instruktionalen Maßnahmen mit dem Vorwissen feststellen zu können.

Für eine umfassende Untersuchung der Wirkung der Feedbackmaßnahme und des kooperativen Lernens galt es zudem, metakognitive und motivationale Effekte der beiden Maßnahmen zu betrachten. Mehrere instruktionspsychologische Studien zeigten, dass positive kognitive Effekte nicht immer mit günstigen motivationalen Lernergebnissen einhergehen; zum Teil ergeben sich sogar selbst bei gutem Lernerfolg negative Effekte im motivationalen Bereich (z.B. Stark, Gruber, Renkl & Mandl, 1998; Weinert, Schrader & Helmke, 1989). Diese Ergebnisse zeigen, dass es sinnvoll ist, neben kognitiven auch motivationale Effekte instruktionaler Maßnahmen zu untersuchen. Im Hinblick auf die Motivation waren Erwartungs- und Wertaspekte einzubeziehen; eine generelle Erhebung von Lernmotivation würde der Komplexität des Motivationskonstrukts nicht gerecht (vgl. Stark, 1999).

Auch im Hinblick auf das *anwendungsbezogene* Ziel, die Förderung des Wissenserwerbs in Korrelationsrechnung, waren diese Variablen zu berücksichtigen. Da das Vorwissen von großer Bedeutung für den Lernerfolg ist, zugleich aber das Wissen in Korrelationsrechnung bei vielen Studierenden der Sozialwissenschaften eher gering ist, wurde das themenspezifische Vorwissen in der vorliegenden Arbeit besonders berücksichtigt.

Angesichts der Bedeutung von Metakognition und Motivation für das Lernen und der ungünstigen metakognitiven und motivationalen Voraussetzungen vieler Studierender im Hinblick auf Themen der Statistik galt es außerdem, neben kognitiven auch metakognitive und motivationale Effekte der Lernumgebung und der erprobten Maßnahmen zu untersuchen und diesbezüglich Konsequenzen für eine Optimierung zu ziehen. Die eingesetzte Lernumgebung soll den Lernfortschritt fördern, daher war das Vorwissen für die Bestimmung des Lernfortschritts einzubeziehen. Zudem ist das Vorwissen für die Wirkung der implementierten Feedbackmaßnahme relevant: Die Feedbackmaßnahme soll insbesondere vorwissensschwächere Lernende unterstützen.

Für die vorgestellte Studie war das Vorwissen der Lernenden auch deshalb bedeutsam, da für die Arbeit mit der eingesetzten Lernumgebung basale Vorkenntnisse in Statistik und Forschungsmethoden vorhanden sein sollten; zumindest einige grundlegende Konzepte, wie das des Mittelwerts oder der Varianz, sollten bekannt sein. Um Bodeneffekte sowie Frustration der Studierenden zu vermeiden (vgl. Stark, 1999), wurden daher Probanden mit Vorwissen akquiriert.

Für das kooperative Lernen ist relevant, inwieweit sich die Mitglieder einer Lerngruppe (in dieser Studie: die Lernpartner in einer Dyade) hinsichtlich des Vorwissens unterscheiden. In der dargestellten Untersuchung wurden homogene Gruppen angestrebt (siehe Kapitel 4).

Die Lernzeit wurde mit Blick auf das anwendungsbezogene Ziel der Studie zugunsten der ökologischen Validität nur geringfügig auf maximal 200 Minuten begrenzt; es war eher unwahrscheinlich, dass dieses Maximum erreicht wird. Erfahrungen deuten darauf hin, dass Studierende sich nicht intensiv genug mit methodenspezifischen Fragen und Konzepten auseinandersetzen. Verständnisprobleme können unter anderem in dieser zu geringen Lernzeit begründet liegen. Eine Verlängerung der Lernzeit durch instruktionale Maßnahmen ist daher aus pädagogischer Sicht zu begrüßen.

Erwartete Effekte des Vorwissens. Es wurde der Einfluss des Vorwissens auf den Lernerfolg untersucht sowie die Bedeutung des Vorwissens für Effekte der Feedbackmaßnahme und des kooperativen Lernens. Da das Vorwissen als wichtigster Prädiktor für den Lernerfolg gilt, wurde erwartet, dass das Vorwissen mit dem Lernerfolg positiv korreliert und dass es sich bedeutsam auf den Lernerfolg auswirkt. Zudem wurde angenommen, dass das Vorwissen den Effekt der Feedbackmaßnahme moderiert: Es wurde vermutet, dass ein geringes Vorwissen durch die Feedbackmaßnahme kompensiert wird. Erwartet wurde also ein Interaktionseffekt des Vorwissens und der Feedbackmaßnahme hinsichtlich des Lernerfolgs (Aptitude-Treatment-Interaktion). Bezüglich der Bedeutung des Vorwissens für Effekte des kooperativen Lernens wurde kein bestimmter Effekt postuliert.

Erwartete Bedeutung der Lernzeit. Es wurde erwartet, dass beide Maßnahmen die Lernzeit verlängern: Die Bearbeitung der Verständnistests sowie die Feedbackrezeption kosten Zeit, dasselbe gilt für kooperative Aushandlungsprozesse. Es wurde außerdem angenommen, dass es einen Zusammenhang zwischen Lernzeit und Lernerfolg gibt. Angesichts der postulierten Lernwirksamkeit elaborierten Feedbacks und kooperativen Lernens wurde weiterhin erwartet, dass sich auch bei statistischer Kontrolle der Lernzeit positive Effekte der Maßnahmen zeigen.

6   Fragestellungen

Untersucht wurden kognitive, metakognitive und motivationale Effekte der Feedbackmaßnahme und des kooperativen Lernens sowie die Bedeutung des Vorwissens und der Lernzeit.

6.1   Kognitive Effekte der Feedbackmaßnahme und des kooperativen Lernens

Fragestellung 1: Inwieweit fördern die Feedbackmaßnahme und kooperatives Lernen den Lernerfolg?

Die Feedbackmaßnahme zeigt adaptiv Fehlkonzepte und Wissenslücken auf und kompensiert auf diese Weise Wissensdefizite. Das kooperative Lernen soll über Aushandlungsvorgänge zusätzliche Elaborations- und Reflexionsprozesse anregen. Es wurden daher positive Auswirkungen beider Maßnahmen auf den Lernerfolg, also auf die Leistung im Nachtest erwartet.

Als besonders lernwirksam sollte sich die Feedbackmaßnahme erweisen, da sie den Lernenden gezielte instruktionale Unterstützung für den anspruchsvollen Inhaltsbereich bietet. Vor allem beim kooperativen Lernen sollte die Feedbackmaßnahme positive Effekte haben. Es wurde vermutet, dass Gruppen die Feedbackinformationen effektiver nutzen als Individuen: Die Möglichkeit, das Feedback gemeinsam zu rezipieren und zu diskutieren, sollte sich günstig auf das Lernen auswirken. Für die Gruppenfeedbackbedingung wurden also besonders positive Effekte hinsichtlich des Lernerfolgs postuliert.

Da angenommen wurde, dass sich beide Maßnahmen positiv auf den Lernerfolg auswirken und dass die Feedbackmaßnahme besonders effektiv ist, wurde insgesamt folgende Rangfolge der Lernbedingungen bezüglich des Lernerfolgs erwartet: 1. „kooperatives Lernen mit Feedbackmaßnahme", 2. „individuelles Lernen mit Feedbackmaßnahme", 3. „kooperatives Lernen ohne Feedbackmaßnahme", 4. „individuelles Lernen ohne Feedbackmaßnahme". Kontraste sollten signifikante Unterschiede zwischen allen vier Lernbedingungen ergeben.

Da die Feedbackmaßnahme Wissensdefizite kompensieren soll, die ein tieferes Verständnis sowie die Wissensanwendung behindern, wurde weiterhin angenommen, dass sich die Feedbackmaßnahme insbesondere bei jenen Nachtestaufgaben positiv auswirkt, die tieferes Verständnis sowie anwendbares bzw. transferierbares Wissen erfordern.

Schließlich wurde postuliert, dass sich unter der Gruppenfeedbackbedingung eine Wissenskonvergenz der Lernpartner ergibt, da durch das Gruppenfeedback beiden Lernpartnern Fehlkonzepte und Wissenslücken aufgezeigt werden, die sie anschließend diskutieren und ausräumen können. Unter der kooperativen Bedingung mit Feedbackmaßnahme sollte sich also eine größere Dyadenhomogenität ergeben als unter der kooperativen Bedingung ohne Feedbackmaßnahme.

Bezüglich der ersten Fragestellung wurden also folgende Hypothesen aufgestellt:

Hypothese 1: Die Feedbackmaßnahme fördert den Lernerfolg. Entsprechend ergibt sich ein Haupteffekt hinsichtlich der Leistung im Nachtest.

Hypothese 2: Das kooperative Lernen fördert den Lernerfolg. Entsprechend ergibt sich ein Haupteffekt hinsichtlich der Leistung im Nachtest.

Hypothese 3: Die Feedbackmaßnahme wirkt sich besonders günstig beim kooperativen Lernen aus. Entsprechend ergibt sich ein Interaktionseffekt der Feedbackmaßnahme und der Sozialform hinsichtlich der Leistung im Nachtest (erste Gruppenfeedbackhypothese).

Hypothese 4: Es zeigt sich folgende Rangfolge der Lernbedingungen bezüglich des Lernerfolgs: 1. „kooperatives Lernen mit Feedbackmaßnahme", 2. „individuelles Lernen mit Feedbackmaßnahme", 3. „kooperatives Lernen ohne Feedbackmaßnahme", 4. „individuelles Lernen ohne Feedbackmaßnahme". Kontraste ergeben signifikante Unterschiede zwischen allen vier Lernbedingungen.

Hypothese 5: Die Feedbackmaßnahme fördert vor allem ein tieferes Verständnis und den Erwerb anwendbaren bzw. transferierbaren Wissens. Entsprechend ergeben sich besonders große Haupteffekte hinsichtlich der Leistungen bei den Nachtestaufgaben, die anwendbares bzw. transferierbares Wissen erfordern.

Hypothese 6: Die Feedbackmaßnahme fördert beim kooperativen Lernen die Wissenskonvergenz der Lernpartner. Entsprechend ergibt sich ein Haupteffekt der Feedbackmaßnahme hinsichtlich der Dyadenhomogenität (zweite Gruppenfeedbackhypothese).

Fragestellung 2: Inwieweit bewirkt die Arbeit mit der Lernumgebung einen Lern-fortschritt, und inwiefern wird der Lernfortschritt durch die Feedbackmaßnahme und kooperatives Lernen gefördert?

Angesichts der bereits vorliegenden Befunde zur Wirksamkeit der Lernumgebung sowie der problemorientierten, beispielbasierten Gestaltung, die bei diagnostizierten Wissensdefiziten ansetzt, wurde erwartet, dass die Arbeit mit der Lernumgebung zu einem bedeutsamen Lernfortschritt führt.

Vor dem Hintergrund der postulierten Wirksamkeit der Feedbackmaßnahme sowie des kooperativen Lernens wurde angenommen, dass beide Maßnahmen den Lernfortschritt positiv beeinflussen. Ebenso wie hinsichtlich des Lernerfolgs wurde zudem postuliert, dass sich die Feedbackmaßnahme insbesondere unter der *kooperativen* Bedingung positiv auswirkt.

Bezüglich der zweiten Fragestellung wurden also folgende Hypothesen aufgestellt:

Hypothese 7:   Die Arbeit mit der Lernumgebung führt zu einem bedeutsamen Lernfortschritt. Entsprechend ergibt sich ein Effekt des Messwiederholungsfaktors „Leistung in den in Vor- und Nachtest identischen Aufgaben".

Hypothese 8:   Die Feedbackmaßnahme fördert den Lernfortschritt. Entsprechend ergibt sich ein Interaktionseffekt der Feedbackmaßnahme und des Messwiederholungsfaktors.

Hypothese 9:   Das kooperative Lernen fördert den Lernfortschritt. Entsprechend ergibt sich ein Interaktionseffekt der Sozialform und des Messwiederholungsfaktors.

Hypothese 10: Die Feedbackmaßnahme wirkt sich besonders günstig beim *kooperativen* Lernen aus. Entsprechend ergibt sich eine Dreifachinteraktion von Feedbackmaßnahme, Sozialform und Messwiederholungsfaktor (dritte Gruppenfeedbackhypothese).

Fragestellung 3: Inwieweit fördern die Feedbackmaßnahme und kooperatives Lernen die Leistung in der Lernphase?

Die Leistung in der Lernphase bestand zum einen aus der Leistung in den Problemlöseaufgaben der Lernumgebung und zum anderen aus der Leistung in den Verständnistests der Feedbackmaßnahme.

Unter den Feedbackbedingungen sollten sich vor allem bei den jeweils *zweiten Problemlöseaufgaben* zu den drei Themen bessere Leistungen zeigen als unter den

Bedingungen ohne Feedbackmaßnahme, da diesen Aufgaben jeweils ein Feedback zum selben Thema voranging (siehe Kapitel 3.8). Zudem wurde angenommen, dass sich die Wirkung der Feedbackmaßnahme im Laufe der Lernphase zunehmend niederschlägt, sich also verstärkt bei den letzten Problemlöseaufgaben zeigt. Bei der *ersten* Aufgabe sollte sich kein Unterschied bezüglich der Bedingungen ohne und mit Feedbackmaßnahme zeigen, da an diesem Punkt der Lernumgebung noch kein Verständnistest bearbeitet wurde.

Für alle Problemlöseaufgaben und Verständnistests wurde erwartet, dass die kooperativ erbrachten Leistungen besser sind als die Einzelleistungen, da vermutet wurde, dass die Lernpartner einander in ihrem Wissen ergänzen und bei Irrtümern und Fehlkonzepten gegenseitig korrigieren.

Wie auch hinsichtlich des Lernerfolgs und des Lernfortschritts wurde zudem angenommen, dass sich die Feedbackmaßnahme vor allem beim *kooperativen* Lernen günstig auswirkt; unter der Gruppenfeedbackbedingung sollten die Leistungen in den Problemlöseaufgaben also besser ausfallen als beim individuellen Lernen mit Feedbackmaßnahme. Da die *Verständnistests* beim Lernen ohne Feedbackmaßnahme nicht vorhanden waren, konnte für die Leistung in den Tests kein Effekt der Feedbackmaßnahme postuliert werden.

Bezüglich der dritten Fragestellung wurden also folgende Hypothesen aufgestellt:

Hypothese 11: Die Leistungen bei den jeweils *zweiten Problemlöseaufgaben* zu den drei Themen sind unter den Bedingungen mit Feedbackmaßnahme besser als unter den Bedingungen ohne Feedbackmaßnahme. Entsprechend ergeben sich für diese Aufgaben Haupteffekte der Feedbackmaßnahme.

Hypothese 12: Die Wirkung der Feedbackmaßnahme schlägt sich im Laufe der Lernphase zunehmend nieder. Bei der ersten Aufgabe ergibt sich kein Unterschied bezüglich der Bedingungen ohne und mit Feedbackmaßnahme. Die Wirkung der Feedbackmaßnahme zeigt sich vor allem bei den letzten Problemlöseaufgaben der Lernumgebung; hier ergeben sich deutliche Haupteffekte der Feedbackmaßnahme.

Hypothese 13: Die Gruppenleistungen sind besser als die Einzelleistungen. Für sämtliche Problemlöseaufgaben und Verständnistests ergibt sich daher ein Haupteffekt der Sozialform.

Hypothese 14: Die Feedbackmaßnahme wirkt sich besonders günstig beim kooperativen Lernen aus. Entsprechend ergeben sich Interaktionseffekte der Feedbackmaßnahme und der Sozialform hinsichtlich der Leistungen in den Problemlöseaufgaben (vierte Gruppenfeedbackhypothese).

Fragestellung 4: Inwieweit ist das Vorwissen für kognitive Effekte der Feedbackmaßnahme und des kooperativen Lernens bedeutsam?

Das Vorwissen gilt als wichtigster Prädiktor für den Lernerfolg. Es wurde also erwartet, dass das Vorwissen mit dem Lernerfolg positiv korreliert und dass es sich bedeutsam auf den Lernerfolg auswirkt. Zudem wurde angenommen, dass das Vorwissen den Effekt der Feedbackmaßnahme moderiert: Es wurde vermutet, dass ein geringes Vorwissen durch die Feedbackmaßnahme kompensiert wird. Bezüglich der Bedeutung des Vorwissens für die Wirkung des kooperativen Lernens wurde keine Hypothese formuliert.

Bezüglich der vierten Fragestellung wurden also folgende Hypothesen aufgestellt:

Hypothese 15:   Das Vorwissen wirkt sich auf den Lernerfolg aus. Es ergeben sich eine positive Korrelation der Vortestleistung mit der Nachtestleistung sowie ein Haupteffekt der Vortestleistung hinsichtlich der Nachtestleistung.

Hypothese 16:   Das Vorwissen moderiert die Wirkung der Feedbackmaßnahme auf den Lernerfolg; ein geringes Vorwissen wird durch die Feedbackmaßnahme kompensiert. Entsprechend ergibt sich ein Interaktionseffekt von Vortestleistung und Feedbackmaßnahme hinsichtlich des Lernerfolgs (Aptitude-Treatment-Interaktion).

6.2   Metakognitive Effekte der Feedbackmaßnahme und des kooperativen Lernens

Fragestellung 5: Inwieweit fördern die Feedbackmaßnahme und kooperatives Lernen die im Lernprozess erlebte Mindfulness?

Beide Maßnahmen sollten die im Lernprozess erlebte Mindfulness erhöhen. Die Feedbackmaßnahme soll über eine Widerspiegelung des Verständnisses bewirken, dass der eigene Lernfortschritt bewusster reflektiert wird. Beim kooperativen Lernen sollten verschiedene Prozesse hinsichtlich der Mindfulness wirksam werden, wie soziokognitive Konflikte oder das Teilen von Wissen und Ideen.

Bezüglich der fünften Fragestellung wurden also folgende Hypothesen aufgestellt:

Hypothese 17: Die Feedbackmaßnahme fördert die im Lernprozess erlebte Mindfulness. Entsprechend ergibt sich ein Haupteffekt hinsichtlich der Werte der Ratingskala zur Mindfulness.

Hypothese 18: Das kooperative Lernen fördert die im Lernprozess erlebte Mindfulness. Entsprechend ergibt sich ein Haupteffekt hinsichtlich der Werte der Ratingskala zur Mindfulness.

Fragestellung 6: Inwieweit fördern die Feedbackmaßnahme und kooperatives Lernen die Validität der Selbstbeurteilung?

Die Feedbackmaßnahme zeigt Wissenslücken und Verstehensillusionen auf; dies sollte eine validere Beurteilung der eigenen Leistung in Vor- und Nachtest zur Folge haben. Da das kooperative Lernen einen interindividuellen Vergleich (Beurteilung anhand der sozialen Bezugsnorm) ermöglicht, wurde auch für diese Maßnahme ein günstiger Effekt postuliert. Der soziale Vergleich kann allerdings, je nach Lernpartner, auch eine Verzerrung der Selbstbeurteilung zur Folge haben.

Bezüglich der sechsten Fragestellung wurden also folgende Hypothesen aufgestellt:

Hypothese 19: Die Feedbackmaßnahme fördert die Validität der Selbstbeurteilung. Entsprechend ergeben sich für die Bedingungen mit Feedbackmaßnahme hohe Korrelationen der Selbstbeurteilungen der Leistung in Vor- und Nachtest mit den Punktzahlen in Vor- und Nachtest.

Hypothese 20: Das kooperative Lernen fördert die Validität der Selbstbeurteilung. Entsprechend ergeben sich für die kooperativen Bedingungen hohe Korrelationen der Selbstbeurteilungen der Leistung in Vor- und Nachtest mit den Punktzahlen in Vor- und Nachtest.

6.3 Motivationale Effekte der Feedbackmaßnahme und des kooperativen Lernens

Fragestellung 7: Inwieweit beeinflussen die Feedbackmaßnahme und kooperatives Lernen motivationale Aspekte in und nach der Lernphase?

Da die Feedbackmaßnahme Fehler aufzeigt und Erläuterungen bereitstellt, sollten sich die Lernenden in ihrem Kompetenzerwerb unterstützt fühlen. Die Feedbackmaßnahme umfasst jedoch weder explizit bestätigendes noch kritisches Feedback. Je nachdem, wie das Feedback jeweils ausfällt und wie die Lernenden die erhaltenen Informationen wahrnehmen bzw. bewerten, können sich positive, negative oder auch keine motivationalen Effekte ergeben.

Auch hinsichtlich des kooperativen Lernens wurden keine bestimmten Auswirkungen auf motivationale Aspekte postuliert. Da es sich um kleine Gruppen handelte, innerhalb derer weder Wissens- noch Statusunterschiede vorlagen und deren Mitglieder zudem nur kurz zusammenarbeiten mussten, waren sowohl das Konfliktpotential als auch das Risiko von Verantwortungsdiffusion oder sozialem Faulenzen eher gering; es wurde daher nicht mit (größeren) Beeinträchtigungen der Motivation gerechnet. Es wurden jedoch auch keine *positiven* motivationalen Effekte postuliert.

Fragestellung 8: Inwieweit erhöht die Arbeit mit der Lernumgebung die Lernmotivation, und inwiefern ergibt sich durch die Feedbackmaßnahme und kooperatives Lernen eine Motivationsänderung?

Die Arbeit mit der Lernumgebung sollte sich sowohl auf die Erwartungs- als auch auf die Wertkomponente der Motivation günstig auswirken. Da ein positiver Effekt der Arbeit mit der Lernumgebung hinsichtlich des Lernfortschritts postuliert wurde, wurde entsprechend angenommen, dass die Studierenden nach der Lernphase über ein günstigeres themenspezifisches Selbstkonzept verfügen als vor der Lernphase. Da zudem die praktische Relevanz der Lerninhalte aufgezeigt wird, sind außerdem günstige Auswirkungen auf das themenspezifische Interesse denkbar. In Bezug auf die Wirkung der Feedbackmaßnahme und des kooperativen Lernens auf die Motivationsänderung wurden keine Hypothesen formuliert.

Bezüglich der achten Fragestellung wurden also folgende Hypothesen aufgestellt:

Hypothese 21:   Die Arbeit mit der Lernumgebung führt zu einem günstigeren themenspezifischen Selbstkonzept. Entsprechend ergibt sich ein bedeutsamer Effekt des Messwiederholungsfaktors „Selbstkonzept vor und nach der Lernphase".

Hypothese 22: Die Arbeit mit der Lernumgebung führt zu einem größeren themenspezifischen Interesse. Entsprechend ergibt sich ein bedeutsamer Effekt des Messwiederholungsfaktors „Interesse vor und nach der Lernphase".

6.4 Bedeutung der Lernzeit

Fragestellung 9: Inwieweit verlängern die Feedbackmaßnahme und das kooperative Lernen die Lernzeit, und inwieweit ist die Lernzeit für den Lernerfolg sowie für Auswirkungen der Maßnahmen auf den Lernerfolg von Bedeutung?

Es wurde erwartet, dass beide Maßnahmen die Lernzeit verlängern. Die Bearbeitung der Verständnistests sowie die Feedbackrezeption kosten Zeit, dasselbe gilt für kooperative Aushandlungsprozesse. Zudem wurde angenommen, dass es einen Zusammenhang zwischen Lernzeit und Lernerfolg gibt. Angesichts der postulierten Lernwirksamkeit kooperativen Lernens und elaborierten Feedbacks wurde weiterhin erwartet, dass beide Maßnahmen nicht nur über die Verlängerung der Lernzeit wirksam sind, sondern dass sich auch bei statistischer Kontrolle der Lernzeit positive Effekte der Maßnahmen zeigen.

Bezüglich der neunten Fragestellung wurden also folgende Hypothesen aufgestellt:

Hypothese 23: Die Feedbackmaßnahme und das kooperative Lernen verlängern die Lernzeit. Entsprechend ergeben sich Haupteffekte beider Maßnahmen hinsichtlich der Lernzeit.

Hypothese 24: Es gibt einen Zusammenhang zwischen Lernzeit und Lernerfolg.

Hypothese 25: Auch bei statistischer Kontrolle der Lernzeit zeigen sich die postulierten positiven Effekte der Feedbackmaßnahme und des kooperativen Lernens hinsichtlich des Lernerfolgs.

7 Methode

7.1 Stichprobe

An der Untersuchung nahmen 137 Studierende der Ludwig-Maximilians-Universität München teil. Die Probanden wurden in Lehrveranstaltungen und über Aushänge angeworben. Die Teilnahme an der Studie war freiwillig und wurde mit 15 Euro vergütet. Die Studierenden nahmen unter einem Codenamen teil, die Datenerhebung erfolgte also anonym.

Bei der Probandenauswahl wurde darauf geachtet, dass die Studierenden über Vorkenntnisse in Forschungsmethoden verfügten. Dies wurde im Vorfeld per E-Mail erhoben: In einem kurzen Fragebogen wurden die Interessenten gebeten, ihre Statistiknoten anzugeben und ihre Kenntnisse in Forschungsmethoden und speziell in Korrelationsrechnung anhand einer Notenskala einzuschätzen.

Die Versuchspersonen waren Studierende der Sozialwissenschaften, überwiegend angehende Pädagogen. Entsprechend der Geschlechterverteilung in diesem Fach war der Frauenanteil hoch; es nahmen 105 (76.6 %) Frauen und 32 (23.4 %) Männer teil. Die Studierenden befanden sich im Mittel im 3. Semester ($M = 3.0$, $SD = 2.60$), das Durchschnittsalter lag bei knapp 24 Jahren ($M = 23.8$, $SD = 5.08$).

7.2 Design

Der Untersuchung lag ein zweifaktorielles Design zugrunde (siehe Tabelle 7.1). Variiert wurden die beiden zweifach gestuften Faktoren „Feedbackmaßnahme" (vorhanden vs. nicht vorhanden) und „Sozialform" (individuelles vs. kooperatives Lernen). Die Studierenden wurden den vier experimentellen Bedingungen zufällig zugewiesen. Für die kooperativen Versuchsbedingungen wurden, soweit dies die Terminplanung der Probanden zuließ, anhand der Ergebnisse der E-Mail-Befragung vorwissenshomogene Dyaden gebildet. Hierbei wurde auch die ebenfalls per E-Mail erfragte Fachsemesterzahl berücksichtigt. Die Randomisierung war also diesbezüglich geringfügig eingeschränkt.

Tab. 7.1: Untersuchungsdesign und Stichprobengröße

	Individuelles Lernen	*Kooperatives Lernen*
Feedbackmaßnahme nicht vorhanden	$n = 17$	$n = 50$ (25 Dyaden)
Feedbackmaßnahme vorhanden	$n = 18$	$n = 52$ (26 Dyaden)

Da für die kooperativen Bedingungen eine gemeinsame Bearbeitung der Lernumgebung vorgesehen war (wodurch sich für jede Sitzung, ganz gleich ob individuell oder dyadisch, nur *ein* Logfile-Datensatz ergibt), wurde eine gleiche Anzahl individueller und kooperativer Sitzungen angestrebt. Dies zog hinsichtlich der Probandenzahl ungleiche Zellenbesetzungen nach sich. Aus organisatorischen Gründen wurden zunächst die kooperativen Bedingungen realisiert; da die räumlichen und technischen Voraussetzungen nur für einen begrenzten Zeitraum zur Verfügung standen und gegen Ende des Experiments mehr Dropouts zu verzeichnen waren, wurde die Probandenanzahl in den individuellen Bedingungen zusätzlich reduziert.

7.3   Lernumgebung

Die didaktische Konzeption und der Aufbau der Lernumgebung Koralle wurden bereits in Kapitel 2 erläutert. Gegenüber der ursprünglichen Fassung wurde die Lernumgebung hinsichtlich des Feedbacks erweitert. Innerhalb der veränderten Fassung wurden zusätzlich zum vorhandenen Feedback (ausgearbeitete Lösungsbeispiele, also Knowledge of Correct Response) Verständnistests mit anschließendem elaboriertem Feedback implementiert (siehe Kapitel 3). Die Tests erscheinen innerhalb der Lernumgebung jeweils nach der Hälfte und am Ende der drei Themenbereiche Linearität, heterogene Untergruppen und Ausreißer (siehe Kapitel 2).

Zugunsten einer überschaubaren Lernumgebung wurde die Anzahl der Problemlöseaufgaben pro Inhaltsbereich von vier (in der ursprünglichen Fassung, vgl. Tyroller, 2005) auf je zwei reduziert. Tabelle 7.2 zeigt die Struktur der Lernumgebung ohne und mit Feedbackmaßnahme.

Tab. 7.2: Struktur der Lernumgebung ohne und mit Feedbackmaßnahme

Koralle ohne Feedbackmaßnahme	*Koralle mit Feedbackmaßnahme*
1) Einleitung und Instruktion	1) Einleitung und Instruktion
2) Thema Linearität	2) Thema Linearität
Problemlöseaufgabe 1 → Lösungsbeispiel	Problemlöseaufgabe 1 → Lösungsbeispiel
	Verständnistest 1 → Feedback
Problemlöseaufgabe 2 → Lösungsbeispiel	Problemlöseaufgabe 2 → Lösungsbeispiel
	Verständnistest 2 → Feedback
3) Thema heterogene Untergruppen	3) Thema heterogene Untergruppen
Problemlöseaufgabe 3 → Lösungsbeispiel	Problemlöseaufgabe 3 → Lösungsbeispiel
	Verständnistest 3 → Feedback
Problemlöseaufgabe 4 → Lösungsbeispiel	Problemlöseaufgabe 4 → Lösungsbeispiel
	Verständnistest 4 → Feedback
4) Thema Ausreißer	4) Thema Ausreißer
Problemlöseaufgabe 5 → Lösungsbeispiel	Problemlöseaufgabe 5 → Lösungsbeispiel
	Verständnistest 5 → Feedback
Problemlöseaufgabe 6 → Lösungsbeispiel	Problemlöseaufgabe 6 → Lösungsbeispiel
	Verständnistest 6 → Feedback

Die Lernumgebung wurde internetbasiert eingesetzt. Jeder Zugriff auf Seiten der Lernumgebung sowie jede Eingabe (z.B. bei der Bearbeitung der Problemlöseaufgaben oder der Verständnistests) wurde automatisch registriert. Die so erstellten Logfiles lieferten die Basis für die Berechnung der Lernzeit und die Bestimmung der Leistung in der Lernphase.

7.4   Operationalisierung der unabhängigen Variablen

7.4.1   Feedbackmaßnahme

Die Feedbackmaßnahme bestand aus sechs Verständnistests im Multiple-Choice-Format mit unmittelbarer elaborierter Rückmeldung. Die Tests wurden innerhalb der Lernumgebung jeweils nach der Hälfte und am Ende der drei Themenbereiche präsentiert und zielten auf eine Reflexion des Verständnisses des soeben Gelernten ab. Während der Bearbeitung der Verständnistests war es nicht möglich, auf das Glossar (siehe Kapitel 2) zuzugreifen.

Unter den kooperativen Versuchsbedingungen waren die Tests im Team zu bearbeiten; das Feedback gab entsprechend Auskunft über die gemeinsame Leistung. Es handelte sich also um Gruppenfeedback. Eine Beschreibung der Feedbackmaßnahme findet sich in Kapitel 3.

7.4.2   Sozialform

Die Lernumgebung war entweder individuell oder kooperativ in Dyaden zu bearbeiten. Unter den kooperativen Bedingungen saßen die Lernpartner zu zweit vor dem Computer. Vor- und Nachtest sowie sämtliche Fragebögen (siehe Abschnitt 7.6) wurden als Papier-Bleistift-Versionen individuell bearbeitet. Die Probanden wurden während des gesamten Experiments über Monitore beobachtet (siehe Abschnitt 7.5); hierüber wurden sie im Vorfeld informiert.

Bei den Verständnistests kam ein einfaches Kooperationsskript zum Einsatz (siehe Kapitel 4.7). Das Kooperationsskript wurde in der Instruktion erläutert. Die Instruktion lag den Probanden zusätzlich in Papierform vor, so dass sie bei Bedarf nachlesen konnten. Eine genauere Beschreibung der Umsetzung des kooperativen Lernens findet sich in Kapitel 4.

7.5   Untersuchungsablauf

Den Ablauf der Untersuchung gibt Tabelle 7.3 wieder. Die anschließenden Erläuterungen beschreiben die einzelnen Untersuchungsschritte.

Tab. 7.3: Ablauf der Untersuchung

Untersuchungsschritt	*Dauer (ca.)*
1) Einleitende Hinweise	3 min
2) Eingangsdiagnostik	
Vortest zum Wissen über Korrelationsrechnung	10 min
Fragebogen zu weiteren Lernvoraussetzungen	10 min
3) Hinweise zur Lernphase	3 min
4) Lernphase und Prozessdiagnostik	
Bearbeitung der Lernumgebung – Individuell ohne Feedbackmaßnahme ($n = 17$) – Individuell mit Feedbackmaßnahme ($n = 18$) – Kooperativ ohne Feedbackmaßnahme ($n = 50$; 25 Dyaden) – Kooperativ mit Feedbackmaßnahme ($n = 52$; 26 Dyaden)	maximal 200 min
Fragebogen zu motivationalen Prozessvariablen nach der Hälfte der Lernumgebung	1 min
Pausen nach dem ersten Inhaltsbereich und im Anschluss an die Lernphase	je 5 min
Automatische Registrierung der Lernzeit und der Leistung in der Lernphase durch die Lernumgebung	
5) Abschlussdiagnostik	
Nachtest zum Wissen über Korrelationsrechnung	20 min
Fragebogen zu abhängigen metakognitiven und motivationalen Variablen, zu soziodemographischen Aspekten und zur Computererfahrung	10 min

Einleitende Hinweise. Die Versuchsleitung erläuterte den Probanden das Untersuchungsziel. Es wurde verdeutlicht, dass die Lernwirksamkeit des Programms geprüft werden soll und nicht die Lern- bzw. Leistungsfähigkeit der Versuchsteilnehmer. Weiterhin wurde darauf hingewiesen, dass alle Sitzungen über Monitore beobachtet werden. Zudem wurde ein kurzer Überblick über den Ablauf der Untersuchung gegeben.

Eingangsdiagnostik. Mit Hilfe eines Vortests und verschiedener Ratingskalen (siehe Abschnitt 7.6) wurden das themenspezifische Vorwissen und weitere kognitive sowie metakognitive, motivationale und einstellungsbezogene Lernvoraussetzungen erhoben.

Hinweise zur Lernphase. Die Probanden wurden vor der Bearbeitung der Lernumgebung darauf hingewiesen, dass keine Hilfsmittel (Bücher, Vorlesungsskripte etc.) erlaubt sind und dass sie sich auf dem zur Verfügung gestellten Papier Notizen machen können. Weitere Hinweise zur Lernphase erfolgten durch die erste Seite der Lernumgebung. Diese präsentierte Informationen zum Umgang mit Koralle sowie zum Experiment. Es wurde darauf hingewiesen, dass sich die Probanden in die Rolle einer studentischen Hilfskraft hineinversetzen sollen, die in einer Forschungsgruppe wissenschaftliche Aufgaben ausführt (eine nähere Erläuterung der fiktiven Rahmensituation erfolgte auf der nächsten Seite der Lernumgebung). Den Studierenden wurde weiterhin mitgeteilt, dass in diesem Kontext drei Themen der Korrelationsrechnung behandelt werden: „Linearität", „heterogene Untergruppen" und „Ausreißer". Weiterhin wurde auf das Glossar und dessen Nutzungsmöglichkeiten aufmerksam gemacht.

Hingewiesen wurde zudem auf die Möglichkeit, bei entsprechenden Mitteilungen durch die Lernumgebung Pausen einzulegen, und darauf, dass der (verdeckt) bereitliegende Fragebogen erst nach Aufforderung durch die Lernumgebung anzusehen und zu bearbeiten ist. Es wurde außerdem verdeutlicht, dass es im Experiment nicht auf Geschwindigkeit ankommt und dass nicht die Probanden getestet werden sollen, sondern die Lernumgebung.

Innerhalb der kooperativen Bedingungen wurde zusätzlich angemerkt, dass sich beide Lernpartner aktiv an der Bearbeitung der Lernumgebung beteiligen sollen und dass die Gelegenheit zu nutzen ist, mit dem Lernpartner zu diskutieren und gemeinsam Verständnisschwierigkeiten auszuräumen. Es wurde darauf hingewiesen, dass nach Möglichkeit Lösungen zu finden sind, mit denen beide Lernpartner einverstanden sind. Die Instruktionsseite lag zusätzlich in Papierform vor, war also auch während der Lernphase einsehbar.

Lernphase und Prozessdiagnostik. Es folgte die Bearbeitung der Lernumgebung. Nach der Hälfte der Lernumgebung wurden die Studierenden durch Koralle aufgefordert, den in einer Mappe bereitliegenden Kurzfragebogen zu bearbeiten. Der Fragebogen bezog sich auf motivationale Prozessaspekte. Pausen konnten nach Bearbeitung des ersten Inhaltsbereichs sowie nach der Lernphase gemacht werden;

entsprechende Hinweise erschienen automatisch innerhalb der Lernumgebung. Die Lernzeit wurde zugunsten der ökologischen Validität nur geringfügig auf maximal 200 Minuten begrenzt. Die realisierte Lernzeit sowie sämtliche Eingaben der Lernenden innerhalb der Lernumgebung wurden automatisch registriert.

Abschlussdiagnostik. Im Anschluss an die Lernphase waren ein weiterer Wissenstest sowie ein Fragebogen zu abhängigen metakognitiven und motivationalen Variablen zu bearbeiten (siehe Abschnitt 7.6). Es wurden zudem soziodemographische Aspekte erfragt (Alter, Geschlecht, Studienfach, Anzahl der Fachsemester). Außerdem war die eigene Erfahrung mit Computern auf einer sechsstufigen Skala (1 = „sehr viel" bis 6 = „keine") einzuschätzen (diese Variable wurde für die Auswertung umgepolt, so dass das theoretische Maximum wie bei den anderen über Ratingskalen erfassten Variablen bei 6 lag; siehe Abschnitt 7.6). Der Fragebogen wurde im Anschluss an den Wissenstest vorgelegt, da innerhalb der Befragung unter anderem die eigene Leistung im Nachtest einzuschätzen war.

Versuchsleitung. Die Versuche wurden durch die Verfasserin dieser Arbeit und durch zwei Studentinnen der Pädagogik durchgeführt. Die Studentinnen wurden vor Beginn der Untersuchung ausführlich instruiert und während der Untersuchungsphase durch die Verfasserin supervidiert; ihnen stand weiterhin eine schriftliche Anleitung für die Versuchsdurchführung zur Verfügung. Die Versuchsleiterinnen beobachteten alle Sitzungen von einem Kontrollraum aus. In den Versuchsräumen befanden sich Kameras, die die Sitzungen auf Monitore im Kontrollraum übertrugen. Für jeden Lernenden bzw. jede Dyade gab es zwei Monitore: Einer zeigte die Lernenden, einer den Computerbildschirm. Zudem wurde der Ton übertragen.[1] Die Versuchsleiterinnen sollten die Interaktion verfolgen; es war darauf zu achten, ob sich beide Lernpartner aktiv beteiligen und ob sich die Lernpartner über die Inhalte der Lernumgebung austauschen. Die Probanden wurden über die Beobachtung informiert. Die Information erfolgte nicht nur aus ethischen Gründen, sondern sollte zudem verdeutlichen, dass eine gewisse Kontrolle vorhanden ist (ähnlich wie im Klassenraum).

---

1   Einzelne Sitzungen wurden auf Video aufgezeichnet; die Videobänder wurden jedoch bisher angesichts der insgesamt großen Datenmenge nicht systematisch ausgewertet. Dies soll im Rahmen einer Magisterarbeit erfolgen.

7.6   Instrumente

Vorwissen und Lernerfolg wurden anhand von Wissenstests erhoben. Die Leistung
in der Lernphase und die Lernzeit wurden anhand der Logfiles bestimmt. Die Erfassung weiterer kognitiver Aspekte sowie metakognitiver, motivationaler und einstellungsbezogener Variablen erfolgte anhand von Selbsteinschätzungen auf sechsstufigen Ratingskalen.

Die Ratingskalen waren in Anlehnung an existierende und bereits erprobte Instrumente konstruiert worden. Die Antwortmöglichkeiten reichten im Regelfall von
„stimmt überhaupt nicht" bis „stimmt genau"; Abweichungen werden bei der nachfolgenden Beschreibung der Skalen erwähnt. Die Skalen wurden zunächst im Rahmen einer Vorlesung zu Forschungsmethoden und Statistik an einer Stichprobe von
$N = 276$ erprobt. Items, die die Reliabilität einer Skala beeinträchtigten oder sich
als nicht trennscharf erwiesen, wurden eliminiert.

Vor- und Nachtest sowie die Ratingskalen waren nicht Bestandteil der Lernumgebung, sondern wurden als Papier-Bleistift-Versionen vorgegeben, so dass auch innerhalb der kooperativen Experimentalgruppen eine individuelle Bearbeitung möglich war. Im Folgenden werden die einzelnen Instrumente erläutert. Angaben zur
Reliabilität der Ratingskalen beziehen sich auf die Schätzung der internen Konsistenz nach Cronbach (Cronbachs Alpha).

7.6.1   Erfassung von Lernvoraussetzungen

7.6.1.1 Kognitive Lernvoraussetzungen

Hinsichtlich kognitiver Lernvoraussetzungen wurden das themenspezifische Vorwissen und die letzte Mathematikschulnote erfasst.

Vorwissen. Zur Bestimmung des themenspezifischen Vorwissens wurde ein drei
Aufgaben umfassender Vortest eingesetzt, der bereits in der ersten Studie zur Lernumgebung Koralle (Tyroller, 2005) zum Einsatz kam. Auf einen längeren Vortest
wurde verzichtet, um die Lernenden nicht durch zu umfangreiche Datenerhebungen

zu demotivieren. Tabelle 7.4 gibt einen Überblick über die einzelnen Aufgaben und das Auswertungsschema.

Tab. 7.4: Vortest: Aufgaben und Auswertungsschema

Aufgabe	*Auswertungsschema*	
1) Was misst der Korrelationskoeffizient?	1 (oder 0,25	Zusammenhangsmaß Abhängigkeitsmaß oder andere vage Beschreibungen)
	1	linearer Zusammenhang
	1 (oder 0,25 *Max.: 3*	Maß für Stärke und Richtung des Zusammenhangs (je 0,5 Punkte für „Stärke" und „Richtung") intervallskalierte Daten bzw. andere Eigenschaften des Korrelationskoeffizienten)
2) Skizzieren Sie zu jedem der folgenden Korrelationskoeffizienten schematisch ein Streuungsdiagramm mit Regressionsgerade: $r = 0$, $r = 1$, $r = -.7$.	$r = 0$: 0,75 0,25 $r = 1$: 0,25 0,75 (oder 0,5 $r = -.7$: 0,75 0,25 1 *Max.: 4*	Gerade parallel zur x- oder y-Achse oder kreisförmiger Punkteschwarm ohne Gerade kreisförmiger Punkteschwarm mit Gerade parallel zur x- oder y-Achse Gerade hat positive Steigung Punkte liegen auf Regressionsgerade 45°-Winkel eingezeichnet) Gerade hat negative Steigung plausibler Punkteschwarm um Regressionsgerade Gerade für $r = 1$ ist deutlich steiler als Gerade für $r = -.7$
3) In einer Untersuchung an 16 Probanden stellt ein Wissenschaftler fest, dass die Variablen „Intelligenz" und „Studienerfolg" in Höhe von $r = .12$ korrelieren. Bald findet er heraus, dass diese niedrige Korrelation durch einen sogenannten „Ausreißer" zustande gekommen ist. Was heißt das?	1 (oder 0,5 0,5 1 0,5 0,5 0,75 (oder 0,25 0,75 *Max.: 5*	Ausreißer liegen in deutlicher Entfernung zu den anderen Datenpunkten für ungenaue/vage Beschreibungen dieses Sachverhalts) Bezug auf Beispiel Ausreißer können den Wert des Korrelationskoeffizienten heben oder senken Bezug auf Beispiel: r sinkt Frage nach Eliminierung des Ausreißers (z.B. „Ausreißer darf eliminiert werden, wenn es die Datenlage erlaubt") am Beispiel: gute Gründe für Eliminierung/Erklärung für Ausreißer am Beispiel: schlechte Gründe für Eliminierung/Erklärung für Ausreißer) Eliminierung des Ausreißers führt zu Erhöhung der Korrelation

Mit Hilfe der ersten Aufgabe wird Faktenwissen, also deklaratives Wissen (siehe Kapitel 2.1.2) zum Korrelationskoeffizienten erfasst. Mit der zweiten Aufgabe soll überprüft werden, inwieweit die Probanden in der Lage sind, deklaratives Wissen (z.b. „bei einem Korrelationskoeffizienten von 0 besteht kein linearer Zusammenhang") in adäquate graphische Darstellungen umzusetzen; es wird festgestellt, inwieweit ein mentales Modell (d.h. analoges Wissen) vorliegt. Hier ist also inhaltliches Verständnis erforderlich. Bei der dritten Aufgabe ist eine authentische Problemstellung zum Thema Ausreißer zu bearbeiten. Mit dieser Aufgabe soll geprüft werden, inwieweit vorhandenes Wissen angewendet werden kann; hier geht es also neben deklarativem auch um prozedurales und konditionales Wissen.

Zur erfolgreichen Bearbeitung des Vortests sind Grundkenntnisse des Korrelationsbegriffs erforderlich. Die Aufgabenschwierigkeit nimmt von Aufgabe zu Aufgabe zu, es sind zunehmend umfangreichere Kenntnisse und auch mehr Wissensarten erforderlich. Entsprechend liegt das theoretische Maximum der ersten Aufgabe bei 3, das der zweiten Aufgabe bei 4 und das der letzten Aufgabe bei 5 Punkten. Insgesamt konnten also maximal 12 Punkte erzielt werden. Tabelle 7.5 gibt die Interkorrelationen der Vortestaufgaben wieder.

Tab. 7.5: Interkorrelationen der Vortestaufgaben

	(2)	(3)
(1) Vortestaufgabe 1	.41*	.22*
(2) Vortestaufgabe 2		.32*
(3) Vortestaufgabe 3		

Anmerkung. * $p < .05$, einseitige Signifikanzprüfung[2]

Die Vortestaufgaben korrelierten nur in geringer bzw. mittlerer Höhe miteinander. Die Reliabilität des Vortests betrug entsprechend nur .60. Bei der Testkonstruktion wurde darauf geachtet, dass unterschiedliche Wissensaspekte erfasst werden, die aus theoretischer Sicht nicht zusammenhängen müssen – beispielsweise kann viel Faktenwissen vorliegen, jedoch kein oder wenig anwendbares Wissen. Es wurde also bewusst ein eher heterogener Test entwickelt, der das Konstrukt „Wissen über Korrelationsrechnung" trotz weniger Aufgaben möglichst umfassend und damit valide erfasst. Dies geht zu Lasten der über die interne Konsistenz geschätzten Relia-

---

2   Für die gesamte Arbeit wurde ein Signifikanzniveau von .05 festgelegt.

bilität. Die interne Konsistenz bildet die Homogenität eines Tests ab; bei heterogenen Tests *unterschätzt* sie daher die Reliabilität (Bortz & Döring, 2006).

Mathematiknote. Für die Einschätzung der mathematischen Kompetenz wurde die
letzte Mathematikschulnote bzw. die letzte Punktzahl erfragt; Punkte wurden für
die Auswertung in Noten übersetzt.

7.6.1.2 Metakognitive Lernvoraussetzungen

Bezüglich metakognitiver Lernvoraussetzungen wurden Selbsteinschätzungen des
metakognitiven Wissens, der metakognitiven Kontrolle und der metakognitiven
Sensitivität erhoben. Basis der entwickelten Skalen waren der Motivated Strategies
for Learning Questionnaire (MSLQ; Pintrich, Smith, Garcia & McKeachie, 1991,
1993), das Learning and Study Strategies Inventory (LASSI; Weinstein, Palmer &
Schulte, 1987; vgl. auch Weinstein, 1994), das Kieler Lernstrategien-Inventar (KSI;
Baumert, Heyn & Köller, 1992), das Inventar zur Erfassung von Lernstrategien im
Studium (LIST; Wild, Schiefele & Winteler, vgl. zusammenfassend Wild & Schie-
fele, 1994) sowie Items von Tyroller (2005).

Die Skala zum metakognitiven Wissen umfasste die Aspekte „Wissen über das eigene Wissen", „Wissen über das eigene Lernen" und „Wissen über die Fähigkeit
zur Selbsteinschätzung". Die Skala zur metakognitiven Kontrolle bezog sich auf
die Planung, Überwachung und Regulation von Lernaktivitäten. Die Skala zur metakognitiven Sensitivität erfasste die Selbsteinschätzung intuitiver Aspekte der Metakognition. Tabelle 7.6 gibt einen Überblick über die verwendeten Skalen und die
jeweiligen Reliabilitätskoeffizienten.

Interkorrelationen ergaben nur mittlere Zusammenhänge zwischen den Aspekten
(siehe Tabelle 7.7). Es war daher nicht angezeigt, Variablen zusammenzufassen.
Die metakognitiven Lernvoraussetzungsaspekte wurden also – den zugrundeliegenden theoretischen Überlegungen entsprechend – einzeln betrachtet.

Tab. 7.6: Skalen zur Erfassung metakognitiver Lernvoraussetzungen. Beispielitems, Itemanzahl und interne Konsistenz (Cronbachs α) (Min.–Max.: 1–6)

Variable	Beispielitem	N	α
Metakognitives Wissen	Ich weiß, wie ich beim Lernen vorgehen muss, damit ich am besten lerne.	11	.63
Metakognitive Kontrolle	Wenn ich lerne, überlege ich zwischendurch, ob ich eigentlich sinnvoll vorgehe.	12	.80
Metakognitive Sensitivität	Beim Lernen spüre ich, ob ich gerade besonders aufnahmefähig bin.	4	.56

Tab. 7.7: Interkorrelationen der Skalen zur Erfassung metakognitiver Lernvoraussetzungen

	(2)	(3)
(1) Metakognitives Wissen	.44*	.39*
(2) Metakognitive Kontrolle		.29*
(3) Metakognitive Sensitivität		

Anmerkung. * $p < .05$, einseitige Signifikanzprüfung

7.6.1.3 Motivationale Lernvoraussetzungen

Die Erhebung motivationaler Lernvoraussetzungen erfolgte anhand verschiedener Skalen zu Erwartungs- und Wertaspekten der Motivation.

Erwartungsaspekte der Motivation. Hinsichtlich der Erwartungskomponente wurden Leistungsmotive und das themenspezifische Selbstkonzept (Selbstkonzept bezüglich der Fähigkeiten in Korrelationsrechnung) erhoben. Die Leistungsmotive „Hoffnung auf Erfolg" und „Furcht vor Misserfolg" wurden mit Hilfe von Items der Achievement Motives Scale (Gjesme & Nygård, 1970) in der Übersetzung von Göttert und Kuhl (1980) erfasst. Angesichts der Länge des Instruments und der Tatsache, dass in dieser Studie weitere Aspekte erhoben werden sollten, war eine Auswahl nötig. Ausschlaggebend war das Kriterium der Inhaltsvalidität (Bortz & Döring, 2006): Es wurde versucht, das Konstrukt auch mit wenigen Items möglichst umfassend abzubilden. Das themenspezifische Selbstkonzept wurde anhand von Items von Tyroller (2005) erhoben.

Wertaspekte der Motivation. Bezüglich der Wertkomponente wurden Lernzielorientierung, Anstrengungsvermeidung sowie das themenspezifische Interesse (Interesse an Korrelationsrechnung) erfasst. Die Skalen zur Erfassung der Lernzielorientierung und der Anstrengungsvermeidung wurden in Anlehnung an den General Motivational Orientation Questionnaire (Nicholls, Patashnick & Nolen, 1985)
konstruiert. Das themenspezifische Interesse wurde anhand einer Skala von Tyroller (2005) erhoben.

Tabelle 7.8 gibt einen Überblick über die verwendeten Skalen und deren Reliabilitätskoeffizienten.

Tab. 7.8: Skalen zur Erfassung motivationaler Lernvoraussetzungen. Beispielitems, Itemanzahl und interne Konsistenz (Cronbachs α) (Min.–Max.: 1–6)

Variable	Beispielitem	N	α
Erwartungskomponente			
Hoffnung auf Erfolg	Probleme, die schwierig zu lösen sind, reizen mich.	6	.72
Furcht vor Misserfolg	Es beunruhigt mich, etwas zu tun, wenn ich nicht si- cher bin, dass ich es kann.	6	.86
Themenspezifisches Selbstkonzept a priori	Ich glaube, dass ich Korrelationsrechnung verstehen kann.	4	.78
Wertkomponente			
Lernzielorientierung	Beim Lernen fühle ich mich besonders erfolgreich, wenn ich einen schwierigen Sachverhalt verstanden habe.	7	.76
Anstrengungs- vermeidung	Beim Lernen fühle ich mich besonders erfolgreich, wenn das Lernen nicht so aufwändig ist.	3	.78
Themenspezifisches Interesse a priori	Es macht mir Spaß, mich mit Konzepten und Prinzi- pien der Korrelationsrechnung zu beschäftigen.	6	.81

Interkorrelationen der motivationalen Aspekte ergaben nur geringe bis mittlere,
z.T. nicht-signifikante Zusammenhänge zwischen den Variablen (siehe Tabelle
7.9). Es war daher nicht angezeigt, Variablen zusammenzufassen; alle motivationalen Lernvoraussetzungsaspekte wurden also – den zugrundeliegenden theoretischen
Überlegungen entsprechend – einzeln betrachtet.

Tab. 7.9: Interkorrelationen der Skalen zur Erfassung motivationaler Lernvoraussetzungen

	(2)	(3)	(4)	(5)	(6)
(1) Hoffnung auf Erfolg	-.27*	.33*	.32*	-.03	.38*
(2) Furcht vor Misserfolg		-.28*	-.20*	.12	-.14
(3) Themenspezifisches Selbstkonzept a priori			.04	-.13	.31*
(4) Lernzielorientierung				-.24*	.14
(5) Anstrengungsvermeidung					-.02
(6) Themenspezifisches Interesse a priori					

Anmerkung. * $p < .05$, zweiseitige Signifikanzprüfung

7.6.1.4 Einstellungen zu verschiedenen Sozialformen beim Lernen

Es wurden die Einstellungen zu verschiedenen Sozialformen beim Lernen (individuell, kooperativ, kompetitiv) erfragt. Alle Skalen wurden auf der Basis der Social Interdependence Scale von D. W. Johnson und Norem-Hebeisen (1979) entwickelt. Tabelle 7.10 zeigt die verwendeten Skalen und deren Reliabilitätskoeffizienten.

Tab. 7.10: Skalen zur Erfassung der Einstellung zu verschiedenen Sozialformen. Beispielitems, Itemanzahl und interne Konsistenz (Cronbachs α) (Min.–Max.: 1–6)

Variable	*Beispielitem*	N	α
Einstellung zum individuellen Lernen	Ich lerne am liebsten allein.	3	.87
Einstellung zum kooperativen Lernen	Ich helfe anderen gern beim Lernen.	5	.76
Einstellung zum kompetitiven Lernen	Konkurrenzsituationen sind für mich eine willkommene Herausforderung.	3	.87

Die Interkorrelationen der Variablen reichten nicht aus, um Variablen zu einer Skala zusammenzufassen (siehe Tabelle 7.11). Die Aspekte wurden also den theoretischen Überlegungen entsprechend einzeln betrachtet.

Tab. 7.11: Interkorrelationen der Skalen zur Erfassung der Einstellung zu verschiedenen Sozialformen

	(2)	(3)
(1) Einstellung zum individuellen Lernen	-.71*	-.03
(2) Einstellung zum kooperativen Lernen		.15
(3) Einstellung zum kompetitiven Lernen		

Anmerkung. $* p < .05$, zweiseitige Signifikanzprüfung

7.6.2   Erfassung abhängiger Variablen

7.6.2.1 Kognitive Variablen

Hinsichtlich kognitiver Ergebnisvariablen wurden der Lernerfolg, der Lernfortschritt und die Leistung in der Lernphase betrachtet. Innerhalb der kooperativen Bedingungen wurde zudem die Wissenskonvergenz bestimmt, also die Homogenität der Dyaden hinsichtlich des Lernerfolgs.

Lernerfolg. Der Lernerfolg wurde direkt nach der Lernphase mit Hilfe eines fünf Aufgaben umfassenden Nachtests erfasst, der bereits in der ersten Studie zur Lernumgebung Koralle (Tyroller, 2005) zum Einsatz kam. Tabelle 7.12 gibt einen Überblick über die einzelnen Aufgaben und das Auswertungsschema. Die Aufgaben eins und drei sind identisch mit den Aufgaben eins und zwei des Vortests. Diese beiden Aufgaben erfordern deklaratives Wissen (Aufgabe 1) und die Umsetzung in adäquate graphische Darstellungen, also analoges Wissen sowie Verständnis (Aufgabe 3). Bei der zweiten Aufgabe ist eine authentische Problemstellung zu bearbeiten; mit dieser Aufgabe soll vor allem geprüft werden, inwieweit vorhandenes Wissen auf authentische Fragestellungen angewendet werden kann. Hier ist also neben deklarativem auch prozedurales und konditionales Wissen gefragt. Bei Aufgabe vier gilt es erneut, Wissen graphisch umzusetzen. Zudem ist die Darstellung zu erläutern. Hier ist also neben deklarativem Wissen ebenfalls analoges Wissen und Verständnis notwendig. Aufgabe fünf besteht aus einer weiteren authentischen Problemlöseaufgabe; bei dieser Aufgabe ist jedoch eine gegenüber den Aufgaben der Lernumgebung neuartige Datenlage zu berücksichtigen (es liegen drei anstatt zwei heterogene Untergruppen vor), hier ist also neben deklarativem Wissen und

Verständnis insbesondere prozedurales und konditionales Wissen erforderlich, das einen Transfer ermöglicht.

Tab. 7.12: Nachtest: Aufgaben und Auswertungsschema

Aufgabe	*Auswertungsschema*	
1) Was misst der Korrelationskoeffizient?	1 (oder 0,25	Zusammenhangsmaß Abhängigkeitsmaß/andere vage Beschreibungen)
	1	linearer Zusammenhang
	1	Maß für Stärke und Richtung des Zusammenhangs (je 0,5 Punkte für „Stärke" und „Richtung")
	(oder 0,25 *Max.: 3*	intervallskalierte Daten bzw. andere Eigenschaften des Korrelationskoeffizienten)
2) Ein Bekannter von Ihnen, der gerade an einer Forschungsarbeit schreibt, bittet Sie um Ihren Rat. Er hat an 20 Psychologiestudenten den Zusammenhang von Prüfungsangst, bezogen auf Statistik, und Prüfungsleistung untersucht. Mit einem gut validierten Fragebogen erhob er die Prüfungsangst der Studenten, außerdem verwendete er einen etablierten Intelligenztest zur Messung der Intelligenz seiner Probanden. Als Maß für die Prüfungsleistung nahm er die Note aus der Statistikprüfung, die seine Probanden vor kurzem absolvierten. Prüfungsangst und Prüfungsleistung korrelierten in Höhe von $r = -.18$, erwartet hatte Ihr Bekannter jedoch eine Korrelation in der Größenordnung von $r = -.6$. a) Wie sollte Ihr Bekannter vorgehen, um eine mögliche Erklärung für die erwartungswidrig niedrige Korrelation zu finden? b) Welche Faktoren kommen eventuell als Erklärung für die erwartungswidrig niedrige Korrelation in Frage?	a) 1 (oder 0,25 b) 0,5 0,5 0,5 0,5 0,5 0,5 (oder 0,25–1,5 *Max.: 4*	Streuungsdiagramm und/oder Rohdaten inspizieren plausible Alternative) Ausreißer plausible Erklärung (z.B. Ausreißer können den Wert des Korrelationskoeffizienten senken) Bezug auf Beispiel heterogene Untergruppen plausible Erklärung (z.B. heterogene Untergruppen können den Wert des Korrelationskoeffizienten für die Gesamtgruppe senken) Bezug auf Beispiel andere Faktoren mit korrekter Beschreibung, plausibler Erklärung, Bezug auf Beispiel)
3) Skizzieren Sie zu jedem der folgenden Korrelationskoeffizienten schematisch ein Streuungsdiagramm mit Regressionsgerade: $r = 0$, $r = 1$, $r = -.7$.	*r = 0:* 0,75 0,25 *r = 1:* 0,25 0,75 (oder 0,5 *r = -.7:* 0,75 0,25 1 *Max.: 4*	Gerade parallel zur x- oder y-Achse oder kreisförmiger Punktschwarm ohne Gerade zusätzlich: kreisförmiger Punkteschwarm bzw. Gerade parallel zur x- oder y-Achse Gerade hat positive Steigung Punkte liegen auf Regressionsgerade 45°-Winkel eingezeichnet) Gerade hat negative Steigung plausibler Punkteschwarm um Regressionsgerade Gerade für $r = 1$ ist deutlich steiler als Gerade für $r = -.7$

(Forts. Tab. 7.12)

Aufgabe	Auswertungsschema	
4) Skizzieren Sie ein Streuungsdiagramm für zwei Variablen, zwischen denen *kein* linearer Zusammenhang besteht.	1	kreisförmiger bzw. nicht-linearer Punkteschwarm
Begründen Sie kurz, woran man *sieht*, dass zwischen den Variablen in Ihrem Diagramm kein linearer Zusammenhang besteht.	2	Begründung: Die Datenpunkte lassen sich nicht sinnvoll/eindeutig durch (genau) eine Gerade anpassen (1 Punkt bei Sätzen wie „eine Gerade kann gezeichnet werden")
	(oder 0,5–2	unvollständige/fehlerhafte alternative Begründung bis alternative Begründung gleicher Güte wie oben)
	0,5	sondern durch eine Kurve bei nicht-linearen Zusammenhängen
	Max.: 3,5	
5) Ein Wissenschaftler entwickelt eine neue Lernmethode zum kaufmännischen Rechnen, die sich vor allem zum autodidaktischen Studium am Computer eignet.	1	Gesamtgruppe setzt sich aus *drei* heterogenen Untergruppen zusammen
	(oder 0,5	Gesamtgruppe setzt sich aus heterogenen Untergruppen zusammen)
Am Ende eines Pilotprojekts vergleicht er die Lernzeit mit 24 Berufsschülern mit deren Leistungen, die er mit einem Wissenstest zum	0,5	korrekte Beschreibung der Untergruppen
kaufmännischen Rechnen erhoben hat. Dieser Test hat ein theoretisches Maximum von 40 Punkten, die Lernzeit wurde in Minuten gemessen. Außerdem hat er Daten zum Alter der Studenten und deren Vorerfahrung mit Computern	1	Probanden mit weniger Computererfahrung benötigen für vergleichbare Leistungen im Wissenstest mehr Lernzeit als Probanden mit mehr Computererfahrung, Computererfahrung als Moderatorvariable
erhoben. Hierbei verwendete er eine Skala von 1 bis 5 (mit 1 = keine Vorfahrung und 5 = sehr viel Vorerfahrung).	1	Korrelationskoeffizient von $r = .24$ ist irreführend in Bezug auf die tatsächliche Stärke des Zusammenhangs von Lernzeit und Leistung
Wider Erwarten beträgt die Korrelation zwischen der Lernzeit und der Leistung im Wissenstest $r = .24$. Der Wissenschaftler hat mit einer Korrelation in der Größenordnung von $r = .8$ gerechnet.	1,5	Innerhalb der Untergruppen ist Zusammenhang stärker/Korrelation höher als bei Gesamtgruppe
Gibt die Höhe des Korrelationskoeffizienten in der Größenordnung von $r = .24$ die „tatsächli-	(oder 1	Zusammenhang ist tatsächlich stärker/Korrelation ist höher)
che" Stärke des Zusammenhangs von Lernzeit und Leistung im Wissenstest wieder? Beantworten Sie diese Frage anhand des Streuungsdiagramms und der Tabelle.[1]	0,25–0,5	plausible Schätzung des Korrelationskoeffizienten bzw. der einzelnen Korrelationskoeffizienten in den Untergruppen
	Max.: 5,5	

Anmerkung. [1] Streuungsdiagramm und Tabelle von Aufgabe 5 zeigt Abbildung 7.1

Im Nachtest konnten insgesamt maximal 20 Punkte erreicht werden. Angesichts des anspruchsvollen Tests ist eine Punktzahl von mindestens 7 als Indikator für ein ausreichendes Verständnis der Inhalte, also einen ausreichenden Lernerfolg zu werten. Die Interkorrelationen der Nachtestaufgaben gibt Tabelle 7.13 wieder.

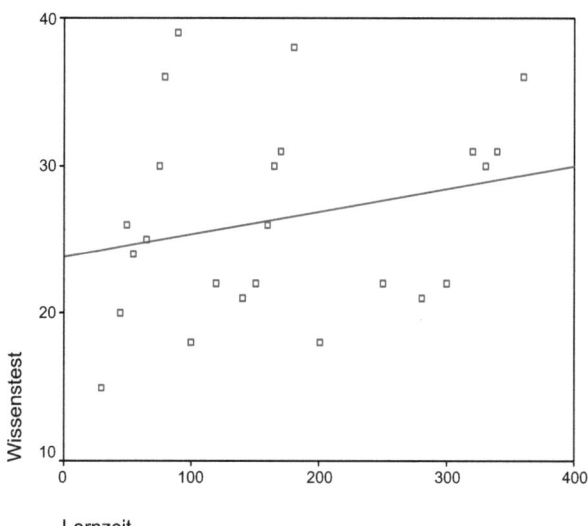

Proband	Wissenstest	Lernzeit	Alter	Vorerfahrung mit Computern
1	36	360	20	keine
2	31	340	21	keine
3	30	330	22	keine
4	31	320	21	keine
5	22	300	23	keine
6	21	280	21	keine
7	22	250	20	keine
8	18	200	22	keine
9	38	180	21	mittel
10	31	170	20	mittel
11	30	165	19	mittel
12	26	160	22	mittel
13	22	150	23	mittel
14	21	140	19	mittel
15	22	120	22	mittel
16	18	100	23	mittel
17	39	90	22	viel
18	36	80	21	sehr viel
19	30	76	23	viel
20	25	65	21	viel
21	24	55	20	sehr viel
22	26	50	22	sehr viel
23	20	45	21	viel
24	15	30	20	sehr viel

Abb. 7.1: Streuungsdiagramm und Tabelle von Nachtestaufgabe 5

Tab. 7.13: Interkorrelationen der Nachtestaufgaben

	(2)	(3)	(4)	(5)
(1) Nachtestaufgabe 1	.27*	.10	.08	.10
(2) Nachtestaufgabe 2		.21*	.35*	.30*
(3) Nachtestaufgabe 3			.26*	.38*
(4) Nachtestaufgabe 4				.24*
(5) Nachtestaufgabe 5				

Anmerkung. * $p < .05$, einseitige Signifikanzprüfung

Da die einzelnen Nachtestaufgaben nur in geringer bzw. mittlerer Höhe oder gar nicht miteinander korrelierten, wurden diese in der Auswertung zusätzlich getrennt betrachtet. Aufgrund der eher geringen Interkorrelationen betrug die Reliabilität des Nachtests nur .60. Bei der Testkonstruktion wurde auf eine umfassende Erfassung des Wissens über Korrelationsrechnung geachtet, die der Heterogenität und Komplexität des Konstrukts annähernd gerecht wird und damit möglichst valide ist. Dies geht zu Lasten der über die interne Konsistenz geschätzten Reliabilität, die die *Homogenität* eines Tests wiedergibt und damit bei heterogenen Tests die Reliabilität unterschätzt (Bortz & Döring, 2006).

Lernfortschritt. Die beiden Aufgaben, die in Vor- und Nachtest identisch waren, dienten der Erfassung des Lernfortschritts; das theoretische Maximum dieser beiden Aufgaben betrug 7 Punkte.

Wissenskonvergenz. Die Wissenskonvergenz wurde jeweils anhand der Differenz der Nachtestpunktzahlen der beiden Lernpartner bestimmt. Je geringer diese Differenz ausfiel, desto ähnlicher waren sich die Lernpartner nach der Lernphase bezüglich ihres Lernerfolgs.

Leistung in der Lernphase. Die Leistung in der Lernphase wurde anhand der Logfiles bestimmt. Datengrundlage waren die (freien) Antworten der Lernenden bei den Problemlöseaufgaben und die (gebundenen) Antworten innerhalb der Verständnistests der Feedbackmaßnahme. Bei den Verständnistests wurde für jede korrekte Antwort (richtiges Item angekreuzt oder falsches Item nicht angekreuzt) ein Punkt vergeben. Da jeder der Tests zwölf Items umfasste, konnten pro Test zwölf

Punkte erzielt werden. Für alle Problemlöseaufgaben und Verständnistests war ein tieferes Verständnis sowie anwendbares Wissen erforderlich.[3]

Da in den kooperativen Bedingungen sowohl die Beispielaufgaben als auch die Verständnistests zu zweit zu bearbeiten waren, handelt es sich jeweils um Gruppenleistungen. Anders als beim Lernerfolg, der über den individuell zu bearbeitenden Nachtest erfasst wurde (siehe Abschnitt 7.6.2.1), ließen sich bei den Problemlöseaufgaben und Verständnistests also in der Auswertung Gruppenprodukte mit individuellen Leistungen vergleichen.

7.6.2.2 Metakognitive Variablen

Hinsichtlich abhängiger metakognitiver Variablen wurde die Mindfulness in der Lernphase erfasst sowie die Validität der Selbstbeurteilung von Vor- und Nachtestleistung bestimmt.

Mindfulness. Die Mindfulness wurde im Anschluss an die Bearbeitung der Lernumgebung retrospektiv anhand einer vier Items umfassenden, selbst konstruierten Skala erfasst (Beispielitem: „Bei der Arbeit mit Koralle habe ich intensiv über die Inhalte nachgedacht."). Die Reliabilität der Skala lag bei .75.

Validität der Selbstbeurteilung. Zur Bestimmung der Validität der Selbstbeurteilung wurden die Probanden gebeten, ihre Leistungen in Vor- und Nachtest sowie in den Aufgaben der Lernumgebung anhand einer Notenskala von 1 (sehr gut) bis 6 (sehr schlecht) zu bewerten. Die Selbstbeurteilungen (subjektive Leistung) wurden in der Auswertung zur Punktzahl in Vor- und Nachtest („objektive" Leistung) in Beziehung gesetzt; auf diese Weise wurde die Güte der Selbstbeurteilung, also ein Aspekt metakognitiver Kompetenz bestimmt.

7.6.2.3 Motivationale Variablen

Ebenso wie bei den motivationalen Lernvoraussetzungen wurden auch bezüglich abhängiger motivationaler Variablen Erwartungs- und Wertaspekte erhoben. Im

---

3 Sämtliche Tests und Aufgaben sowie das Auswertungsschema für die Problemlöseaufgaben können bei der Autorin angefordert werden (u.krause@mx.uni-saarland.de).

Hinblick auf die Erwartungskomponente wurden die Selbstwirksamkeit (Prozessvariable), das themenspezifische Selbstkonzept sowie die themenspezifische Kompetenzeinschätzung erfasst. In Bezug auf die Wertkomponente wurden die intrinsische Motivation (Prozessvariable) und das themenspezifische Interesse erhoben, außerdem die Akzeptanz der Lernumgebung und – innerhalb der kooperativen Bedingungen – die Akzeptanz der Teamarbeit. Das themenspezifische Selbstkonzept und das themenspezifische Interesse wurden ebenfalls vor der Lernphase erfasst (siehe Abschnitt 7.6.1.3). Anhand dieser beiden Variablen wurden Motivationsänderungen durch die Arbeit mit der Lernumgebung bestimmt.

Die Prozessvariablen Selbstwirksamkeit und intrinsische Motivation wurden während der Lernphase erfasst. Da beide Variablen nach der Hälfte der Lernumgebung erhoben wurden, kann davon ausgegangen werden, dass beide Aspekte durch die Lernbedingung beeinflusst wurden; die Variablen können demnach als abhängige Variablen betrachtet werden. Tabelle 7.14 zeigt die verwendeten Skalen und die jeweiligen Reliabilitätskoeffizienten.

Tab. 7.14: Skalen zur Erfassung abhängiger Motivationsvariablen. Beispielitems, Itemanzahl und interne Konsistenz (Cronbachs α) (Min.–Max.: 1–6)

Variable	Beispielitem	N	α
Erwartungskomponente			
Selbstwirksamkeit (Prozessvariable)	Ich glaube, meine momentanen Leistungen sind sehr gut.	3	.81
Themenspezifisches Selbstkonzept a posteriori	Ich glaube, dass ich Korrelationsrechnung verstehen kann.	4	.85
Themenspezifische Kompetenzeinschätzung[1]	–	1	–
Wertkomponente			
Intrinsische Motivation (Prozessvariable)	Das Lernen macht mir gerade richtig Spaß.	3	.78
Themenspezifisches Interesse a posteriori	Es macht mir Spaß, mich mit Konzepten und Prinzipien der Korrelationsrechnung zu beschäftigen.	6	.89
Akzeptanz der Lernumgebung	Ich würde gern öfter mit solchen Lernumgebungen lernen.	9	.81
Akzeptanz der Teamarbeit	Durch das gemeinsame Lernen habe ich mehr gelernt, als wenn ich allein gelernt hätte.	8	.74

Anmerkung. [1] Die Kompetenzeinschätzung erfolgte anhand einer Notenskala.

Für die Erhebung der themenspezifischen Kompetenzeinschätzung wurden die Probanden gebeten, ihre Kenntnisse in Korrelationsrechnung auf einer Notenskala von 1 (sehr gut) bis 6 (sehr schlecht) zu bewerten.

Interkorrelationen der abhängigen motivationalen Aspekte ergaben sowohl zwischen den Prozessaspekten als auch zwischen den nach der Lernphase erfassten Motivationsvariablen nur geringe bis mittlere Zusammenhänge (siehe Tabellen 7.15 und 7.16).

Tab. 7.15: Interkorrelation der Skalen zur Erfassung motivationaler Prozessvariablen

	(2)
(1) Selbstwirksamkeit	.48*
(2) Intrinsische Motivation	

Anmerkung. * $p < .05$, einseitige Signifikanzprüfung

Tab. 7.16: Interkorrelationen der Skalen zur Erfassung motivationaler Aspekte nach der Lernphase

	(2)	(3)	(4)	(5)
(1) Themenspezifisches Selbstkonzept a posteriori	.48*	.38*	.15*	.18*
(2) Themenspezifische Kompetenzeinschätzung[1]		.26*	.35*	.29*
(3) Themenspezifisches Interesse a posteriori			.26*	.03
(4) Akzeptanz der Lernumgebung				.28*
(5) Akzeptanz der Teamarbeit				

Anmerkungen. * $p < .05$, einseitige Signifikanzprüfung
[1] Die Kompetenzeinschätzung erfolgte auf einer Notenskala; für die Interkorrelationen wurde die Skala zugunsten einer größeren Anschaulichkeit umgepolt.

Alle Variablen wurden daher, auch vor dem Hintergrund der zugrundeliegenden theoretischen Überlegungen, in der Auswertung einzeln betrachtet.

8 Ergebnisse

Nachfolgend werden zunächst die Lernvoraussetzungen der Studierenden betrachtet. Anschließend werden anhand der Reihenfolge der Untersuchungsfragen (vgl. Kapitel 6) die Ergebnisse der Studie dargestellt.

8.1 Lernvoraussetzungen in den experimentellen Gruppen

Um die interne Validität der Studie zu überprüfen, wurde festgestellt, ob die vier experimentellen Gruppen hinsichtlich der Lernvoraussetzungen der Studierenden vergleichbar waren. Tabelle 8.1 gibt einen Überblick über deskriptive Statistiken der erfassten Aspekte. Insgesamt erzielten die Probanden im Vortest im Mittel 4.7 von 12 möglichen Punkten ($SD = 1.87$). Das Abschneiden der Studierenden zeigt, dass es überwiegend gelang, Versuchspersonen mit zumindest basalem Vorwissen in Korrelationsrechnung zu akquirieren.

Die angestrebte Homogenität der Dyaden hinsichtlich des Vorwissens war annähernd gewährleistet: Die durchschnittliche Differenz der Vortestpunktzahl innerhalb der Teams betrug 1.6 ($SD = 1.21$). Der Mittelwertunterschied zwischen den beiden kooperativen Bedingungen war nicht signifikant ($t(49) = 1.03$, *n.s.*), sie unterschieden sich also nicht bezüglich der Dyadenhomogenität. Es bestand kein Zusammenhang zwischen der Dyadenhomogenität und dem Lernerfolg ($r = .06$, *n.s.*); diese Variable wurde also bezüglich kognitiver Effekte nicht als Störvariable wirksam. Die letzte Schulnote in Mathematik lag im Gesamtdurchschnitt bei „befriedigend" ($M = 3.1$, $SD = 1.18$). Studierende in allen Experimentalgruppen verfügten über Computererfahrung; die mittleren Ausprägungen lagen im oberen Bereich der Skala.

Tab. 8.1: Lernvoraussetzungen in den einzelnen Experimentalgruppen. Mittelwerte (in Klammern Standardabweichungen) der erfassten Aspekte

	Individuelles Lernen								Kooperatives Lernen							
	ohne Feedbackmaßnahme n = 17				mit Feedbackmaßnahme n = 18				ohne Feedbackmaßnahme n = 50				mit Feedbackmaßnahme n = 52			
	M	(SD)	Min	Max	M	(SD)	Min	Max	M	(SD)	Min	Max	M	(SD)	Min	Max
Kognitive Lernvoraussetzungen																
Vorwissen (Min.–Max.: 0–12)	4.3	(2.13)	.00	8.25	4.2	(2.33)	.00	9.25	4.7	(1.90)	.75	9.25	5.1	(1.54)	2.25	8.50
Vorwissen: Dyadenhomogenität[1] (Min.–Max.: 0–12)	–	–	–	–	–	–	–	–	1.4	(1.21)	.00	3.75	1.7	(1.21)	.25	6.00
Letzte Mathematikschulnote[2]	3.0	(1.07)	1	5	3.3	(1.35)	1	5	3.0	(1.10)	1	6	3.0	(1.26)	1	6
Metakognitive Lernvoraussetzungen (Min.–Max.: 1–6)																
Metakognitives Wissen	4.3	(.33)	3.73	5.00	4.4	(.46)	3.45	5.27	4.5	(.44)	2.91	5.36	4.5	(.38)	3.45	5.27
Metakognitive Kontrolle	4.4	(.67)	3.17	5.75	4.4	(.74)	2.50	5.58	4.4	(.60)	3.08	5.83	4.5	(.57)	3.50	5.67
Metakognitive Sensitivität	4.3	(1.13)	1.00	5.75	4.3	(.67)	3.00	5.25	4.5	(.58)	3.25	5.75	4.4	(.60)	3.25	5.75
Motivationale Lernvoraussetzungen (Min.–Max.: 1–6)																
Erwartungskomponente																
Hoffnung auf Erfolg	4.6	(.66)	3.33	6.00	4.8	(.62)	3.33	6.00	4.8	(.67)	2.83	5.83	4.7	(.60)	2.83	6.00
Furcht vor Misserfolg	3.4	(1.12)	1.17	5.50	3.1	(.80)	2.00	4.83	3.5	(.99)	1.33	5.50	3.3	(1.10)	1.17	6.00
Themenspezifisches Selbstkonzept a priori	4.1	(.79)	2.50	5.50	4.1	(.70)	2.75	5.00	4.2	(.82)	2.25	5.75	4.4	(.77)	2.25	6.00
Wertkomponente																
Lernzielorientierung	5.1	(.65)	3.29	6.00	5.2	(.47)	4.29	6.00	5.3	(.54)	4.14	6.00	5.3	(.45)	4.43	6.00
Anstrengungsvermeidung	3.8	(1.03)	2.00	5.67	3.9	(1.11)	1.67	6.00	4.0	(1.14)	1.00	6.00	3.9	(1.21)	1.00	6.00
Themenspezifisches Interesse a priori	3.9	(.90)	2.00	5.83	3.7	(.76)	2.33	4.67	3.5	(.80)	1.83	5.33	3.8	(.91)	1.50	5.17
Einstellungen zu versch. Sozialformen (Min.–Max.: 1–6)																
Einstellung zum individuellen Lernen	3.7	(1.15)	1.67	5.67	4.0	(1.38)	1.00	6.00	3.6	(1.27)	1.00	6.00	3.7	(1.35)	1.00	6.00
Einstellung zum kooperativen Lernen	4.6	(1.05)	2.20	6.00	4.6	(.66)	3.60	6.00	4.7	(.79)	2.60	6.00	4.8	(.69)	3.20	6.00
Einstellung zum kompetitiven Lernen	2.3	(1.36)	1.00	6.00	3.1	(1.00)	1.67	5.00	2.5	(1.08)	1.00	5.33	2.5	(1.18)	1.00	6.00
Weitere Lernvoraussetzungen																
Fachsemesterzahl	3.9	(3.89)	1	12	2.7	(2.47)	1	10	2.7	(2.25)	1	9	3.1	(2.45)	1	9
Computererfahrung[3] (Min.–Max.: 1–6)	4.2	(1.13)	2	6	4.3	(1.09)	2	6	4.5	(1.06)	2	6	4.2	(1.40)	1	6

Anmerkungen. [1] Die Angaben beziehen sich auf die mittlere Differenz der Vortestleistungen innerhalb der Dyaden; tatsächlich wird also die *Heterogenität* angegeben.
[2] Einige Probanden gaben keine Note an. Die Mittelwerte basieren für die vier Bedingungen auf $n = 15$, $n = 16$, $n = 45$ und $n = 48$.
[3] In der Gruppe „kooperatives Lernen ohne Feedbackmaßnahme" machte ein Proband keine Angabe ($n = 49$).

Hinsichtlich der untersuchten metakognitiven, motivationalen und einstellungsbe-
zogenen Lernvoraussetzungen ergaben sich absolut gesehen überwiegend mittlere
bis hohe Ausprägungen. *Hohe Ausprägungen* zeigten sich insbesondere in den als
lernförderlich anzusehenden Variablen, wie metakognitive Kontrolle oder Lernzielorientierung. *Mittlere Ausprägungen* fanden sich vor allem in den ungünstigen
Aspekten Furcht vor Misserfolg und Anstrengungsvermeidung. In allen Experimentalgruppen war die Einstellung zum kooperativen Lernen sehr positiv. An
zweiter Stelle folgte die Einstellung zum individuellen Lernen; am wenigsten positiv war die Einstellung zum kompetitiven Lernen.

Die experimentellen Gruppen waren im Hinblick auf alle erfassten Lernvoraussetzungsaspekte vergleichbar: Bezüglich aller Aspekte wurden Varianzanalysen mit
den Faktoren Feedbackmaßnahme und Sozialform gerechnet; es ergaben sich keine
signifikanten Unterschiede. Die interne Validität der Studie war somit gesichert.

8.2   Kognitive Effekte der Feedbackmaßnahme und des kooperativen Lernens

8.2.1   Auswirkungen auf den Lernerfolg

Hypothesen. Es wurde erwartet, dass sich die Feedbackmaßnahme und das kooperative Lernen günstig auf den Lernerfolg auswirken, also positive Effekte hinsichtlich der Leistung im Nachtest haben (H 1 und H 2). Als besonders lernwirksam
sollte sich die Feedbackmaßnahme erweisen. Es wurde weiterhin angenommen,
dass sich die Feedbackmaßnahme insbesondere beim *kooperativen* Lernen günstig
auswirkt; es wurde also ein Interaktionseffekt der beiden Faktoren postuliert (H 3,
erste Gruppenfeedbackhypothese).

Insgesamt wurde folgende Rangfolge der Lernbedingungen bezüglich des Lernerfolgs erwartet: 1. „kooperatives Lernen mit Feedbackmaßnahme", 2. „individuelles
Lernen mit Feedbackmaßnahme", 3. „kooperatives Lernen ohne Feedbackmaßnahme", 4. „individuelles Lernen ohne Feedbackmaßnahme". Kontraste sollten signifikante Unterschiede zwischen allen vier Lernbedingungen ergeben (H 4).

Es wurde zudem angenommen, dass sich die Feedbackmaßnahme insbesondere bei jenen Nachtestaufgaben positiv auswirkt, für deren erfolgreiche Bearbeitung ein tieferes Verständnis der Lerninhalte sowie anwendbares bzw. transferierbares Wissen notwendig sind (H 5).

Schließlich wurde postuliert, dass die Feedbackmaßnahme unter den kooperativen Bedingungen eine Wissenskonvergenz der Lernpartner bewirkt. Unter der Gruppenfeedbackbedingung sollte sich also eine größere Dyadenhomogenität ergeben als unter der kooperativen Bedingung ohne Feedbackmaßnahme (H 6; zweite Gruppenfeedbackhypothese).

Ergebnisse zum Lernerfolg (Leistung im Nachtest). Zunächst ist festzustellen, dass bei der Nachtestleistung weder ein Boden- noch ein Deckeneffekt auftraten. Die Leistungen der Probanden aller experimentellen Gruppen lagen im Durchschnitt im mittleren Bereich der Punkteskala (siehe Tabelle 8.2). Das Gesamtmittel betrug 12.3 Punkte (SD = 3.02), das entspricht 61.55 % der Gesamtpunktzahl (theoretisches Maximum: 20 Punkte).

Tab. 8.2: Lernerfolg (Punktzahl im Nachtest; theor. Max.: 20). Mittelwerte (Standardabweichungen in Klammern), Minima, Maxima

	M	(SD)	Min	Max
Individuelles Lernen ohne Feedbackmaßnahme ($n = 17$)	10.3	(3.41)	3.50	14.75
Individuelles Lernen mit Feedbackmaßnahme ($n = 18$)	14.5	(2.15)	11.75	19.50
Kooperatives Lernen ohne Feedbackmaßnahme ($n = 50$)	11.3	(3.06)	5.00	17.00
Kooperatives Lernen mit Feedbackmaßnahme ($n = 52$)	13.2	(2.28)	7.25	17.50
Gesamtgruppe ($N = 137$)	12.3	(3.02)	3.50	19.50

In der Experimentalgruppe „individuelles Lernen mit Feedbackmaßnahme" lagen *sämtliche* Ergebnisse im mittleren und oberen Bereich der Skala. Auch unter der Bedingung „kooperatives Lernen mit Feedbackmaßnahme" zeigten sich keine schlechten Leistungen im Nachtest. Studierende der beiden Feedbackgruppen schnitten entsprechend im Mittel deskriptiv besser ab als Studierende, die nur die Lösungsbeispiele als Feedback zur Verfügung hatten.

Zur statistischen Absicherung des Effekts der Feedbackmaßnahme wurde eine Varianzanalyse mit vollständigem Design gerechnet. Der Haupteffekt der Feedback-

maßnahme war signifikant ($F(1, 133) = 32.91$, $p < .05$) und sehr groß (Eta² $= .20$).[1]
Die Standardabweichungen waren wie angenommen in den Experimentalgruppen
mit Feedbackmaßnahme signifikant geringer als in den Gruppen ohne zusätzliches
Feedback (in einem entsprechenden t-Test wurde der Levene-Test signifikant), die
Nachtestleistungen waren demnach homogener. Durch die Feedbackmaßnahme
fand also eine Angleichung des Leistungsniveaus statt, bei einer gleichzeitig im
Mittel guten Lernleistung. Das kooperative Lernen hatte wider Erwarten keinen
bedeutsamen Einfluss auf die Lernleistung ($F < 1$, n.s.). Der Levene-Test auf Vari-
anzhomogenität[2] war signifikant ($F(3, 133) = 2.87$, $p < .05$), es wurden daher (und
aufgrund der ungleichen Stichprobengrößen) zusätzlich U-Tests gerechnet; diese
bestätigten die Ergebnisse.[3]

Die bezüglich des Lernerfolgs erwartete Rangfolge der vier Lernbedingungen trat
nicht auf. Deskriptiv am erfolgreichsten waren, anders als erwartet, nicht die Probanden in der Experimentalgruppe mit Gruppenfeedback, sondern die Probanden,
die individuell mit Feedbackmaßnahme gelernt hatten. Am zweitbesten schnitten
die Lernenden der Gruppe „kooperatives Lernen mit Feedbackmaßnahme" ab, am
drittbesten die Probanden der Gruppe „kooperatives Lernen ohne Feedbackmaßnahme". Am wenigsten erfolgreich waren erwartungsgemäß diejenigen Studierenden, die die Lernumgebung individuell ohne Feedbackmaßnahme bearbeitet hatten.

Entsprechend wurde der postulierte Interaktionseffekt nicht festgestellt; zwar zeigte
sich eine Interaktion der beiden Faktoren, diese war jedoch anders gelagert als angenommen. Es war erwartet worden, dass sich das Feedback insbesondere beim
kooperativen Lernen günstig auswirkt, dass also die Gruppenfeedbackbedingung
besonders effektiv ist. Stattdessen profitierten vor allem die *individuell* Lernenden
von der Feedbackmaßnahme. Diese waren mit Feedbackmaßnahme erfolgreicher,
ohne Feedbackmaßnahme die kooperativ Lernenden. Der Interaktionseffekt war
signifikant ($F(1, 133) = 5.03$, $p < .05$); es handelte sich um einen kleinen Effekt
(Eta² $= .04$). Abbildung 8.1 veranschaulicht den Interaktionseffekt.

---

1   Die Bezeichnung Eta² steht in der gesamten Arbeit für „partielles Eta²". Für die Klassifikation der Effekt-
    stärken werden die Konventionen von J. Cohen (1988) herangezogen.
2   Für alle in dieser Arbeit gerechneten Varianzanalysen wurden Levene-Tests durchgeführt; ein entsprechen-
    der Hinweis erfolgt zugunsten der Lesbarkeit aber nur dann, wenn der Levene-Test signifikant war.
3   Alle varianzanalytischen Ergebnisse in dieser Arbeit wurden aufgrund der unterschiedlichen Zellenbeset-
    zungen zusätzlich anhand von U-Tests überprüft. Da sich keine Diskrepanzen ergaben, wird zugunsten der
    Lesbarkeit darauf verzichtet, die Ergebnisse zu berichten.

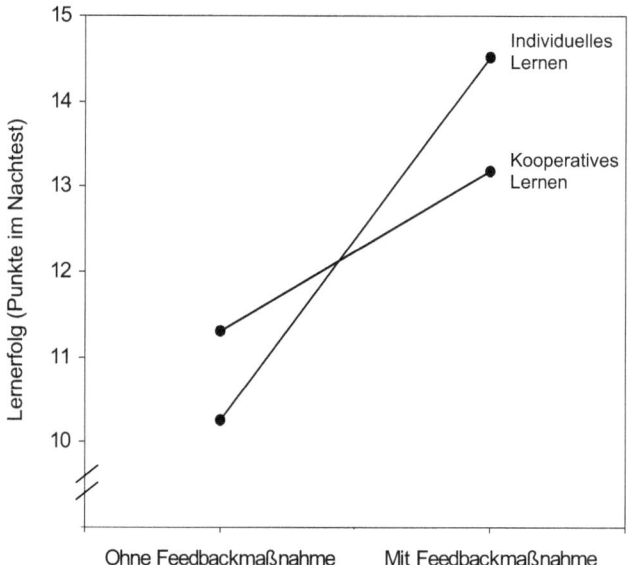

Abb. 8.1: Lernerfolg: Interaktionseffekt von Feedbackmaßnahme und Sozialform

Um festzustellen, inwieweit sich die einzelnen Experimentalgruppen signifikant voneinander unterschieden, wurden A-priori-Kontraste berechnet; die Ergebnisse zeigt Tabelle 8.3.

Tab. 8.3: Mittelwertsunterschiede im Lernerfolg (A-priori-Kontraste, einseitige Signifikanzprüfung)

Individuelles Lernen mit Feedbackmaßnahme	>	Individuelles Lernen ohne Feedbackmaßnahme	$p < .05$
Individuelles Lernen mit Feedbackmaßnahme	>	Kooperatives Lernen ohne Feedbackmaßnahme	$p < .05$
Kooperatives Lernen mit Feedbackmaßnahme	>	Individuelles Lernen ohne Feedbackmaßnahme	$p < .05$
Kooperatives Lernen mit Feedbackmaßnahme	>	Kooperatives Lernen ohne Feedbackmaßnahme	$p < .05$
Individuelles Lernen mit Feedbackmaßnahme	>	Kooperatives Lernen mit Feedbackmaßnahme	$p < .05$
Kooperatives Lernen ohne Feedbackmaßnahme	>	Individuelles Lernen ohne Feedbackmaßnahme	*n.s.*

Wurde mit Feedbackmaßnahme gelernt, so waren individuell Lernende signifikant erfolgreicher als kooperativ Lernende; wurde ohne Feedbackmaßnahme gelernt, so ergab sich eine deskriptive Überlegenheit der kooperativen Sozialform. Die Kontraste zeigen zudem die (durch den Haupteffekt bereits deutlich gewordene) signifikant größere Lernwirksamkeit der beiden Feedbackbedingungen gegenüber den Bedingungen ohne zusätzliches Feedback.

Die Feedbackmaßnahme hatte somit den postulierten positiven Einfluss auf den Lernerfolg. Das kooperative Lernen jedoch war dem individuellen nicht überlegen; allerdings war es auch nicht *weniger* lernwirksam als die individuelle Lernform. Die erste Gruppenfeedbackhypothese – also die Annahme, die Feedbackmaßnahme sei beim kooperativen Lernen besonders effektiv – bestätigte sich nicht.

Ergebnisse zur Leistung in den einzelnen Nachtestaufgaben. Tabelle 8.4 zeigt deskriptive Statistiken zur Leistung in den fünf Nachtestaufgaben. Diese zeigen, dass bei allen Aufgaben und unter allen Lernbedingungen mindestens eine Versuchsperson das theoretische Maximum erreichte; lediglich unter der Bedingung „individuelles Lernen ohne Feedbackmaßnahme" wurde das theoretische Maximum bei den Aufgaben eins, zwei und fünf von keinem Probanden erreicht (Aufgaben zwei und fünf waren die Aufgaben, die Wissensanwendung erforderten).

Den Ergebnissen zur gesamten Nachtestleistung entsprechend schnitten Lernende, die individuell mit Feedbackmaßnahme lernten, deskriptiv bei allen Aufgaben am besten ab. Mit Ausnahme von Aufgabe eins waren die Lernenden unter der Bedingung „kooperatives Lernen mit Feedbackmaßnahme" am zweitbesten.

Die Feedbackmaßnahme wirkte sich bei allen Aufgaben bis auf die erste Aufgabe positiv auf den Lernerfolg aus (Aufgabe eins: $F(1, 133) = 1.51$, *n.s.*; Aufgabe zwei: $F(1, 133) = 12.25$, $p < .05$; Eta^2 = .08, mittlerer Effekt; Aufgabe drei: $F(1, 133) = 5.32$, $p < .05$; Eta^2 = .04, kleiner Effekt; Aufgabe vier: $F(1, 133) = 9.83$, $p < .05$; Eta^2 = .07, mittlerer Effekt; Aufgabe fünf: $F(1, 133) = 31.96$, $p < .05$; Eta^2 = .19, großer Effekt). Es handelte sich überwiegend um mittlere Effekte. Bei Aufgabe fünf allerdings, die als anspruchsvollste anzusehen ist und Wissensanwendung sowie Transfer auf eine neuartige Datenlage erfordert (siehe Kapitel 7.6.2.1), war der Effekt groß. Der zweitgrößte Effekt ergab sich bei Aufgabe zwei, für die ebenfalls anwendbares Wissen benötigt wird. Die Feedbackmaßnahme wirkte sich also wie erwartet insbesondere bei den Aufgaben positiv aus, die Wissensanwendung bzw. -transfer erfordern.

Tab. 8.4: Leistungen in den einzelnen Nachtestaufgaben. Mittelwerte (Standardabweichungen in Klammern), Minima, Maxima

	Nachtestaufgabe 1 (theor. Max.: 3)				Nachtestaufgabe 2 (theor. Max.: 4)				Nachtestaufgabe 3 (theor. Max.: 4)				Nachtestaufgabe 4 (theor. Max.: 3.5)				Nachtestaufgabe 5 (theor. Max.: 5.5)			
	M	(SD)	Min	Max	M	(SD)	Min	Max	M	(SD)	Min	Max	M	(SD)	Min	Max	M	(SD)	Min	Max
Individuelles Lernen ohne Feedbackmaßnahme	1.4	(.58)	.00	2.50	2.1	(.73)	.50	3.50	2.6	(1.05)	.00	4.00	2.1	(.96)	.00	3.50	2.0	(1.38)	.00	4.50
Individuelles Lernen mit Feedbackmaßnahme	1.8	(.81)	.00	3.00	2.8	(.82)	1.50	4.00	3.1	(.68)	1.75	4.00	2.9	(.56)	1.50	3.50	4.0	(1.01)	2.00	5.50
Kooperatives Lernen ohne Feedbackmaßnahme	1.6	(.63)	.25	3.00	2.1	(1.01)	.00	4.00	2.3	(1.00)	.00	4.00	2.4	(.73)	.00	3.50	2.9	(1.51)	.00	5.50
Kooperatives Lernen mit Feedbackmaßnahme	1.5	(.61)	.00	3.00	2.6	(.81)	.00	4.00	2.7	(.78)	1.00	4.00	2.6	(.78)	.00	3.50	3.8	(1.14)	.00	5.50
Gesamtgruppe	1.6	(.65)	.00	3.00	2.4	(.92)	.00	4.00	2.6	(.91)	.00	4.00	2.5	(.78)	.00	3.50	3.3	(1.44)	.00	5.50

Ein signifikanter Effekt der Sozialform zeigte sich lediglich bei Aufgabe drei; hier schnitten die individuell Lernenden besser ab als die kooperativ Lernenden ($F(1, 133) = 4.07$, $p < .05$; Eta² $= .03$, kleiner Effekt). Bei Aufgabe fünf wurde der Interaktionseffekt signifikant ($F(1, 133) = 4.54$, $p < .05$; Eta² $= .03$, kleiner Effekt). Alle übrigen Effekte verfehlten die Signifikanzgrenze (Haupteffekt Sozialform bei Aufgabe fünf: $F(1, 133) = 1.64$, *n.s.*; Interaktionseffekte bei den Aufgaben eins und vier: $F(1, 133) = 2.80$, *n.s.* bzw. $F(1, 133) = 3.34$, *n.s.*; alle anderen $F < 1$, *n.s.*).

Die Feedbackmaßnahme wirkte sich also bei allen Aufgaben (außer bei Aufgabe eins, für die lediglich deklaratives Wissen benötigt wurde) lernförderlich aus; besonders wirksam war sie wie erwartet bei jenen Aufgaben, die Wissensanwendung bzw. Transfer erforderten. Dies galt vor allem für das individuelle Lernen. Der signifikante Interaktionseffekt bei Aufgabe fünf entspricht dem Interaktionseffekt für den gesamten Nachtest: Die Feedbackmaßnahme kam vor allem Einzellernenden zugute.

Ergebnisse zur Wissenskonvergenz der Lernpartner unter den kooperativen Bedingungen. Die Wissenskonvergenz innerhalb der Dyaden wurde jeweils anhand der Differenz der Nachtestpunktzahlen der beiden Lernpartner bestimmt. Tabelle 8.5 zeigt deskriptive Statistiken der Differenzen innerhalb der kooperativen Experimentalgruppen.

Tab. 8.5: Homogenität[1] der Dyaden nach der Lernphase (theor. Max.: 12). Mittelwerte (Standardabweichungen in Klammern), Minima, Maxima

	M	(SD)	Min	Max
Kooperatives Lernen ohne Feedbackmaßnahme ($n = 25$ Dyaden)	2.4	(2.35)	.00	10.75
Kooperatives Lernen mit Feedbackmaßnahme ($n = 26$ Dyaden)	2.2	(1.82)	.00	6.50
Gesamt kooperative Bedingungen ($N = 51$ Dyaden)	2.3	(2.08)	.00	10.75

Anmerkung. [1] Die Angaben beziehen sich auf die Differenz der Nachtestleistungen innerhalb der Dyaden; tatsächlich wird also die *Heterogenität* angegeben.

Deskriptiv zeigte sich der postulierte Unterschied: Die Dyaden der Gruppenfeedbackbedingung waren nach der Lernphase hinsichtlich des Wissens homogener als die Dyaden der Bedingung ohne Feedbackmaßnahme. *Vor* der Lernphase waren die Dyaden der Gruppenfeedbackbedingung deskriptiv *heterogener* als die Dyaden der Bedingung ohne Feedbackmaßnahme (siehe Tabelle 8.1). Zudem war die maximale Differenz bei der Nachtestleistung unter der Feedbackbedingung geringer als unter der Bedingung ohne Feedbackmaßnahme. Ein entsprechender t-Test hatte jedoch kein signifikantes Ergebnis ($t(49) = .34$, *n.s.*). Anders als erwartet bewirkte der Einsatz der Feedbackmaßnahme also keine statistisch bedeutsame Wissenskonvergenz der Lernpartner in den Dyaden. Auch die zweite Gruppenfeedbackhypothese bestätigte sich demnach nicht.

Allerdings war die Standardabweichung der Nachtestleistungen unter der Gruppenfeedbackbedingung signifikant geringer als unter der kooperativen Bedingung ohne Feedbackmaßnahme (2.28 vs. 3.06; siehe Abschnitt 8.2.1); beim t-Test wurde der Levene-Test signifikant. Insgesamt fand unter der Gruppenfeedbackbedingung also eine Homogenisierung statt, die sich im Hinblick auf die Wissenskonvergenz innerhalb der Dyaden jedoch nur *deskriptiv* zeigte.

Fazit. Die Feedbackmaßnahme wirkte sich wie erwartet sehr positiv auf den Lernerfolg aus. Lernende, denen zusätzlich zu den Lösungsbeispielen Verständnistests und elaboriertes Feedback präsentiert wurden, waren im Nachtest deutlich erfolgreicher als Probanden, die ohne Feedbackmaßnahme lernten. Zudem waren die Nachtestleistungen in den Experimentalgruppen mit Feedbackmaßnahme homogener als in den Gruppen ohne Feedbackmaßnahme. Den Erwartungen entsprechend wirkte sich die Feedbackmaßnahme insbesondere bei jenen Nachtestaufgaben positiv aus, für deren erfolgreiche Bearbeitung ein tieferes Verständnis der Lerninhalte sowie anwendbares bzw. transferierbares Wissen notwendig waren; vor allem bei der anspruchsvollsten Aufgabe fünf, die Wissensanwendung sowie Transfer auf eine neuartige Datenlage erforderte, zeigte sich ein klarer Vorteil des Lernens mit Feedbackmaßnahme.

Die Annahme, dass sich kooperatives Lernen positiv auf den Lernerfolg auswirkt, bestätigte sich jedoch nicht. Die Probanden, die kooperativ lernten, schnitten aber auch nicht schlechter ab als individuell Lernende. Ebenfalls nicht bestätigt wurde die erste Gruppenfeedbackhypothese, die postulierte, dass sich die Feedbackmaßnahme insbesondere beim kooperativen Lernen günstig auswirkt. Tatsächlich war die Feedbackmaßnahme bei den *individuell* Lernenden am effektivsten. Diese schnitten ohne Feedbackmaßnahme am schlechtesten ab, mit Feedbackmaßnahme jedoch am besten. Am zweitbesten waren kooperativ Lernende mit Feedbackmaßnahme, am drittbesten kooperativ Lernende ohne Feedbackmaßnahme. Die angenommene Rangfolge trat somit nicht auf; die ersten beiden Rangplätze waren gegenüber der vermuteten Rangfolge vertauscht. Kontraste ergaben signifikante Unterschiede zwischen allen vier Lernbedingungen mit Ausnahme einer nur deskriptiven Überlegenheit kooperativen Lernens ohne Feedbackmaßnahme gegenüber dem individuellen Lernen ohne Feedbackmaßnahme.

Anders als angenommen bewirkte die Feedbackmaßnahme beim kooperativen Lernen keine Wissenskonvergenz der Lernpartner. Die Dyaden der Bedingung mit Feedbackmaßnahme waren nach der Lernphase hinsichtlich der Nachtestleistung nur *deskriptiv* homogener als die Dyaden der Bedingung ohne Feedbackmaßnahme. Auch die zweite Gruppenfeedbackhypothese wurde also nicht bestätigt.

8.2.2   Auswirkungen auf den Lernfortschritt

Hypothesen. Es wurde angenommen, dass die Arbeit mit Koralle einen deutlichen Lernfortschritt zur Folge hat. Es sollte sich also ein signifikanter Effekt des Messwiederholungsfaktors ergeben (H 7). Zudem wurde postuliert, dass sich die Feedbackmaßnahme und das kooperative Lernen günstig auf den Lernfortschritt auswirken, es wurden demnach jeweils Interaktionen der Faktoren mit dem Messwiederholungsfaktor erwartet (H 8 und H 9). Es wurde zudem vermutet, dass sich die Feedbackmaßnahme insbesondere unter der kooperativen Bedingung positiv auswirkt, es wurde also eine Dreifachinteraktion postuliert (H 10, dritte Gruppenfeedbackhypothese).

Ergebnisse. Für eine deskriptive Betrachtung des Lernfortschritts unter den einzelnen Lernbedingungen wurde die Differenz der Mittelwerte in Nach- und Vortest gebildet. Tabelle 8.6 zeigt die Differenzen in den Experimentalgruppen.

In den beiden in Vor- und Nachtest identischen Aufgaben erzielten die Lernenden im Vortest im Durchschnitt 3.1 Punkte (*SD* = 1.44), im Nachtest 4.2 Punkte (*SD* = 1.17). Bezüglich dieser Differenz ergaben sich deskriptiv klare Unterschiede zwischen den vier experimentellen Gruppen. Am größten war der Lernfortschritt bei den Probanden, die individuell mit Feedbackmaßnahme gelernt hatten. Der zweitgrößte Lernfortschritt zeigte sich bei jenen Studierenden, die Koralle individuell ohne Feedbackmaßnahme bearbeiteten. An dritter bzw. vierter Stelle lagen die Gruppen, die kooperativ ohne bzw. mit Feedbackmaßnahme lernten.

Tab. 8.6: Lernfortschritt (theor. Max.: 7). Mittelwerte (in Klammern Standardabweichungen) der Punktzahlen in den identischen Vor- und Nachtestaufgaben und Differenz der Mittelwerte

	Vortest		*Nachtest*		
	M	(SD)	M	(SD)	Δ
Individuelles Lernen ohne Feedbackmaßnahme	2.9	(1.47)	4.0	(1.35)	1.1
Individuelles Lernen mit Feedbackmaßnahme	2.5	(1.89)	4.8	(1.16)	2.3
Kooperatives Lernen ohne Feedbackmaßnahme	3.0	(1.37)	3.9	(1.30)	.9
Kooperatives Lernen mit Feedbackmaßnahme	3.4	(1.25)	4.2	(.91)	.8
Gesamtgruppe	3.1	(1.44)	4.2	(1.17)	1.1

Diesen deskriptiven Ergebnissen entsprechend ergaben sich in einer Varianzanalyse mit dem Messwiederholungsfaktor „Leistung in den identischen Aufgaben" und den Gruppenfaktoren Feedbackmaßnahme und Sozialform ein großer Haupteffekt des Messwiederholungsfaktors ($F(1, 133) = 90.21$, $p < .05$; Eta² $= .40$) sowie Wechselwirkungen des Messwiederholungsfaktors mit beiden Gruppenfaktoren. Die Interaktion mit der Sozialform war signifikant ($F(1, 133) = 9.74$, $p < .05$) und mittelgroß (Eta² $= .07$), die Interaktion mit der Feedbackmaßnahme verfehlte knapp die Signifikanzgrenze ($F(1, 133) = 3.55$, *n.s.*). Die Dreifachinteraktion wurde signifikant ($F(1, 133) = 5.19$, $p < .05$), der Effekt war klein (Eta² $= .04$).

Die Sozialform wirkte sich also auf den Lernfortschritt aus; anders als erwartet war jedoch das individuelle Lernen günstiger für den Lernfortschritt als das kooperative. Es trat zwar wie angenommen eine signifikante Dreifachinteraktion auf, diese war jedoch – wie die Interaktion beim Lernerfolg, siehe Abschnitt 8.2.1 – anderer Art als vermutet. Auch hier war die Feedbackmaßnahme nicht beim kooperativen, sondern beim individuellen Lernen besonders lernwirksam.

Fazit. Die Arbeit mit Koralle bewirkte wie erwartet einen deutlichen Lernfortschritt. Anders als angenommen zeigte sich kein Effekt der Feedbackmaßnahme, zudem war individuelles Lernen für den Lernfortschritt günstiger als kooperatives (anstatt umgekehrt). Ebenso wie im Hinblick auf den Lernerfolg bestätigte sich also auch hier die Gruppenfeedbackhypothese nicht.

8.2.3   Auswirkungen auf die Leistung in der Lernphase

Hypothesen. Unter den Feedbackbedingungen sollten sich vor allem bei den jeweils *zweiten* Problemlöseaufgaben zu den drei Themen bessere Leistungen zeigen als unter den Bedingungen ohne Feedbackmaßnahme, da diesen Aufgaben jeweils ein Feedback zum selben Thema voranging (H 11). Zudem wurde angenommen, dass sich die Wirkung der Feedbackmaßnahme im Laufe der Lernphase zunehmend niederschlägt, sich also verstärkt bei den letzten Problemlöseaufgaben zeigt; bei der ersten Aufgabe sollte sich kein Unterschied bezüglich der Bedingungen ohne und mit Feedbackmaßnahme ergeben, da an diesem Punkt der Lernumgebung noch kein Verständnistest bearbeitet wurde (H 12).

Da die Verständnistests unter den Bedingungen ohne Feedbackmaßnahme nicht vorhanden waren, konnte für die Leistung in den Tests kein Effekt der Feedbackmaßnahme postuliert werden.

Für alle Problemlöseaufgaben und Verständnistests wurde erwartet, dass die Dyadenleistungen besser sind als die Einzelleistungen, da vermutet wurde, dass die Lernpartner einander in ihrem Wissen ergänzen und bei Irrtümern und Fehlkonzepten gegenseitig korrigieren. Es wurde also für sämtliche Aufgaben der Lernumgebung ein Haupteffekt der Sozialform postuliert (H 13).

Wie auch hinsichtlich des Lernerfolgs und des Lernfortschritts wurde zudem angenommen, dass sich die Feedbackmaßnahme beim kooperativen Lernen besonders günstig auswirkt. Unter der Gruppenfeedbackbedingung sollten die Leistungen in den Problemlöseaufgaben also besser ausfallen als unter der individuellen Bedingung mit Feedbackmaßnahme (H 14, vierte Gruppenfeedbackhypothese).

Ergebnisse zur Leistung in den Problemlöseaufgaben. Tabelle 8.7 zeigt deskriptive Statistiken zur Leistung in den Problemlöseaufgaben. Bei allen Problemlöseaufgaben lagen sämtliche Mittelwerte im unteren Bereich der Punkteskala; das theoretische Maximum wurde bei keiner Aufgabe erreicht. Deskriptiv zeigte sich eine Überlegenheit der Dyaden.

Bei der ersten Problemlöseaufgabe ergaben sich außerdem etwas bessere Leistungen unter den Feedbackbedingungen. Die Haupteffekte wurden jedoch bei der ersten Aufgabe beide nicht signifikant, dasselbe gilt für die Interaktion (alle $F < 1$, *n.s.*). Bezüglich der Feedbackmaßnahme entspricht dies den Annahmen. Der erwartete Vorteil des kooperativen Lernens lag aber nur deskriptiv vor.

Tab. 8.7: Leistungen in den Problemlöseaufgaben. Mittelwerte (Standardabweichungen in Klammern), Minima, Maxima

	Thema Linearität						Thema heterogene Untergruppen						Thema Ausreißer					
	Problemlöseaufgabe 1 (theor. Max.: 11)			Problemlöseaufgabe 2 (theor. Max.: 11)			Problemlöseaufgabe 3 (theor. Max.: 16)			Problemlöseaufgabe 4 (theor. Max.: 16)			Problemlöseaufgabe 5 (theor. Max.: 18)			Problemlöseaufgabe 6 (theor. Max.: 21)		
	M (SD)	Min	Max	M (SD)	Min	Max	M (SD)	Min	Max	M (SD)	Min	Max	M (SD)	Min	Max	M (SD)	Min	Max
Individuelles Lernen ohne Feedbackmaßnahme (n = 17)	4.0 (1.89)	.00	7.00	2.4 (1.66)	.00	5.50	3.2 (2.64)	.00	8.00	2.7 (1.99)	.00	6.00	5.1 (2.41)	.00	8.00	4.2 (2.58)	.00	9.00
Individuelles Lernen mit Feedbackmaßnahme (n = 18)	4.3 (1.53)	2.00	7.00	1.8 (.91)	.50	4.00	4.3 (2.84)	1.00	12.50	4.2 (2.30)	1.00	8.00	5.8 (3.13)	.00	12.00	4.7 (2.13)	1.00	9.00
Kooperatives Lernen ohne Feedbackmaßnahme (n = 25)[1]	4.3 (1.48)	2.50	7.00	2.9 (1.09)	1.00	5.50	5.1 (2.80)	.00	10.00	5.0 (2.94)	.00	11.00	6.4 (2.56)	3.00	13.00	5.3 (1.55)	2.00	9.00
Kooperatives Lernen mit Feedbackmaßnahme (n = 26)	4.4 (1.43)	2.00	7.00	2.7 (.92)	1.00	4.50	4.6 (1.64)	2.00	7.50	4.5 (2.89)	.00	13.00	5.7 (2.15)	2.00	13.00	5.3 (2.13)	1.00	8.50
Gesamtgruppe (N = 86)	4.3 (1.54)	.00	7.00	2.5 (1.20)	.00	5.50	4.4 (2.53)	.00	12.50	4.2 (2.71)	.00	13.00	5.8 (2.55)	.00	13.00	5.0 (2.10)	.00	9.00

Anmerkung. [1] Da die Dyaden die Aufgaben gemeinsam bearbeiteten, wird jede Dyade als eine Versuchsperson angesehen. Daher beruhen die Angaben für die kooperativen Bedingungen auf n = 25 bzw. n = 26.

Bei der zweiten Aufgabe wurde der Haupteffekt der Sozialform signifikant ($F(1, 82) = 8.17$, $p < .05$; Eta^2 = .09, mittlerer Effekt). Anders als erwartet verfehlten der Haupteffekt der Feedbackmaßnahme sowie die Interaktion die Signifikanzgrenze. Der Levene-Test war signifikant; U-Tests bestätigten jedoch die varianzanalytischen Ergebnisse.

Bei Aufgabe drei waren unter den kooperativen Bedingungen erneut bessere Leistungen zu verzeichnen. Unter den individuellen Bedingungen zeigte sich bei dieser Aufgabe ein Unterschied zwischen dem Lernen ohne und mit Feedbackmaßnahme: Einzellernende waren mit Feedbackmaßnahme deskriptiv erfolgreicher als ohne Feedbackmaßnahme. Der Haupteffekt der Sozialform war signifikant ($F(1, 82) =$ 4.17, $p < .05$; Eta^2 = .05, kleiner Effekt). Sowohl der Effekt der Feedbackmaßnahme als auch die Interaktion waren statistisch nicht bedeutsam (Feedbackmaßnahme: $F < 1$, $n.s.$; Interaktion: $F(1, 82) = 2.17$, $n.s.$)

Aufgabe vier wurde ebenfalls von den Dyaden besser bearbeitet als von den Individuen. Auch hier zeigte sich für individuell Lernende ein Vorteil des Lernens mit Feedbackmaßnahme. Der Haupteffekt der Sozialform war signifikant ($F(1, 82) =$ 4.83, $p < .05$; Eta^2 = .06, mittlerer Effekt), der Haupteffekt der Feedbackmaßnahme nicht ($F < 1$, $n.s.$). Die Interaktion verfehlte knapp die Signifikanzgrenze ($F(1, 82)$ = 3.01, $n.s.$).

Die Ergebnisse bei Aufgabe fünf fallen etwas aus der Reihe. Hier waren deskriptiv die Dyaden am erfolgreichsten, die ohne Feedbackmaßnahme lernten, an zweiter Stelle folgten die Lernenden der Bedingung „individuelles Lernen mit Feedbackmaßnahme". Der Gesamtmittelwert der kooperativen Bedingungen war mit $M = 6.0$ ($SD = 2.37$) jedoch immer noch höher als der Gesamtmittelwert der individuellen Bedingungen ($M = 5.5$, $SD = 2.79$). Es zeigten sich keine signifikanten Effekte (Sozialform: $F(1, 82) = 1.15$, $n.s.$; Feedbackmaßnahme: $F < 1$, $n.s.$; Interaktion: $F(1, 82) = 1.75$, $n.s.$).

Auch bei Aufgabe sechs schnitten die Dyaden besser ab als die Einzellernenden. Der Effekt der Sozialform verfehlte jedoch knapp die Signifikanzgrenze ($F(1, 82) = 3.92$, $n.s.$). Erneut wurden der Effekt der Feedbackmaßnahme und der Interaktionseffekt nicht signifikant (beide $F < 1$, $n.s.$).

Insgesamt zeigte sich also die vermutete Überlegenheit der Dyaden. Bei den Aufgaben zwei, drei und vier erbrachten die Dyaden *signifikant* bessere Leistungen als die Einzellernenden. Bei den Aufgaben eins, fünf und sechs wurde der Effekt der Sozialform nicht signifikant.

Der postulierte Vorteil des Lernens mit Feedbackmaßnahme zeigte sich nur *deskriptiv* für das *individuelle* Lernen. Die vierte Gruppenfeedbackhypothese bestätigte sich nicht. Deskriptiv zeigte sich bei einigen Aufgaben sogar eine Unterlegenheit des kooperativen Lernens mit Feedbackmaßnahme gegenüber dem kooperativen Lernen ohne Feedbackmaßnahme. Unter der Gruppenfeedbackbedingung wurden nicht mehr Fehler gemacht; allerdings wurde hier am Ende der Lernphase weniger geschrieben als unter der kooperativen Bedingung ohne Feedbackmaßnahme (die Anzahl der Wörter war deutlich geringer), entsprechend wurden hier weniger Punkte erzielt.

Ergebnisse zur Leistung in den Verständnistests. Tabelle 8.8 zeigt deskriptive Statistiken zu den Leistungen in den Verständnistests. Absolut gesehen ergaben sich für alle Verständnistests recht hohe Mittelwerte. Deskriptiv zeigte sich zudem bei allen Tests eine Überlegenheit der Dyaden. Bei Verständnistest eins wurde der Effekt der Sozialform signifikant ($F(1, 42) = 12.69$, $p < .05$; Eta² $= .23$, großer Effekt). Der Levene-Test war ebenfalls signifikant; ein U-Test bestätigte den signifikanten Effekt der Sozialform. Auch beim zweiten Verständnistest wurde der Effekt signifikant ($F(1, 42) = 6.60$, $p < .05$; Eta² $= .14$, großer Effekt). Beim dritten Verständnistest ergab sich jedoch kein bedeutsamer Effekt der Sozialform ($F < 1$, *n.s.*). Der Effekt der Sozialform bei Verständnistest vier verfehlte knapp die Signifikanzgrenze ($F(1, 42) = 3.41$, *n.s.*). Ebenfalls nicht signifikant wurde der Effekt bei Verständnistest fünf ($F < 1$, *n.s.*) und Verständnistest sechs ($F < 1$, *n.s.*). Eine statistisch bedeutsame Überlegenheit der Dyaden ergab sich also nur für die ersten beiden Verständnistests.

Fazit. Hypothesenkonform waren die Leistungen der Dyaden deskriptiv bei allen Problemlöseaufgaben (bis auf Aufgabe fünf) sowie bei allen Verständnistests besser als die Leistungen der Einzellernenden. Bei drei Problemlöseaufgaben und zwei Verständnistests wurde der Unterschied signifikant. Erwartungsgemäß ergab sich bei der ersten Aufgabe kein signifikanter Unterschied bezüglich der Bedingungen ohne und mit Feedbackmaßnahme. Dies galt jedoch, anders als vermutet, auch für die übrigen Aufgaben. Die Annahmen, dass sich unter den Feedbackbedingungen vor allem bei den jeweils zweiten Problemlöseaufgaben zu den drei Themen bessere Leistungen zeigen als unter den Bedingungen ohne Feedbackmaßnahme und dass sich die Lernwirksamkeit der Feedbackmaßnahme im Laufe der Lernphase zunehmend niederschlägt, wurden entsprechend nicht bestätigt. Es zeigte sich ein *deskriptiver* Vorteil des Lernens mit Feedbackmaßnahme unter den *individuellen* Bedingungen. Die vierte Gruppenfeedbackhypothese konnte also nicht gestützt werden.

Tab. 8.8: Leistungen in den Verständnistests. Mittelwerte (Standardabweichungen in Klammern), Minima, Maxima

| | Thema Linearität | | | | | | | | Thema heterogene Untergruppen | | | | | | | | Thema Ausreißer | | | | | | | |
| | Verständnistest 1 (theor. Max.: 12) | | | | Verständnistest 2 (theor. Max.: 12) | | | | Verständnistest 3 (theor. Max.: 12) | | | | Verständnistest 4 (theor. Max.: 12) | | | | Verständnistest 5 (theor. Max.: 12) | | | | Verständnistest 6 (theor. Max.: 12) | | | |
	M	(SD)	Min	Max	M	(SD)	Min	Max	M	(SD)	Min	Max	M	(SD)	Min	Max	M	(SD)	Min	Max	M	(SD)	Min	Max
Individuelles Lernen mit Feedbackmaßnahme (n = 18)	9.4	(1.46)	7	12	9.9	(1.35)	7	12	8.7	(1.13)	7	10	8.8	(1.76)	6	12	8.3	(1.37)	6	11	9.5	(1.47)	5	12
Kooperatives Lernen mit Feedbackmaßnahme (n = 26)[1]	10.7	(.97)	8	12	10.9	(1.16)	8	12	8.9	(.99)	7	11	9.7	(1.46)	6	12	8.9	(1.97)	4	12	9.9	(1.38)	6	11
Gesamt Feedbackbedingungen (N = 44)	10.2	(1.35)	7	12	10.5	(1.32)	7	12	8.8	(1.04)	7	11	9.4	(1.63)	6	12	8.6	(1.75)	4	12	9.8	(1.42)	5	12

Anmerkung. [1] Da die Dyaden die Tests gemeinsam bearbeiteten, wird jede Dyade als eine Versuchsperson angesehen. Daher beruhen die Angaben auf n = 26.

8.2.4   Bedeutung des Vorwissens

Hypothesen. Erwartet wurde, dass das Vorwissen[1] für den Lernerfolg bedeutsam ist; es sollten sich hier also eine positive Korrelation sowie ein Haupteffekt des Vorwissens ergeben (H 15). Zudem wurde angenommen, dass das Vorwissen den Effekt der Feedbackmaßnahme moderiert: Es wurde vermutet, dass ein geringes Vorwissen durch die Feedbackmaßnahme kompensiert wird, erwartet wurde also ein Interaktionseffekt des Vorwissens und der Feedbackmaßnahme (Aptitude-Treatment-Interaktion; H 16). Hinsichtlich der Sozialform wurde kein bestimmter Effekt postuliert.

Ergebnisse. Tabelle 8.9 zeigt die Korrelationen zwischen Vorwissen und Lernerfolg in den einzelnen experimentellen Gruppen und in der Gesamtgruppe. Das Vorwissen korrelierte erwartungsgemäß unter allen Bedingungen mit dem Lernerfolg. Unter den Bedingungen ohne Feedbackmaßnahme waren die Korrelationen hoch, mit Feedbackmaßnahme ergaben sich nur mittlere Korrelationen; im Fall des individuellen Lernens mit Feedbackmaßnahme wurde diese Korrelation nicht signifikant. Der Lernerfolg hing unter dieser Bedingung also nicht vom Vorwissen ab; beim kooperativen Lernen mit Feedbackmaßnahme war es zwar von Bedeutung, der Zusammenhang war jedoch geringer als unter den Bedingungen ohne Feedbackmaßnahme.

Tab. 8.9: Korrelationen zwischen Vorwissen und Lernerfolg

	Vorwissen – Lernerfolg
Individuelles Lernen ohne Feedbackmaßnahme	.62*
Individuelles Lernen mit Feedbackmaßnahme	.29
Kooperatives Lernen ohne Feedbackmaßnahme	.55*
Kooperatives Lernen mit Feedbackmaßnahme	.31*
Gesamtgruppe	.42*

Anmerkung. * $p < .05$, einseitige Signifikanzprüfung

Eine Varianzanalyse mit den Faktoren „Feedbackmaßnahme" und „Sozialform" sowie „Vorwissen" und dem Lernerfolg als abhängige Variable ergab einen

---

1   Das Vorwissen wurde am Median dichotomisiert (Vortestpunktzahl ≤ 4.75: geringeres Vorwissen; Vortestpunktzahl > 4.75: größeres Vorwissen).

signifikanten Haupteffekt des Vorwissens ($F(1, 129) = 15.98$, $p < .05$; Eta² $= .11$, mittlerer Effekt) sowie eine signifikante Interaktion zwischen dem Vorwissen und der Feedbackmaßnahme ($F(1, 129) = 5.94$, $p < .05$; Eta² $= .04$, kleiner Effekt). Ebenfalls signifikant wurden der Haupteffekt der Feedbackmaßnahme ($F(1, 129) = 31.17$, $p < .05$; Eta² $= .20$, großer Effekt) sowie die Interaktion zwischen Feedbackmaßnahme und Sozialform ($F(1, 129) = 5.92$, $p < .05$; Eta² $= .04$, kleiner Effekt). Der Haupteffekt der Sozialform sowie die Dreifachinteraktion verfehlten die Signifikanzgrenze (beide $F < 1$, *n.s.*).

Fazit. Das Vorwissen wirkte sich wie vermutet auf den Lernerfolg aus. Zudem moderierte es die Wirkung der Feedbackmaßnahme: Vor allem unter den Bedingungen ohne Feedbackmaßnahme beeinflusste das Vorwissen den Lernerfolg, während unter den Feedbackbedingungen ein geringes Vorwissen erwartungsgemäß durch die Feedbackmaßnahme kompensiert wurde. Der Interaktionseffekt der Feedbackmaßnahme mit dem Vorwissen wurde signifikant, die postulierte Aptitude-Treatment-Interaktion wurde also festgestellt. Hinsichtlich der Sozialform ergab sich kein Moderationseffekt des Vorwissens.

8.3   Metakognitive Effekte der Feedbackmaßnahme und des kooperativen Lernens

8.3.1   Auswirkungen auf die Mindfulness

Hypothesen. Es wurde erwartet, dass sich die Feedbackmaßnahme und das kooperative Lernen günstig auf die Mindfulness auswirken (H 17 und H 18).

Ergebnisse. Tabelle 8.10 zeigt deskriptive Statistiken zur Mindfulness. Absolut gesehen ergaben sich für die Mindfulness im Mittel hohe Werte, nahe am theoretischen Maximum; es zeigte sich also ein Deckeneffekt. Die Minima befanden sich im mittleren Bereich der Skala. Die Mittelwerte der Gruppen unterschieden sich schon deskriptiv kaum, eine Varianzanalyse ergab entsprechend keine Effekte der Feedbackmaßnahme und der Sozialform bezüglich der Mindfulness; auch die Interaktion der beiden Faktoren war nicht signifikant (alle $F < 1$, *n.s.*).

Tab. 8.10: Mindfulness (Min.–Max.: 1–6). Mittelwerte (Standardabweichungen in Klammern), Minima, Maxima

	M	(SD)	Min	Max
Individuelles Lernen ohne Feedbackmaßnahme	5.2	(.57)	4.00	6.00
Individuelles Lernen mit Feedbackmaßnahme	5.0	(.58)	3.50	6.00
Kooperatives Lernen ohne Feedbackmaßnahme	5.2	(.55)	3.25	6.00
Kooperatives Lernen mit Feedbackmaßnahme	5.2	(.61)	3.25	6.00
Gesamtgruppe	5.2	(.58)	3.25	6.00

Fazit. Die erlebte Mindfulness war unter allen Bedingungen sehr hoch ausgeprägt. Die Annahme, dass sich die Feedbackmaßnahme und das kooperative Lernen positiv auf die Mindfulness auswirken, wurde nicht bestätigt.

8.3.2 Auswirkungen auf die Validität der Selbstbeurteilung

Hypothesen. Es wurde angenommen, dass sich die Feedbackmaßnahme und das kooperative Lernen positiv auf die Validität der Selbstbeurteilung von Vor- und Nachtestleistung auswirken (H 19 und H 20). Es sollten sich also für die Bedingungen mit Feedbackmaßnahme und die kooperativen Bedingungen hohe Korrelationen der Selbstbeurteilungen mit den Punktzahlen in Vor- und Nachtest ergeben.

Ergebnisse. Tabelle 8.11 gibt einen Überblick über deskriptive Statistiken bezüglich der Selbstbeurteilung der Leistung in Vor- und Nachtest. Insgesamt beurteilten die Studierenden ihre Leistungen im Vortest im Mittel als befriedigend bis ausreichend, im Nachtest als befriedigend. Die Einschätzungen waren unter den kooperativen Bedingungen positiver als die Einschätzungen unter den individuellen Bedingungen.

Bezüglich der Vortestleistung war der Unterschied zu den individuellen Bedingungen signifikant (Haupteffekt Sozialform: $F(1, 133) = 7.20$, $p < .05$; Eta² = .05, kleiner Effekt); der Effekt der Feedbackmaßnahme sowie die Interaktion waren nicht signifikant (Feedbackmaßnahme: $F < 1$, *n.s.*; Interaktion: $F(1, 133) = 1.39$, *n.s.*). Hinsichtlich der Selbstbeurteilung der Nachtestleistung ergaben sich keine signifikanten Unterschiede zwischen den Bedingungen (Haupteffekte Feedbackmaßnahme und Sozialform: $F < 1$, *n.s.*; Interaktion: $F(1, 133) = 1.69$, *n.s.*).

Tab. 8.11: Selbstbeurteilung der Leistung in Vor- und Nachtest (Notenskala). Mittelwerte (Standardabweichungen in Klammern), Minima, Maxima

	Selbstbeurteilung Vortest (Notenskala)				Selbstbeurteilung Nachtest (Notenskala)			
	M	(SD)	Min	Max	M	(SD)	Min	Max
Individuelles Lernen ohne Feedbackmaßnahme	3.9	(1.36)	2.00	6.00	3.1	(1.25)	2.00	5.00
Individuelles Lernen mit Feedbackmaßnahme	4.3	(1.46)	2.00	6.00	2.7	(.89)	2.00	5.00
Kooperatives Lernen ohne Feedbackmaßnahme	3.5	(1.16)	1.00	6.00	2.7	(.82)	1.00	5.00
Kooperatives Lernen mit Feedbackmaßnahme	3.4	(1.16)	1.00	6.00	2.8	(.97)	1.00	5.00
Gesamtgruppe	3.6	(1.25)	1.00	6.00	2.8	(.95)	1.00	5.00

Tabelle 8.12 zeigt die Korrelationen der Selbstbeurteilungen mit den erzielten Punktzahlen in Vor- und Nachtest. Insgesamt ergaben sich mittlere bis hohe Korrelationen. Unter allen Bedingungen zeigte sich ein zumindest mittlerer Zusammenhang zwischen Selbstbeurteilung und erbrachter Leistung; unter allen Lernbedingungen ging also weitgehend eine bessere Leistung auch mit einer besseren Selbstbeurteilung einher, eine schlechtere Leistung mit einer schlechteren Selbstbeurteilung. Die höchsten Korrelationen ergaben sich – anders als erwartet – beim individuellen Lernen ohne Feedbackmaßnahme, also unter der Bedingung ohne zusätzliche instruktionale Maßnahmen. In der Experimentalgruppe „individuelles Lernen mit Feedbackmaßnahme" war eine Korrelation (Selbstbeurteilung Nachtest – Nachtestleistung) nicht signifikant. Deskriptiv ist ein Unterschied zwischen den Korrelationen in den individuellen und kooperativen Gruppen festzustellen, der jedoch anders gelagert ist als vermutet: In den individuellen Gruppen sind die Korrelationen *höher* als in den kooperativen. Angesichts der erwartungswidrigen Befunde wurden die Streuungsdiagramme betrachtet; hier zeigten sich jedoch keine Auffälligkeiten.

Tab. 8.12: Validität der Selbstbeurteilung: Korrelation von Selbstbeurteilung und Punktzahl in Vor- und Nachtest

	Selbstbeurteilung Vortest[1] *– Punktzahl Vortest*	*Selbstbeurteilung Nachtest – Punktzahl Nachtest*
Individuelles Lernen ohne Feedbackmaßnahme	.74*	.50*
Individuelles Lernen mit Feedbackmaßnahme	.51*	.30
Kooperatives Lernen ohne Feedbackmaßnahme	.32*	.30*
Kooperatives Lernen mit Feedbackmaßnahme	.49*	.37*
Gesamtgruppe	.48*	.33*

Anmerkungen. * $p < .05$, einseitige Signifikanzprüfung

[1] Für die Berechnung der Korrelationen wurden beide Selbstbeurteilungsvariablen (die über eine Notenskala erfasst wurden) umgepolt, um die Anschaulichkeit zu erhöhen.

Eine Varianzanalyse mit den Faktoren „Feedbackmaßnahme", „Sozialform" und „Vortestpunktzahl" und der Selbstbeurteilung der Vortestleistung als abhängige Variable ergab jedoch keine signifikanten Interaktionen der Vortestpunktzahl mit den beiden Maßnahmen (Interaktion Vortestpunktzahl mit Feedbackmaßnahme und Interaktion Vortestpunktzahl mit Sozialform: beide $F < 1$, *n.s.*; Dreifachinteraktion: $F(1, 129) = 2.23$, *n.s.*). Auch bezüglich der Einschätzung der Leistung im Nachtest ergaben sich keine signifikanten Interaktionen (Interaktion Nachtestpunktzahl mit Feedbackmaßnahme und Interaktion Nachtestpunktzahl mit Sozialform: beide $F < 1$, *n.s.*; Dreifachinteraktion: $F(1, 129) = 1.00$, *n.s.*).

Fazit. Insgesamt beurteilten die Studierenden ihre Leistungen im Mittel mit ausreichend (Vortest) bzw. befriedigend (Nachtest). Unter den kooperativen Bedingungen fielen die Einschätzungen positiver aus als unter den individuellen. Für die Vortestleistung war der Unterschied signifikant. Die Korrelationen mit der erreichten Punktzahl waren mittelhoch bis hoch, die Validität der Selbstbeurteilung war also insgesamt weitgehend gegeben. Die Feedbackmaßnahme und die Sozialform wirkten sich, anders als angenommen, nicht auf die Validität der Selbstbeurteilung aus.

8.4   Motivationale Effekte der Feedbackmaßnahme und des kooperativen Lernens

8.4.1   Auswirkungen auf die Motivation

Hinsichtlich motivationaler Effekte der Feedbackmaßnahme und der Sozialform wurden keine Hypothesen aufgestellt.

Ergebnisse zur Motivation in der Lernphase. Tabelle 8.13 zeigt deskriptive Statistiken zur Motivation in der Lernphase. Absolut gesehen ergaben sich für beide motivationalen Prozessvariablen im Mittel auffällig hohe Werte. Die Minima liegen überwiegend im mittleren Bereich der Skala; in der Experimentalgruppe „individuelles Lernen mit Feedbackmaßnahme" ist bei der intrinsischen Motivation selbst das Minimum mit 4.00 recht hoch. Bei beiden Variablen zeigen sich deskriptiv nur geringe Mittelwertsunterschiede. In einer Varianzanalyse ergaben sich entsprechend keine Haupteffekte der Feedbackmaßnahme und Sozialform; auch die Interaktion war nicht signifikant (alle $F < 1$, *n.s.*).

Tab. 8.13: Selbstwirksamkeitserleben und intrinsische Motivation in der Lernphase (Min.–Max.: 1–6). Mittelwerte (Standardabweichungen in Klammern), Minima, Maxima

	Erwartungskomponente der Motivation				*Wertkomponente der Motivation*			
	Selbstwirksamkeitserleben				*Intrinsische Motivation*			
	M	(SD)	Min	Max	M	(SD)	Min	Max
Individuelles Lernen ohne Feedbackmaßnahme	4.4	(1.17)	1.33	5.33	5.1	(.84)	3.33	6.00
Individuelles Lernen mit Feedbackmaßnahme	4.5	(.86)	2.67	6.00	5.0	(.68)	4.00	6.00
Kooperatives Lernen ohne Feedbackmaßnahme	4.6	(.85)	2.33	6.00	4.9	(.76)	3.33	6.00
Kooperatives Lernen mit Feedbackmaßnahme	4.6	(.75)	2.33	6.00	4.9	(.92)	2.67	6.00
Gesamtgruppe	4.6	(.86)	1.33	6.00	5.0	(.82)	2.67	6.00

Ergebnisse zur Motivation nach der Lernphase. Tabelle 8.14 zeigt deskriptive Statistiken zu motivationalen Erwartungsaspekten. Absolut gesehen ergaben sich für beide Erwartungsaspekte mittlere bis hohe Werte; besonders hoch waren die Mittelwerte beim themenspezifischen Selbstkonzept.

Die Mittelwertsunterschiede waren bezüglich des Selbstkonzepts gering. Eine Varianzanalyse ergab entsprechend keine Haupt- oder Interaktionseffekte der Feedbackmaßnahme und der Sozialform hinsichtlich des Selbstkonzepts (alle $F < 1$, *n.s.*).

Die Lernenden bewerteten ihre Kompetenz im Mittel mit „befriedigend". Die Kompetenzeinschätzung war unter den Feedbackbedingungen deskriptiv positiver als unter den Bedingungen ohne Feedbackmaßnahme. Der Haupteffekt der Feedbackmaßnahme verfehlte jedoch die Signifikanzgrenze ($F(1, 131) = 1.69$, *n.s.*). Unter den kooperativen Bedingungen ergaben sich positivere Kompetenzeinschätzungen als unter den individuellen Bedingungen; am günstigsten schätzten sich die Lernenden unter der Gruppenfeedbackbedingung ein.

Tab. 8.14: Erwartungsaspekte der Motivation nach der Lernphase (Min.–Max.: 1–6). Mittelwerte (Standardabweichungen in Klammern), Minima, Maxima

	Erwartungskomponente der Motivation						
	Themenspezifisches Selbstkonzept a posteriori				*Themenspezifische Kompetenzeinschätzung (Notenskala)*[1]		
	M	(SD)	Min	Max	M	(SD)	Min	Max
Individuelles Lernen ohne Feedbackmaßnahme	4.8	(.89)	3.00	6.00	3.4	(1.17)	2.00	5.00
Individuelles Lernen mit Feedbackmaßnahme	4.6	(.94)	2.50	5.75	3.1	(1.05)	2.00	6.00
Kooperatives Lernen ohne Feedbackmaßnahme	4.6	(.82)	3.00	6.00	3.0	(.71)	2.00	5.00
Kooperatives Lernen mit Feedbackmaßnahme	4.8	(.91)	1.25	6.00	2.7	(.91)	1.00	5.00
Gesamtgruppe	4.7	(.87)	1.25	6.00	2.9	(.91)	1.00	6.00

Anmerkung. [1] Hier war $N = 135$, da zwei Probanden keine Kompetenzeinschätzung vornahmen (je einer in den Gruppen „individuelles Lernen mit Feedbackmaßnahme" und „kooperatives Lernen ohne Feedbackmaßnahme").

Der Unterschied zwischen den kooperativen und individuellen Bedingungen konnte in einer Varianzanalyse statistisch abgesichert werden; es ergab sich ein Haupteffekt der Sozialform ($F(1, 131) = 4.80$, $p < .05$; Eta² = .04, kleiner Effekt). Zudem waren in den kooperativen Experimentalgruppen die Standardabweichungen signifikant geringer als in den individuellen Gruppen (in einem entsprechenden t-Test wurde der Levene-Test signifikant), die Kompetenzeinschätzungen waren demnach homogener. Die Interaktion war nicht signifikant ($F < 1$, *n.s.*).

Tabelle 8.15 zeigt deskriptive Statistiken zu motivationalen Wertaspekten.

Tab. 8.15: Wertaspekte der Motivation nach der Lernphase (Min.–Max.: 1–6). Mittelwerte (Standardabweichungen in Klammern), Minima, Maxima

| | *Wertkomponente der Motivation* | | | | | | | | | | | |
| | *Themenspezifisches Interesse a posteriori* | | | | *Akzeptanz der Lernumgebung* | | | | *Akzeptanz der Teamarbeit* | | | |
	M	(SD)	Min	Max	M	(SD)	Min	Max	M	(SD)	Min	Max
Individuelles Lernen ohne Feedback-maßnahme	4.3	(.85)	2.67	5.83	4.6	(1.04)	1.78	5.89	–	–	–	–
Individuelles Lernen mit Feedback-maßnahme	4.0	(.91)	2.00	5.17	4.9	(.66)	3.44	5.89	–	–	–	–
Kooperatives Lernen ohne Feedback-maßnahme	3.8	(.86)	1.83	6.00	4.8	(.58)	3.00	5.78	5.0	(.64)	3.50	6.00
Kooperatives Lernen mit Feedback-maßnahme	4.0	(1.07)	1.50	6.00	4.7	(.66)	2.89	5.89	5.2	(.60)	3.71	6.00
Gesamt-gruppe	4.0	(.95)	1.50	6.00	4.8	(.69)	1.78	5.89	5.1	(.63)	3.50	6.00

Absolut gesehen ergaben sich für alle drei Wertaspekte der Motivation mittlere bis hohe Werte; besonders hoch waren die Mittelwerte bei den Akzeptanzaspekten.

Das größte Interesse hatten die Lernenden unter der Bedingung ohne zusätzliche instruktionale Maßnahmen. Die größte Akzeptanz der Lernumgebung war beim individuellen Lernen mit Feedbackmaßnahme festzustellen, die größte Akzeptanz der Teamarbeit unter der Gruppenfeedbackbedingung. Die Mittelwertsunterschiede waren jedoch eher gering.

Varianzanalysen ergaben entsprechend für die meisten Aspekte keine Haupt- oder Interaktionseffekte der Feedbackmaßnahme und Sozialform (Interesse: Feedbackmaßnahme: $F < 1$, $n.s.$; Sozialform: $F(1, 133) = 2.03$, $n.s.$; Interaktion: $F(1, 133) = 1.44$, $n.s.$; Akzeptanz der Lernumgebung: Feedbackmaßnahme: $F(1, 133) = 1.84$, $n.s.$; Sozialform: $F < 1$, $n.s.$; Interaktion: $F(1, 133) = 2.12$, $n.s.$; Akzeptanz der Teamarbeit[2]: Feedbackmaßnahme: $(F(1, 100) = 3.39$, $n.s.$).

Fazit. Insgesamt zeigten sich also für die meisten Motivationsaspekte keine Effekte. Das kooperative Lernen wirkte sich positiv auf die Kompetenzeinschätzung aus; unter den kooperativen Bedingungen waren zudem die Kompetenzeinschätzungen homogener als unter den individuellen Bedingungen. Dies entspricht den Ergebnissen zur Selbstbeurteilung (siehe Abschnitt 8.3.2): Kooperativ Lernende beurteilten ihre Leistungen positiver als individuell Lernende.

8.4.2 Auswirkungen auf Motivationsänderungen

Hypothesen. Es wurde erwartet, dass die Studierenden nach der Lernphase über ein günstigeres themenspezifisches Selbstkonzept verfügen als vor der Lernphase und außerdem ein größeres Interesse an Korrelationsrechnung haben. Demnach sollten sich signifikante Haupteffekte der Messwiederholungsfaktoren „themenspezifisches Selbstkonzept" und „themenspezifisches Interesse" ergeben (H 21 und H 22). Hinsichtlich der Wirkung der Feedbackmaßnahme und der Sozialform auf die Motivationsänderung wurden keine Hypothesen formuliert.

Ergebnisse. Für eine deskriptive Betrachtung der Motivationsänderung unter den einzelnen Lernbedingungen wurden die Mittelwerte vor und nach der Lernphase verglichen. Tabelle 8.16 zeigt deskriptive Statistiken für das themenspezifische Selbstkonzept vor und nach der Lernphase sowie die Mittelwertsunterschiede in den einzelnen Experimentalgruppen und in der Gesamtgruppe.

---

2   Bezüglich der Akzeptanz der Teamarbeit konnten nur die kooperativen Bedingungen betrachtet werden; hier wurde also nur der Effekt der Feedbackmaßnahme untersucht. Die Anzahl der Probanden war somit $N = 102$.

Tab. 8.16: Themenspezifisches Selbstkonzept (Min.–Max.: 1–6) vor und nach der Lernphase. Mittelwerte (Standardabweichungen in Klammern) und Differenz der Mittelwerte

| | *Erwartungskomponente der Motivation* | | | | |
| | *Themenspezifisches Selbstkonzept a priori* | | *Themenspezifisches Selbstkonzept a posteriori* | | |
	M	(SD)	M	(SD)	Δ
Individuelles Lernen ohne Feedbackmaßnahme	4.1	(.79)	4.7	(.89)	.6
Individuelles Lernen mit Feedbackmaßnahme	4.1	(.70)	4.6	(.94)	.5
Kooperatives Lernen ohne Feedbackmaßnahme	4.2	(.82)	4.6	(.82)	.4
Kooperatives Lernen mit Feedbackmaßnahme	4.4	(.77)	4.8	(.91)	.4
Gesamtgruppe	4.3	(.78)	4.7	(.87)	.4

Unter allen Lernbedingungen zeigten sich im Hinblick auf das themenspezifische Selbstkonzept höhere Mittelwerte nach der Lernphase als vor der Arbeit mit Koralle. Es lässt sich außerdem ein deskriptiver Unterschied zwischen den individuellen und den kooperativen Bedingungen feststellen: Der Motivationszuwachs war unter den individuellen Bedingungen höher als unter den kooperativen.

Für eine statistische Absicherung dieser deskriptiven Unterschiede wurde eine Varianzanalyse mit Messwiederholung und den Gruppenfaktoren „Feedbackmaßnahme" und „Sozialform" gerechnet. Der Haupteffekt des Messwiederholungsfaktors wurde erwartungsgemäß signifikant ($F(1, 133) = 45.43$, $p < .05$), es handelte sich um einen großen Effekt (Eta^2 = .26). Der Interaktionseffekt der Sozialform mit dem Messwiederholungsfaktor verfehlte jedoch die Signifikanzgrenze ($F(1, 133) = 1.75$, *n.s.*). Dies gilt ebenfalls für die Interaktion des Messwiederholungsfaktors mit der Feedbackmaßnahme und die Dreifachinteraktion (beide $F < 1$, *n.s.*).

Tabelle 8.17 zeigt deskriptive Statistiken für das themenspezifische Interesse vor und nach der Lernphase sowie die Mittelwertsunterschiede.

Tab. 8.17: Themenspezifisches Interesse (Min.–Max.: 1–6) vor und nach der Lernphase. Mittelwerte (Standardabweichungen in Klammern) und Differenz der Mittelwerte

	Wertkomponente der Motivation				
	Themenspezifisches Interesse a priori		*Themenspezifisches Interesse a posteriori*		
	M	(SD)	M	(SD)	Δ
Individuelles Lernen ohne Feedbackmaßnahme	3.9	(.90)	4.3	(.85)	.4
Individuelles Lernen mit Feedbackmaßnahme	3.7	(.76)	4.0	(.91)	.3
Kooperatives Lernen ohne Feedbackmaßnahme	3.5	(.80)	3.8	(.86)	.3
Kooperatives Lernen mit Feedbackmaßnahme	3.8	(.91)	4.0	(1.07)	.2
Gesamtgruppe	3.7	(.86)	4.0	(.95)	.3

Auch hinsichtlich des themenspezifischen Interesses ergaben sich unter allen Lernbedingungen nach der Lernphase höhere Mittelwerte als vor der Lernphase. In einer Varianzanalyse wurde der Haupteffekt des Messwiederholungsfaktors wie erwartet signifikant ($F(1, 133) = 21.48$, $p < .05$), es handelte sich um einen großen Effekt (Eta^2 = .14). Die Interaktionen der Feedbackmaßnahme und der Sozialform mit dem Messwiederholungsfaktor waren nicht signifikant (Feedbackmaßnahme: $F(1, 133) = 1.57$, *n.s.*; Sozialform und Dreifachinteraktion: beide $F < 1$, *n.s.*).

Fazit. Insgesamt zeigten sich also, ebenso wie im kognitiven Bereich (siehe Abschnitt 8.2), auch in motivationaler Hinsicht die angestrebten positiven Effekte der Arbeit mit der Lernumgebung Koralle. Es wurden sowohl ein Erwartungsaspekt (themenspezifisches Selbstkonzept) als auch ein Wertaspekt (themenspezifisches Interesse) der Lernmotivation gefördert. Die Feedbackmaßnahme und die Sozialform wirkten sich nicht auf die Änderungen der Lernmotivation aus.

8.5   Bedeutung der Lernzeit

Hypothesen. Es wurde erwartet, dass beide Maßnahmen die Lernzeit verlängern (H 23). Zudem wurde vermutet, dass es einen Zusammenhang zwischen Lernzeit und Lernerfolg gibt (H 24). Es wurde weiterhin angenommen, dass Effekte der Maßnahmen bei statistischer Kontrolle der Lernzeit erhalten bleiben (H 25).

Ergebnisse. Tabelle 8.18 zeigt deskriptive Statistiken zur Lernzeit.

Tab. 8.18: Lernzeit (in Minuten). Mittelwerte (Standardabweichungen in Klammern), Minima, Maxima

	M	(SD)	Min	Max
Individuelles Lernen ohne Feedbackmaßnahme ($n = 17$)	70.1	(24.05)	39	129
Individuelles Lernen mit Feedbackmaßnahme ($n = 18$)	104.1	(23.72)	67	159
Kooperatives Lernen ohne Feedbackmaßnahme ($n = 50$)	85.8	(29.77)	47	148
Kooperatives Lernen mit Feedbackmaßnahme ($n = 52$)	117.8	(21.27)	73	162
Gesamtgruppe ($N = 137$)	98.4	(30.58)	39	162

Die durchschnittlichen Lernzeiten können aufgrund von Erfahrungen aus der ersten Koralle-Studie (Tyroller, 2005) in allen Experimentalgruppen als ausreichend bezeichnet werden. Bei der knappen Lernzeit von nur 39 Minuten handelte es sich um eine Versuchsperson mit gutem Vorwissen (8.25 von 12 Punkten), die auch im Nachtest gut abschnitt. Da die Lernenden über Monitore beobachtet wurden, konnte sichergestellt werden, dass in der erfassten Zeit auch tatsächlich die Aufgaben der Lernumgebung bearbeitet wurden. Der niedrigste Mittelwert sowie der niedrigste Einzelwert zeigten sich in der Gruppe ohne zusätzliche instruktionale Maßnahmen (individuelles Lernen ohne Feedbackmaßnahme), der höchste Mittelwert sowie der höchste Einzelwert in der Gruppe mit beiden Maßnahmen.

Am längsten waren die Lernzeiten unter den beiden Feedbackbedingungen. Es zeigte sich entsprechend ein signifikanter Effekt der Feedbackmaßnahme ($F(1, 133) = 44.34$, $p < .05$; Eta² = .25, großer Effekt). Studierende in den kooperativen Experimentalgruppen befassten sich länger mit der Lernumgebung als Studierende in den individuellen Gruppen. Dieser Unterschied hinsichtlich der Sozialform erwies sich ebenfalls als signifikant ($F(1, 133) = 8.82$, $p < .05$; Eta² = .06, mittlerer

Effekt). Die Interaktion zwischen Feedbackmaßnahme und Sozialform war statistisch nicht bedeutsam ($F < 1$, *n.s.*).

Um die Bedeutung der Lernzeit für Effekte der Maßnahmen hinsichtlich des Lernerfolgs festzustellen, wurden zunächst die Korrelationen zwischen Lernzeit und Lernerfolg für die einzelnen Lernbedingungen bestimmt (siehe Tabelle 8.19).

Tab. 8.19: Korrelationen zwischen Lernzeit und Lernerfolg

	Lernzeit – Lernerfolg
Individuelles Lernen ohne Feedbackmaßnahme ($n = 17$)	-.59*
Individuelles Lernen mit Feedbackmaßnahme ($n = 18$)	-.16
Kooperatives Lernen ohne Feedbackmaßnahme ($n = 50$)	.15
Kooperatives Lernen mit Feedbackmaßnahme ($n = 52$)	.42*
Gesamtgruppe ($N = 137$)	.28*

Anmerkung. * $p < .05$, zweiseitige Signifikanzprüfung

Zwischen Lernzeit und Lernerfolg ergab sich für die Gesamtgruppe ein mittlerer Zusammenhang. Der Lernerfolg war somit nicht unabhängig von der Lernzeit. Nur unter der Bedingung „kooperatives Lernen mit Feedbackmaßnahme" ging eine längere Lernzeit mit einem größeren Lernerfolg einher; die übrigen Koeffizienten waren entweder nicht signifikant oder, in der Gruppe „individuelles Lernen ohne Feedbackmaßnahme", sogar signifikant negativ. Die Streuungsdiagramme zeigten jedoch keine Auffälligkeiten. Die negativen Korrelationen sind darauf zurückzuführen, dass sich einige vorwissensschwächere Lernende lang mit der Lernumgebung befassten, jedoch einen im Vergleich zu den anderen eher geringen Lernerfolg erzielten.

Da die Lernzeit in zwei Experimentalgruppen bedeutsam mit dem Lernerfolg assoziiert war, wurden die Effekte der Maßnahmen hinsichtlich des Lernerfolgs unter Einbeziehung der Lernzeit als Kovariate erneut berechnet. Der Effekt der Feedbackmaßnahme bezüglich des Lernerfolgs war weiterhin signifikant und substantiell ($F(1, 132) = 19.92$, $p < .05$; Eta² $= .13$, mittlerer Effekt). Dasselbe gilt für den Interaktionseffekt ($F(1, 132) = 4.95$, $p < .05$; Eta² $= .04$, kleiner Effekt). Der Effekt der Sozialform war nicht signifikant ($F < 1$, *n.s.*).

Die Lernzeit war somit zwar von Bedeutung für den Lernerfolg, der Haupteffekt der Feedbackmaßnahme sowie der Interaktionseffekt von Feedbackmaßnahme und Sozialform blieben jedoch auch bei ihrer Kontrolle erhalten.

Fazit. Erwartungsgemäß verlängerten sowohl die Feedbackmaßnahme als auch das kooperative Lernen die Lernzeit bedeutsam. Am längsten waren die Lernzeiten unter den beiden Feedbackbedingungen. Wie angenommen blieb der positive Effekt der Feedbackmaßnahme hinsichtlich des Lernerfolgs bei statistischer Kontrolle der Lernzeit erhalten; dasselbe gilt für den Interaktionseffekt von Feedbackmaßnahme und Sozialform.

9 Resümee und Diskussion

Die dargestellte Studie verfolgte zwei übergeordnete Ziele. Ein eher grundlagenorientiertes Ziel war der Erkenntnisgewinn zur Wirksamkeit von Feedback und kooperativem Lernen. Da zu Feedback an Lerngruppen bisher kaum Befunde vorliegen, wurde hierbei der Kombination der beiden Maßnahmen, also der Lernbedingung mit Gruppenfeedback, spezielle Aufmerksamkeit zuteil. Die Maßnahmen wurden im Rahmen der universitären Statistik- und Forschungsmethodenausbildung untersucht.

Ein stärker anwendungsbezogenes Ziel war die Förderung des Wissenserwerbs in einem anspruchsvollen Inhaltsbereich. Es sollten instruktionale Maßnahmen erprobt werden, die auch angesichts ungünstiger themenspezifischer Lernvoraussetzungen und suboptimaler Rahmenbedingungen eine effektive Unterstützung der Lernenden ermöglichen. Vor dem Hintergrund dieses Ziels sollten die Studierenden in allen untersuchten Experimentalgruppen gefördert werden; es wurden daher nur Lernbedingungen realisiert, die aus didaktischer Sicht erfolgversprechend sind.

Generell sollten Anregungen für die pädagogische Praxis generiert werden, die auch für andere Zielgruppen und Inhaltsbereiche nützlich sind (siehe Kapitel 10). Im Zusammenhang mit dem zweiten Ziel sollte zudem die in dieser Studie eingesetzte Lernumgebung Koralle zur Korrelationsrechnung, die sich in einer vorhergehenden Studie bereits bewährt hat, erneut evaluiert und hinsichtlich ihrer Lernwirksamkeit optimiert werden.

Nach Anmerkungen zur internen und externen Validität der Studie sowie zu den Lernvoraussetzungen der Untersuchungsteilnehmer werden im Folgenden die einzelnen Ergebnisse der Studie in der Reihenfolge der Untersuchungsfragen zusammengefasst und diskutiert. Abschließend wird im Sinne des eher grundlagenorientierten Ziels verdeutlicht, welche Erkenntnisse zu Feedback und kooperativem Lernen sowie zu Gruppenfeedback gewonnen wurden. Im Sinne des stärker anwendungsbezogenen Ziels wird beleuchtet, inwieweit es gelang, den Wissenserwerb durch die Lernumgebung und durch die implementierten Maßnahmen bei möglichst vielen Untersuchungsteilnehmern zu fördern.

9.1   Anmerkungen zur internen und externen Validität der Studie

Interne Validität. Es handelte sich um randomisierte Gruppen. Lediglich beim kooperativen Lernen war die Randomisierung geringfügig eingeschränkt, da (soweit organisatorisch möglich) homogene Dyaden gebildet wurden. Die Bedeutung der Dyadenhomogenität (Unterschiede hinsichtlich der Vortestleistung der Lernpartner) für den Lernerfolg wurde bestimmt; es zeigte sich kein Zusammenhang. Potentielle Störvariablen wurden umfassend erhoben: Es wurden verschiedene Lernvoraussetzungen sowie die Lernzeit erfasst. Bezüglich der Lernvoraussetzungsaspekte zeigten sich keine Unterschiede zwischen den experimentellen Gruppen (siehe Abschnitt 9.2). Bei der Lernzeit ergaben sich zwar Unterschiede, die Effekte der Maßnahmen blieben jedoch auch bei Kontrolle der Lernzeit erhalten (siehe Abschnitt 9.6). Die interne Validität kann im Hinblick auf die erfassten Variablen also als gesichert angesehen werden. Die Gruppenfeedbackbedingung umfasste zusätzlich zu der Feedbackmaßnahme ein einfaches Kooperationsskript, das eine aktive Partizipation der Lernpartner bei den Verständnistests sicherstellen sollte. Diese Tatsache gilt es bei Effekten der Feedbackmaßnahme zu beachten.

Externe Validität. Da die Lernzeit praktisch nicht eingeschränkt war (die maximale Lernzeit von 200 Minuten wurde von keinem Probanden erreicht), dürften sich die Ergebnisse auf Kontexte generalisieren lassen, in denen selbstreguliert mit ähnlich konzipierten Lernumgebungen gelernt wird. Zwar sind bei einer selbstgesteuerten Bearbeitung Unterbrechungen beliebiger Dauer möglich, während in der vorliegenden Studie lediglich zwei kurze Pausen eingelegt werden konnten; es ist jedoch anzunehmen, dass sich dann, wenn mehr bzw. längere Pausen gemacht werden, *noch* günstigere Effekte der Arbeit mit der Lernumgebung sowie der Feedbackmaßnahme zeigen, da Ermüdungserscheinungen eine geringere Rolle spielen dürften (siehe Abschnitt 9.3.1).

Möglicherweise ist die externe Validität geringfügig dadurch eingeschränkt, dass die Lernenden über Monitore beobachtet wurden und über diese Tatsache auch informiert waren. Dies mag zu größerer Persistenz und Anstrengung geführt haben, als dies möglicherweise beim selbstregulierten Lernen mit der Lernumgebung der Fall wäre. Wird Koralle jedoch innerhalb eines Seminars eingesetzt, so kann ebenfalls eine Beobachtung der Lernenden erfolgen, diesbezüglich dürfte also eine Generalisierung möglich sein.

Die Probanden waren Studierende, der Inhaltsbereich ein Thema der Statistik. Es ist daher anzunehmen, dass sich die gewonnenen Erkenntnisse auf Kontexte generalisieren lassen, in denen Erwachsene in einem gut strukturierten Inhaltsbereich Wissen erwerben. Solche Kontexte sind beispielsweise universitäres Lernen zu mathematischen oder naturwissenschaftlichen Themen oder auch Maßnahmen zur beruflichen Aus- und Weiterbildung in kaufmännischen oder technischen Berufen (vgl. Hinkofer, 2004; Stark, 1999).

9.2 Lernvoraussetzungen

Die Versuchspersonen verfügten überwiegend über zumindest basales Vorwissen in Korrelationsrechnung. Die angestrebte Homogenität der Dyaden hinsichtlich des Vorwissens war annähernd gegeben. Hinsichtlich der weiteren untersuchten Lernvoraussetzungen ergaben sich überwiegend mittlere bis hohe Ausprägungen. Hohe Mittelwerte zeigten sich insbesondere in den als lernförderlich anzusehenden Variablen, wie z.B. metakognitive Kontrolle oder Lernzielorientierung. In allen Experimentalgruppen war die Einstellung zum kooperativen Lernen sehr positiv. An zweiter Stelle folgte die Einstellung zum individuellen Lernen, am wenigsten positiv war die Einstellung zum kompetitiven Lernen.

Die Lernvoraussetzungen der Untersuchungsteilnehmer sind damit als recht gut anzusehen. Im Hinblick auf Themen der Statistik sind die Lernvoraussetzungen bei Studierenden der Sozialwissenschaften jedoch häufig weniger günstig. Es ist anzunehmen, dass das vorteilhafte Bild der vorliegenden Stichprobe vor allem zwei Ursachen hat.

Die eine mögliche Ursache liegt in Selektionsprozessen. Zum einen wurden aus den Interessenten jene ausgewählt, die (nach Selbstaussagen in einer E-Mail-Befragung) bereits über Vorwissen in Statistik und Forschungsmethoden verfügten. Es ist möglich, dass es sich bei diesen Probanden um Studierende handelte, die generell günstigere Lernvoraussetzungen vorwiesen. Zum anderen war die Teilnahme an der Studie freiwillig, also nicht Bestandteil einer Lehrveranstaltung. Es dürften also auch Selbstselektionsprozesse eine Rolle gespielt haben. Vermutlich nahmen vor allem motiviertere Studierende teil.

Die andere mögliche Ursache liegt in der Art der Operationalisierung der Variablen. Bis auf das Vorwissen und die Mathematiknote wurden alle Lernvoraussetzungen über Selbsteinschätzungen auf Ratingskalen erhoben. Hierbei können Antwort-tendenzen wirksam werden; bei der Einschätzung motivationaler und auch meta-kognitiver und einstellungsbezogener Aspekte ist es naheliegend, dass vor allem soziale Erwünschtheit eine Rolle spielt. Die Einstellungen zum kooperativen Lernen, die positiver waren als die zum individuellen Lernen und deutlich positiver als die zum kompetitiven Lernen, haben sicherlich auch mit sozialer Erwünschtheit zu tun. Gerade in sozialwissenschaftlichen Studiengängen ist es üblich, Kooperation eher positiv und Konkurrenzdenken eher negativ zu bewerten (oder sich nicht zu vorhandenem Konkurrenzdenken zu bekennen).

Auch die Vermeidung kognitiver Dissonanz (vgl. Festinger, 1957) kann die Selbst-einschätzungen beeinflussen (siehe Abschnitt 9.5.2). Zudem ist die Einschätzung vieler Aspekte häufig nicht einfach; sie erfordert bereits metakognitive Kompeten-zen (die es ja unter anderem zu beurteilen galt). Es ist außerdem unklar, ob bei der Einschätzung eine sachliche, individuelle oder soziale Bezugsnorm (siehe Kapitel 3.4.1) zum Tragen kam.

Diese Probleme sind jedoch generell bei Selbsteinschätzungen gegeben und galten entsprechend für alle vier Lernbedingungen. Entscheidend für das Experiment war, ob die experimentellen Gruppen im Hinblick auf die erfassten Aspekte vergleichbar waren, ob also interne Validität gegeben war; dies war der Fall.

9.3 Kognitive Effekte der Feedbackmaßnahme und des kooperativen Lernens

9.3.1 Auswirkungen auf den Lernerfolg

Die Probanden erzielten unter allen vier Lernbedingungen im Durchschnitt einen guten Lernerfolg. Die Mittelwerte befanden sich im mittleren Bereich der Punkte-skala; angesichts des anspruchsvollen Nachtests und des bei vielen Studierenden sozialwissenschaftlicher Fächer unpopulären Inhaltsbereichs ist dies als gutes Re-sultat zu werten. Es hätten sich durchaus Bodeneffekte ergeben können.

Fragestellung 1: Inwieweit fördern die Feedbackmaßnahme und kooperatives Lernen den Lernerfolg?

Lernförderlichkeit der Feedbackmaßnahme. Die Feedbackmaßnahme erwies sich wie erwartet als sehr lernförderlich. Probanden, die mit Verständnistests und elaboriertem Feedback lernten, waren im Nachtest signifikant und substantiell erfolgreicher als Versuchspersonen, die ohne die Feedbackmaßnahme lernten. Dieser Befund entspricht vorhergehenden Ergebnissen der Feedbackforschung (vgl. z.B. Bangert-Drowns et al., 1991; Huth, 2004; Mory, 1996). Die positive Wirkung der Feedbackmaßnahme zeigte sich sowohl beim individuellen als auch beim kooperativen Lernen und blieb auch bei statistischer Kontrolle der Lernzeit erhalten.

In der vorliegenden Studie war unter allen Experimentalbedingungen Feedback in Form von Knowledge of Correct Response vorhanden, da allen Lernenden Lösungsbeispiele präsentiert wurden, die sie mit ihren eigenen Lösungen vergleichen konnten. Dass die Feedbackmaßnahme dennoch einen sehr großen Effekt erzielte, spricht in besonderem Maße für diese Intervention. Wäre lediglich ein Lernen mit Feedback einem Lernen ohne Feedback gegenübergestellt worden, so wäre ein positiver Effekt sehr naheliegend und jedes andere Ergebnis verwunderlich gewesen – es sei denn, das Feedback wäre von geringer Qualität, beispielsweise fehlerhaft oder unklar.

Es kann davon ausgegangen werden, dass die beiden zentralen Einflussfaktoren, die Feedbackgestaltung und die Feedbackrezeption, in angestrebter Weise zusammenwirkten. Die Gestaltung war offenbar für die Förderung des Wissenserwerbs geeignet, und das Feedback wurde durch die Lernenden intensiv genug rezipiert und verarbeitet, so dass sich die Gestaltungsmerkmale tatsächlich lernförderlich auswirkten.

Es wird vermutet, dass die Feedbackgestaltung in der postulierten Weise wirksam wurde. Die Feedbackmaßnahme zeigt adaptiv Wissenslücken und Fehlkonzepte auf, bietet also zusätzliche instruktionale Unterstützung. Es ist anzunehmen, dass die Feedbackmaßnahme den Wissenserwerb umfassend förderte bzw. verschiedene Wissensdefizite kompensierte (siehe Kapitel 2.1.2 und 2.1.3), indem sie neben deklarativen auch prozedurale und konditionale Lerninhalte vertiefte, die zuvor in den jeweiligen Lösungsbeispielen behandelt worden waren (*Inhaltsdimension des Wissens*), das Verständnis der Lernenden widerspiegelte und somit Kompetenzillusionen und Inkompetenzillusionen verhinderte (*Bewusstheit*), Fehlkonzepte korrigierte (*Wissenschaftlichkeit*), zuvor behandelte Lerninhalte elaborierte und so die Wissensbasis vergrößerte (*Umfang*), zu einer stärkeren Vernetzung der Wissensinhalte beitrug und so ein tieferes Verstehen förderte (*Tiefe*) und auf diese Weise sowie durch das Aufzeigen möglicher Anwendungskontexte den Erwerb anwendbaren Wissens unterstützte (*Anwendbarkeit*). Über die genauen Wirkmechanismen der Feedbackmaßnahme kann jedoch nur spekuliert werden. Hier sind weitere Studien notwendig (siehe Kapitel 10.1).

Die Feedbackmaßnahme führte nicht nur zu einem größeren Lernerfolg, sondern außerdem zu einer Angleichung des Leistungsniveaus innerhalb der Stichprobe. Die Nachtestleistungen waren unter den Feedbackbedingungen homogener als unter den Bedingungen ohne Feedbackmaßnahme. In der Experimentalgruppe „individuelles Lernen mit Feedbackmaßnahme" erzielten sogar *sämtliche* Studierende gute Ergebnisse. Auch in der Gruppe „kooperatives Lernen mit Feedbackmaßnahme" zeigten sich keine schlechten Leistungen im Nachtest. Offenbar waren also Lernende mit weniger günstigen Lernvoraussetzungen durch die verstärkte Unterstützung (Scaffolding; vgl. A. Collins et al., 1989) ähnlich erfolgreich wie Studierende mit günstigeren Lernvoraussetzungen. Mit Hilfe der Feedbackmaßnahme wurde also das anwendungsbezogene Ziel erreicht, Lernende mit unterschiedlichen Lernvoraussetzungen zu fördern, also insgesamt das Leistungsniveau zu heben.

Lernförderlichkeit des kooperativen Lernens. Das kooperative Lernen wirkte sich, anders als erwartet, nicht nachweisbar auf den Lernerfolg aus. Es war angenommen worden, dass beim kooperativen Lernen verschiedene Prozesse auftreten, die die Elaboration und die Reflexion und damit den Lernerfolg fördern: soziokognitive Konflikte und ihre Auflösung, die Entwicklung eines gemeinsamen Verständnisses der Lerninhalte und das Teilen und die gemeinsame Nutzung von Informationen und kognitiven Prozessen. Es wurde zudem vermutet, dass der *generation effect* (ein besseres Behalten selbst verbalisierter Informationen) und Modelllernen wirksam werden. Bei aktiver Partizipation der Lernpartner an der Aufgabenbearbeitung sollten sich die genannten Prozesse im kognitiven und metakognitiven Bereich auswirken. Zudem sollte sich durch die gemeinsame Reflexion eine größere Mindfulness ergeben, die sich ihrerseits ebenfalls lernförderlich auswirken dürfte.

Die aktive Partizipation an der Bearbeitung der Lernumgebung wurde im Experiment durch Beobachtung über Monitore überprüft; es zeigten sich diesbezüglich keine Auffälligkeiten. Daher ist zu vermuten, dass die postulierten Prozesse entweder nicht in erwartetem Umfang auftraten oder weniger lernwirksam waren als vermutet. Mögliche Erklärungen sind zunächst bei den Einflussfaktoren erfolgreichen kooperativen Lernens zu suchen: der Aufgabe, der Kooperationsform und der Gruppenzusammensetzung.

Hinsichtlich der *Aufgabe* ist zu überlegen, ob die Lerninhalte, die Art der Aufgabenstellung und die Zielstrukturen eine Rolle spielten. Es handelte sich um ein gut strukturiertes Inhaltsgebiet, das wenig Raum für Diskussion und persönliche Stellungnahmen bietet. Möglicherweise wäre die kooperative Lernform in einem weniger strukturierten Gebiet lernwirksamer gewesen. Vor dem Hintergrund der Metaanalyse von Lou et al. (2001, siehe Kapitel 4) war jedoch angenommen worden, dass kooperatives Lernen auch in einem gut strukturierten Gebiet Elaboration und Reflexion fördert, die Korrektur von Fehlkonzepten fördert und sich somit günstig auf den Wissenserwerb auswirkt.

Zugunsten der internen Validität wurde darauf verzichtet, innerhalb der kooperativen Experimentalgruppen die Aufgabenstellung als spezielle Gruppenaufgabe (vgl. E. G. Cohen, 1994) zu gestalten, also als eine Aufgabe, die nur durch Kooperation zu lösen ist und die eine wechselseitige Abhängigkeit der Lernpartner (Johnson & Johnson, 1999) erzeugt. Auch auf Gruppenbelohnungen oder spezielle Gruppenziele (Slavin, 1992, 1998) wurde verzichtet. Es wurde davon ausgegangen, dass kooperatives Lernen auch ohne künstlich erzeugte Interdependenz effektiv sein kann, sofern es sich um eine anspruchsvolle und intrinsisch motivierende Aufgabenstellung handelt (E. G. Cohen, 1993, 1994; Renkl & Mandl, 1995). Da die Lernumgebung anspruchsvolle Problemstellungen präsentiert und zudem so gestaltet wurde, dass sie zum Lernen motivieren sollte (siehe Kapitel 2), wurde diese Bedingung als gegeben angesehen. Die hohe Akzeptanz der Lernumgebung (siehe Abschnitt 9.5.1) spricht dafür, dass die Aufgabe als motivierend erlebt wurde. Dennoch ist denkbar, dass eine spezifischere Gruppeninstruktion effektiv gewesen wäre.

In Bezug auf die *Kooperationsform* stellt sich die Frage, ob eine stärkere Strukturierung der Kooperation notwendig gewesen wäre. Es wurde lediglich ein kleines Kooperationsskript für die Bearbeitung der Verständnistests implementiert. Eventuell wäre auch für den Rest der Lernumgebung ein Skript sinnvoll gewesen, das die Interaktion strukturiert. Auf eine Strukturierung wurde verzichtet, um die Lernenden nicht durch zu viele zusätzliche Regeln, die nichts mit den Inhalten zu tun haben, kognitiv zu überlasten (vgl. Sweller, 1999). Eine starke Strukturierung kann zudem die Interaktion auch einschränken (E. G. Cohen, 1994). Außerdem hätten zusätzliche Interventionen in den kooperativen Experimentalgruppen die interne Validität beeinträchtigt.

Hinsichtlich der *Gruppenzusammensetzung* ist über die Homogenität der Gruppe nachzudenken. Es waren gezielt vorwissenshomogene Dyaden gebildet worden, um eine aktive Partizipation beider Lernpartner zu fördern. Vor dem Hintergrund des Konzepts der Zone der proximalen Entwicklung von Vygotskij ist jedoch eine heterogene Gruppenzusammensetzung hinsichtlich des Vorwissens als lernförderlich anzusehen (vgl. z.B. Hooper & Hannafin, 1988; Swing & Peterson, 1982). Eventuell würde der Vorwissensstärkere durch Erklärungen vom *generation effect* und verstärkter Elaboration profitieren, der Vorwissensschwächere von den Erläuterungen eines kompetenteren Mitlernenden. In Bezug auf die Gruppenzusammensetzung ist außerdem zu erwägen, die Studierenden sich selbst einen Lernpartner wählen zu lassen. Die Zusammenarbeit mit einer fremden Person verhinderte möglicherweise, dass sich vermittelt über die Motivation positive Effekte des kooperativen Lernens ergeben. Die Akzeptanz der Teamarbeit war allerdings sehr hoch (siehe Abschnitt 9.5.1), größere Beeinträchtigungen durch die Gruppenzusammensetzung waren also generell nicht gegeben.

Abgesehen von der Aufgabe, der Kooperationsform und der Gruppenzusammensetzung können auch andere Faktoren für den nicht vorhandenen Effekt des kooperativen Lernens verantwortlich sein. Es ist denkbar, dass die Gegenwart des Lernpartners einen Teil der Aufmerksamkeit auf das Selbst lenkte, so dass eine geringere kognitive Kapazität für die Aufgabenbearbeitung zur Verfügung stand und somit die postulierten Prozesse nicht auftraten oder nicht in erwarteter Weise wirksam wurden (vgl. Hinsz et al., 1997). Sofern dies der Fall war, wirkte sich die Ablenkung jedoch nicht negativ auf den Lernerfolg aus, sondern verhinderte lediglich einen positiven Effekt. Ebenfalls möglich ist, dass Phänomene wie die Verstärkung bestimmter Tendenzen in der Gruppe die Lernwirksamkeit der postulierten Prozesse einschränkten.

Der Befund ist eventuell auch auf die freiwillige Teilnahme am Experiment zurückzuführen; vermutlich partizipierten vor allem Studierende, die ohnehin interessiert waren. Bei einer *verbindlichen* Teilnahme, beispielsweise im Rahmen einer regulären Statistikveranstaltung, ist denkbar, dass das kooperative Lernen motivationale Defizite kompensiert (z.B. über das Erleben sozialer Eingebundenheit) und sich positiv auf den Lernerfolg auswirkt. Ebenfalls möglich ist, dass eine wiederholte Kooperation über mehrere Wochen hinweg – die im Rahmen dieses Experiments nicht realisierbar war – zu positiven Effekten führt (Slavin, 1983).

Es ergab sich zwar keine positive Wirkung, allerdings auch kein *negativer* Haupteffekt des kooperativen Lernens. Wenn auch die angestrebte Wirkung nicht erzielt wurde, so ist dies im Sinne des anwendungsbezogenen Ziels dennoch als positives Ergebnis zu werten: Innerhalb von Lehrveranstaltungen wird häufig aus mehreren Gründen kooperatives Lernen eingesetzt. Es geht nicht immer (nur) um eine Erhöhung des Lernerfolgs, sondern oftmals auch um die Förderung von Kooperationsfähigkeiten (dies ist beispielsweise in der Lehrerbildung zunehmend ein explizites Lernziel). In diesem Zusammenhang ist ein wichtiger Befund die hohe Akzeptanz der Teamarbeit, die sich unter beiden kooperativen Lernbedingungen zeigte. *Com-*

putergestützter Wissenserwerb findet außerdem häufig aus ökonomischen Gründen kooperativ statt, da die Anzahl der Lernenden zuweilen die Computeranzahl übersteigt. Die Befunde sprechen dafür, dass die kooperative Bearbeitung einer computergestützten Lernumgebung bei aktiver Partizipation aller Gruppenmitglieder den individuellen Lernerfolg nicht beeinträchtigt.

Gruppenfeedback: Lernförderlichkeit der Feedbackmaßnahme beim kooperativen Lernen. Die erste Gruppenfeedbackhypothese postulierte, dass sich die Feedbackmaßnahme insbesondere beim kooperativen Lernen günstig auswirkt. Diese Annahme wurde nicht bestätigt. Tatsächlich war die Feedbackmaßnahme bei den *individuell* Lernenden am effektivsten. Diese schnitten ohne Feedbackmaßnahme am schlechtesten ab, mit Feedbackmaßnahme jedoch am besten. Am zweitbesten waren kooperativ Lernende mit Feedbackmaßnahme, am drittbesten kooperativ Lernende ohne Feedbackmaßnahme. Die angenommene Rangfolge trat somit nicht auf; die ersten beiden Rangplätze waren gegenüber der vermuteten Rangfolge vertauscht.

Der Interaktionseffekt war signifikant und substantiell, und Kontraste ergaben signifikante Unterschiede zwischen allen vier Lernbedingungen mit Ausnahme einer nur deskriptiven Überlegenheit kooperativen Lernens ohne Feedbackmaßnahme gegenüber dem individuellen Lernen ohne Feedbackmaßnahme. Der bedeutsame Interaktionseffekt von Feedbackmaßnahme und Sozialform zeigte sich auch bei Kontrolle der Lernzeit.

Es war vermutet worden, dass die gemeinsame Feedbackrezeption besonders effektiv ist, da das Feedback diskutiert und somit zusätzlich elaboriert werden kann. Es wurde außerdem angenommen, dass die beim kooperativen Lernen vorhandene soziale Kontrolle zu intensiverer Feedbackrezeption führt. Es wurde also mit einem Vorteil der kollektiven Informationsverarbeitung bzw. der gemeinsamen Feedbacknutzung gerechnet. Dieser Vorteil war nicht gegeben. Stattdessen war das Gegenteil der Fall: Offenbar nutzten Individuen das Feedback effektiver als Dyaden.

Möglicherweise hatten die Dyaden einen geringeren Bedarf an instruktionalem Feedback, da Peer-Feedback verfügbar war. Zudem war die Selbstwirksamkeit der Dyaden recht hoch (hierfür sprechen die guten Kompetenzeinschätzungen unter den kooperativen Bedingungen), so dass eventuell ein geringeres Bedürfnis nach Bestätigung oder Korrektur durch Feedback vorhanden war.

Es ist auch denkbar, dass die Gegenwart eines weiteren Lernenden von den Feedbackinformationen ablenkte oder dass das Feedback aufgrund von Verantwortungsdiffusion (Berkowitz, 1978; Latané et al., 1979) nicht genau genug gelesen wurde, da angenommen wurde, dass der Lernpartner dies bereits getan habe. Die

Probanden wussten allerdings, dass eine individuelle Nachtestung erfolgen würde (wenn auch anonym und ohne Konsequenzen für die Lernenden), daher spielte Verantwortungsdiffusion vermutlich (wenn überhaupt) nur eine geringe Rolle.

Eine weitere mögliche Ursache dafür, dass der erwartete Effekt hinsichtlich des Lernerfolgs ausblieb, könnte Ermüdung der Lernenden unter der Gruppenfeedbackbedingung sein. Durch die Kooperation und die zusätzliche Bearbeitung der Verständnistests war eine besonders große Anstrengung erforderlich, und die Lernzeit war unter dieser Bedingung am längsten. Eventuell war daher im Nachtest die Anstrengungsbereitschaft geringer. Ein Hinweis darauf, dass unter der Gruppenfeedbackbedingung Ermüdung auftrat, ist die Tatsache, dass hier in den Problemlöseaufgaben am Ende der Lernumgebung weniger geschrieben wurde als in den anderen Experimentalgruppen; die Wörteranzahl war deutlich niedriger. Es ist zudem nicht auszuschließen, dass kognitive Überlastung eine Rolle spielte (vgl. Mayer & Moreno, 2003; Sweller, 1999).

Förderung anwendbaren Wissens durch die Feedbackmaßnahme. Die Annahme, dass die Feedbackmaßnahme vor allem ein tieferes Verständnis und die Anwendbarkeit des Wissens fördert, wird durch die differenzierte Betrachtung der einzelnen Nachtestaufgaben gestützt. Die Feedbackmaßnahme wirkte sich insbesondere bei jenen Aufgaben positiv aus, für deren erfolgreiche Bearbeitung ein tieferes Verständnis der Lerninhalte sowie anwendbares bzw. transferierbares Wissen notwendig waren. Vor allem bei der anspruchsvollsten Aufgabe fünf, die einen Wissenstransfer auf eine neuartige Datenlage erforderte, zeigte sich ein klarer Vorteil des Lernens mit Feedbackmaßnahme. Der Haupteffekt war hier besonders groß. Der zweitgrößte Effekt ergab sich bei Aufgabe zwei, für die ebenfalls anwendbares Wissen benötigt wurde.

Dies spricht dafür, dass Wissensdefizite, die im Bereich der Korrelationsrechnung häufig zu diagnostizieren sind und die eine erfolgreiche Wissensanwendung behindern, durch die Feedbackmaßnahme umfassend kompensiert werden konnten. Bei Aufgabe fünf kam die Feedbackmaßnahme wie beim gesamten Nachtest vor allem Einzellernenden zugute; der Interaktionseffekt von Feedbackmaßnahme und Sozialform war signifikant und substantiell.

Förderung der Wissenskonvergenz durch die Feedbackmaßnahme. Die Feedbackmaßnahme hatte *insgesamt* eine größere Homogenität der Leistungen zur Folge (siehe oben). Anders als angenommen bewirkte die Feedbackmaßnahme beim kooperativen Lernen (also das Gruppenfeedback) jedoch keine größere Dyadenhomogenität, förderte also nicht die Wissenskonvergenz der Lernpartner. Es war vermutet worden, dass sich unter der Gruppenfeedbackbedingung eine Wissenskonvergenz ergibt, da durch das Gruppenfeedback beiden Lernpartnern Fehlkonzepte und Wissenslücken aufgezeigt werden, die sie anschließend diskutieren und ausräumen können. Die Dyaden in der kooperativen Experimentalgruppe mit Feedbackmaßnahme waren nach der Lernphase hinsichtlich des Wissens jedoch nur *deskriptiv* homogener als die Dyaden in der Experimentalgruppe ohne Feedbackmaßnahme.

Bei diesem Ergebnis ist jedoch zu berücksichtigen, dass die Dyaden in der Experimentalgruppe mit Gruppenfeedback *vor* der Lernphase deskriptiv *heterogener* waren. Zudem war die Standardabweichung unter der Gruppenfeedbackbedingung signifikant geringer als unter der kooperativen Bedingung ohne Feedbackmaßnahme. Insgesamt fand unter der Gruppenfeedbackbedingung also eine Homogenisierung statt, die sich im Hinblick auf die Wissenskonvergenz innerhalb der Dyaden jedoch nur deskriptiv zeigte. Zwar konnte also die zweite Gruppenfeedbackhypothese nicht bestätigt werden; es zeigen sich aber Tendenzen, die nahe legen, dass eine Angleichung stattfand. Möglicherweise ergibt sich die vermutete Wissenskonvergenz, wenn die Dyaden der Gruppenfeedbackbedingung vor der Lernphase nicht deskriptiv heterogener sind.

9.3.2 Auswirkungen auf den Lernfortschritt

Fragestellung 2: Inwieweit bewirkt die Arbeit mit der Lernumgebung einen Lernfortschritt, und inwiefern wird der Lernfortschritt durch die Feedbackmaßnahme und kooperatives Lernen gefördert?

Die Arbeit mit Koralle bewirkte wie erwartet einen deutlichen Lernfortschritt. Der Effekt des Messwiederholungsfaktors „Leistung in den in Vor- und Nachtest identischen Aufgaben" war signifikant und sehr groß. Die problemorientierte, beispielbasierte Konzeption der Lernumgebung, die den Wissenserwerb umfassend fördern bzw. verschiedene Wissensdefizite kompensieren sollte (siehe Kapitel 2.1.3), war also so lernförderlich wie angenommen.

Anders als angenommen wurde der Lernfortschritt, der durch die Arbeit mit der Lernumgebung erzielt wurde, durch die Feedbackmaßnahme nicht zusätzlich vergrößert. Unter den Feedbackbedingungen war der Lernfortschritt zwar größer als unter den Bedingungen ohne Feedbackmaßnahme, der Interaktionseffekt mit dem Messwiederholungsfaktor war jedoch nicht signifikant. Dies ist vermutlich darauf zurückzuführen, dass der Lernfortschritt durch die Lernumgebung an sich bereits

sehr groß war, so dass die Feedbackmaßnahme hier keinen *zusätzlichen* Wissens-
zuwachs bewirken konnte. Zudem wurden nur die einfacheren Aufgaben zweimal
vorgegeben, da angenommen wurde, dass die schwierigeren Aufgaben vor der
Lernphase für die Studierenden nicht zu bewältigen sind. Gerade bei den an-
spruchsvolleren Aufgaben war jedoch die Feedbackmaßnahme besonders lernwirksam.

Zwar ergab sich kein Effekt der Sozialform hinsichtlich des Lernerfolgs (siehe
oben), wohl aber in Bezug den Lernfortschritt; dieser war jedoch anderer Art als
vermutet. Der Lernfortschritt war beim *individuellen* Lernen größer als beim kooperativen. Dieses Ergebnis ist vor dem Hintergrund der Ergebnisse zur Leistung in
den einzelnen Nachtestaufgaben zu sehen. Die Sozialform wirkte sich signifikant
auf die Leistung in Aufgabe drei aus. Der Lernfortschritt wurde anhand der Aufgaben eins und drei (im Vortest: eins und zwei) erfasst; es ist daher naheliegend, dass
sich hier ebenfalls ein Effekt der Sozialform zeigt.

Dass dieser Effekt auftrat, obwohl sich die Sozialform nicht auf den Lernerfolg
auswirkte (s.o.), ist zudem darauf zurückzuführen, dass das Vorwissen in den individuellen Experimentalgruppen deskriptiv geringer war als in den kooperativen, so
dass sich zwar die Nachtestleistungen der individuell und der kooperativ Lernenden
nicht unterschieden, wohl aber die Punktedifferenz von Vor- und Nachtestleistung.

Für die Überlegenheit des individuellen Lernens war offenbar die Kombination mit
der Feedbackmaßnahme verantwortlich: Die Lernenden der Gruppe „individuelles
Lernen mit Feedbackmaßnahme" erzielten einen besonders großen Lernfortschritt
(die Dreifachinteraktion des Messwiederholungsfaktors mit den Faktoren „Sozialform" und „Feedbackmaßnahme" war signifikant). Hier trat also offenbar der Effekt auf, der für die Gruppenfeedbackbedingung postuliert worden war, nämlich
eine besondere Wirkung der Feedbackmaßnahme – nur nicht beim kooperativen,
sondern beim individuellen Lernen (siehe Abschnitt 9.3.1). Angesichts der Bedeutung der Feedbackmaßnahme für den Effekt wird dieser Befund nicht als Argument
gegen kooperatives Lernen gewertet.

Ebenso wie im Hinblick auf den Lernerfolg bestätigte sich auch hier die Gruppenfeedbackhypothese nicht. Die Feedbackmaßnahme war, wie beim Lernerfolg, nicht
beim kooperativen, sondern beim individuellen Lernen besonders wirksam. Hierbei
spielten möglicherweise u.a. Verantwortungsdiffusion, Ermüdungseffekte und/oder
kognitive Überlastung der Lernenden unter der Gruppenfeedbackbedingung eine
Rolle (siehe Abschnitt 9.3.1).

9.3.3 Auswirkungen auf die Leistung in der Lernphase

In der Lernphase waren Problemlöseaufgaben zu bearbeiten, unter den Feedback-bedingungen außerdem Verständnistests. Bei den Verständnistests schnitten die Lernenden recht gut ab; die Tests waren gezielt so gestaltet worden, dass alle Lernenden, auch jene mit weniger Vorwissen, diese gut bewältigen konnten. Bei den Problemlöseaufgaben hingegen ergab sich ein klarer Bodeneffekt. Hier wurde insgesamt deutlich weniger geschrieben, als möglich gewesen wäre. Vermutlich wurden einige Aspekte tatsächlich nicht gewusst (auch wenn sie in der Lernumgebung thematisiert wurden); angesichts des guten Abschneidens der Lernenden in den Verständnistests und der ebenfalls recht guten Leistungen im Nachtest ist jedoch auch Folgendes denkbar: Die Bearbeitung der Problemlöseaufgaben erforderte eine große Anstrengung, da eigenständig Lösungen zu generieren und aufzuschreiben waren. Bei den Verständnistests hingegen waren lediglich Items anzukreuzen; die Anstrengung für das Formulieren einer eigenen Antwort entfiel somit. Da es sich bei der Bearbeitung der Problemlöseaufgaben zudem nicht – wie beim Nachtest – um eine explizite *Testsituation* handelte, wurde hier möglicherweise Anstrengung vermieden und nicht jeder Aspekt elaboriert. Die Kompetenz, die sich in den Verständnistests und im Nachtest zeigte, schlug sich somit bei den Problemlöseaufgaben nicht in Performanz nieder.

Fragestellung 3: Inwieweit fördern die Feedbackmaßnahme und kooperatives Lernen die Leistung in der Lernphase?

Hinsichtlich der Wirkung der Feedbackmaßnahme auf die Leistung in der Lernphase wurde nur die Leistung in den Problemlöseaufgaben betrachtet, da die Verständnistests unter den Bedingungen ohne Feedbackmaßnahme nicht vorhanden waren. Es ergaben sich bei allen Problemlöseaufgaben keine Effekte der Feedbackmaßnahme. Im Hinblick auf die erste Problemlöseaufgabe entspricht dies den Erwartungen; an diesem Punkt der Lernumgebung war noch kein Verständnistest bearbeitet worden. Für die anderen Problemlöseaufgaben, vor allem für die jeweils zweiten Aufgaben zu den drei Themen sowie die Aufgaben am Ende der Lernumgebung, war jedoch mit positiven Effekten gerechnet worden. Angesichts der deutlichen Förderung der Nachtestleistung durch die Feedbackmaßnahme sollte sich hier ein Effekt ergeben. Es zeigte sich jedoch lediglich ein *deskriptiver* Vorteil des Lernens mit Feedbackmaßnahme beim *individuellen* Lernen. Dieser Befund lässt sich vermutlich dadurch erklären, dass sich unter den Feedbackbedingungen, vor

allem unter der Gruppenfeedbackbedingung, eher Ermüdungserscheinungen zeigten, bedingt durch die zusätzliche Bearbeitung der Verständnistests und die damit
verbundene größere Anstrengung und erhöhte Lernzeit. Da es sich nicht um eine
explizite Testsituation handelte, schlug sich die positive Wirkung der Feedbackmaßnahme auf den Wissenserwerb nicht in der Leistung nieder. Erst beim Nachtest, also in einer Situation, in der es klar um Leistung ging, zeigte sich die erhöhte
Kompetenz auch in erhöhter Performanz (s.o.).

Die Dyadenleistungen in den Problemlöseaufgaben und den Verständnistests waren, wie erwartet, besser als die Einzelleistungen. Deskriptiv ergab sich eine Überlegenheit bei allen Problemlöseaufgaben bis auf Aufgabe fünf sowie bei allen Verständnistests. Bei vier Problemlöseaufgaben und zwei Verständnistests wurde der
Unterschied signifikant. Es zeigte sich also ein deutlicher Vorteil kooperativen
Problemlösens gegenüber dem Problemlösen in Einzelarbeit. Dieser Befund legt
nahe, dass negative Gruppenphänomene, wie soziales Faulenzen oder Verantwortungsdiffusion, nur in geringem Maße auftraten (wenn überhaupt), so dass die Dyaden daher wie angenommen von der größeren Wissensbasis und der kollektiven
Informationsverarbeitung profitierten.

Insgesamt war das kooperative Problemlösen im Vergleich zum individuellen Problemlösen also zwar nicht lern-, wohl aber leistungsförderlicher. Die Dyaden erbrachten bessere Leistungen, im Nachtest schnitten die einzelnen Lernpartner jedoch nicht besser ab als Probanden, die individuell gelernt hatten. Dass eine überlegene Gruppenleistung nicht *notwendigerweise* bessere Leistungen der einzelnen
Gruppenmitglieder nach der Gruppenarbeit zur Folge hat, ist plausibel und wird
auch in Arbeiten zur Informationsverarbeitung in Gruppen betont (vgl. Hinsz et al.,
1997). Es war jedoch angenommen worden, dass die Lernenden von der kollektiven Wissenskonstruktion profitieren.

Auch die vierte Gruppenfeedbackhypothese wurde nicht bestätigt. Anstatt einer
Überlegenheit der Gruppenfeedbackbedingung zeigte sich ein *deskriptiver* Vorteil
des Lernens mit Feedbackmaßnahme beim *individuellen* Lernen. Deskriptiv ergab
sich bei vielen Aufgaben sogar eine Unterlegenheit der Gruppenfeedbackbedingung gegenüber dem kooperativen Lernen ohne Feedbackmaßnahme. Dies mag auf
die umfangreichen Anforderungen dieser Experimentalbedingung zurückzuführen
sein (s.o.).

9.3.4   Bedeutung des Vorwissens

Fragestellung 4: Inwieweit ist das Vorwissen für kognitive Effekte der Feedback-maßnahme und des kooperativen Lernens bedeutsam?

Beim Lernen mit Koralle kam dem Vorwissen eine bedeutsame Rolle für den Lernerfolg zu. Es ergaben sich die postulierte Korrelation der Vortestleistung mit der Nachtestleistung sowie ein signifikanter und substantieller Haupteffekt des Vorwissens hinsichtlich des Lernerfolgs.[1] Dies entspricht den Erwartungen, da das Vorwissen als bester Prädiktor für den Lernerfolg gilt (vgl. Alexander, 1996).

Das Vorwissen moderierte wie angenommen die Wirkung der Feedbackmaßnahme. Anders als unter den Bedingungen ohne Feedbackmaßnahme hatte das Vorwissen unter den Feedbackbedingungen keine bzw. eine geringere Bedeutung für den Lernerfolg. Der Interaktionseffekt der Feedbackmaßnahme mit dem Vorwissen wurde signifikant, die postulierte Aptitude-Treatment-Interaktion wurde also festgestellt. Unter den Bedingungen mit Feedbackmaßnahme war es demnach Vorwissensschwächeren (beinahe) ebenso gut wie Vorwissensstärkeren möglich, gute Lernleistungen zu erbringen; die Feedbackmaßnahme kompensierte ein geringes Vorwissen.

9.4   Metakognitive Effekte der Feedbackmaßnahme und des kooperativen Lernens

9.4.1   Auswirkungen auf die Mindfulness

Die im Lernprozess erlebte (retrospektiv erfasste) Mindfulness war in allen Experimentalgruppen hoch ausgeprägt. Da die Lernumgebung anspruchsvoll ist und die Lernenden zudem insgesamt recht motiviert waren, überrascht dieses Ergebnis

---

1   Bei den Ergebnissen zum Vorwissen ist zu berücksichtigen, dass der Vortest lediglich aus drei Aufgaben bestand, da die Lernenden nicht durch zu umfangreiche Datenerhebungen demotiviert werden sollten. Bei den Aufgaben wurde jedoch darauf geachtet, dass verschiedene Wissensaspekte und -formen, insbesondere auch anwendbares Wissen und tieferes Verständnis erfasst wurden.

nicht. Der recht gute Lernerfolg und der deutliche Lernfortschritt legen zudem eine hohe Mindfulness nahe.

Es ist allerdings möglich, dass hier auch soziale Erwünschtheit eine Rolle spielte. Zudem stellt sich bei der Mindfulness in besonderem Maße die Frage nach der Operationalisierung. Die Intensität und Bewusstheit des eigenen Lernens war auf einer vier Items umfassenden Ratingskala einzuschätzen. Die Beurteilung dieses metakognitiven Aspekts (der auch motivationale Anteile hat) erfordert jedoch bereits metakognitive Fähigkeiten. Zudem ist unklar, welche Bezugsnorm angelegt wurde (siehe Abschnitt 9.2).

Fragestellung 5: Inwieweit fördern die Feedbackmaßnahme und kooperatives Lernen die im Lernprozess erlebte Mindfulness?

Angesichts der positiven Wirkung der Feedbackmaßnahme auf den Lernerfolg erscheint es plausibel, dass auch metakognitive Prozesse beim Lernen gefördert wurden und dass diese ihrerseits für die kognitiven Effekte mitverantwortlich waren. Der erwartete Haupteffekt bezüglich der (erlebten) Mindfulness trat jedoch nicht auf. Die Mittelwerte waren allerdings in allen Gruppen sehr hoch; dieser Deckeneffekt kann eine Wirkung der Feedbackmaßnahme verhindert haben.

Es ist möglich, dass sich ein anderer Befund ergeben hätte, wenn die Mindfulness nicht über Selbsteinschätzungen erfasst worden wäre, sondern beispielsweise über die Analyse der Interaktion in den kooperativen Experimentalgruppen sowie lautes Denken (siehe Kapitel 10.1) in den individuellen Gruppen. Lautes Denken war jedoch bewusst nicht eingesetzt worden, da dies angesichts der anspruchsvollen Lerninhalte vermutlich zu kognitiver Überlastung geführt hätte. Zudem standen metakognitive Prozesse nicht im Zentrum der Studie.

Hinsichtlich des kooperativen Lernens war erwartet worden, dass sich durch die gemeinsame Reflexion eine größere Mindfulness ergibt. Doch ebenso wie hinsichtlich des Lernerfolgs zeigte sich auch hier kein Effekt des kooperativen Lernens. Auch dieses Ergebnis ist möglicherweise auf die in allen Experimentalgruppen hohen Mittelwerte, also den Deckeneffekt zurückzuführen. Es ist allerdings ebenfalls denkbar, dass die vermuteten zusätzlichen Reflexionsprozesse unter den kooperativen Bedingungen entweder nicht auftraten oder durch ablenkende Faktoren in ihrer Wirkung nicht voll zum Tragen kamen (siehe Abschnitt 9.3.1).

9.4.2 Auswirkungen auf die Validität der Selbstbeurteilung

Insgesamt beurteilten die Studierenden ihre Leistungen in den Wissenstests im Mittel mit ausreichend (Vortest) bzw. befriedigend (Nachtest). Die Korrelationen mit den erreichten Punktzahlen waren mittelhoch bis hoch; die Validität der Selbstbeurteilung kann damit insgesamt als ordentlich bezeichnet werden. Hierbei gilt es zu beachten, dass die Korrelation lediglich einen ersten Hinweis liefert. Über die Validität der *individuellen* Selbstbeurteilung sagt sie nichts aus; zudem ist nicht klar, welche Bezugsnorm (individuell, sozial oder kriterienorientiert) der Einzelne bei der Einschätzung der eigenen Leistung angelegt hat.

Fragestellung 6: Inwieweit fördern die Feedbackmaßnahme und kooperatives Lernen die Validität der Selbstbeurteilung?

Es war angenommen worden, dass die Feedbackmaßnahme, indem sie das Verständnis widerspiegelt, eine validere Selbstbeurteilung zur Folge hat. Angesichts der positiven Wirkung der Feedbackmaßnahme auf den Lernerfolg (siehe Abschnitt 9.3.1) erscheint es plausibel, dass auch metakognitive Prozesse beim Lernen gefördert wurden, die für die kognitiven Effekte mitverantwortlich waren. Im Hinblick auf die erfassten Aspekte war dies jedoch nicht der Fall (siehe auch Abschnitt 9.4.1).

Hinsichtlich der Validität der Selbstbeurteilung ist folgende Erklärung denkbar: Die Verständnistests waren für alle Lernenden gut zu bewältigen, die Lernenden erhielten also im Regelfall ein eher bestätigendes Feedback. Andererseits zeigten sich bei den Problemlöseaufgaben in der Regel deutliche Unterschiede zwischen eigener Lösung und Lösungsbeispiel. Diese Diskrepanz dürfte verhindert haben, dass sich Lernende unter den Feedbackbedingungen valider einschätzen konnten.[2]

Bezüglich des kooperativen Lernens war vermutet worden, dass sich dieses durch die Möglichkeit des sozialen Vergleichs positiv auf die Validität der Selbstbeurteilung auswirkt. Die Kooperation hatte diesbezüglich jedoch keine Wirkung. Die höchste Korrelation zwischen Selbstbeurteilung und erbrachter Leistung ergab sich unter der Bedingung ohne zusätzliche instruktionale Maßnahmen, also beim individuellen Lernen ohne Feedbackmaßnahme, die zweithöchste beim individuellen Lernen mit Feedbackmaßnahme. Lernende, die allein lernten, waren zumindest *de-*

---

2   Bei der Interpretation der Ergebnisse ist zu berücksichtigen, dass die Selbstbeurteilung der Vortestleistung, zusammen mit der Selbstbeurteilung der Nachtestleistung, im Anschluss an den Nachtest erfasst wurde; die Beurteilung der Vortestleistung kann also durch die Nachtesterfahrung beeinflusst worden sein.

skriptiv am besten in der Lage, ihre Leistung einzuschätzen. Ihre Selbsteinschätzung war also – bei vergleichbaren metakognitiven Lernvoraussetzungen – valider als die der anderen. Die Interaktionseffekte wurden allerdings nicht signifikant.

Es stellt sich die Frage, ob die kooperative Lernform möglicherweise die Selbsteinschätzung eher *verzerrte*, anstatt sie zu verbessern. Die Selbstbeurteilungen waren unter den kooperativen Bedingungen positiver als die Einschätzungen unter den individuellen Bedingungen. Bezüglich der Vortestleistung war der Unterschied zu den individuellen Bedingungen signifikant. Dieser Befund deutet darauf hin, dass die Beurteilungen zum Positiven verzerrt wurden. Die Gruppenleistungen waren besser als die Einzelleistungen (siehe Abschnitt 9.3.3); dies hatte möglicherweise die besseren Selbstbeurteilungen unter den kooperativen Bedingungen zur Folge. Da sich offenbar auch weniger kompetente Lernende eher gut einschätzten, ergab sich eine größere unsystematische Variation, wodurch die Korrelationen niedriger ausfielen.

9.5   Motivationale Effekte der Feedbackmaßnahme und des kooperativen Lernens

9.5.1   Auswirkungen auf die Motivation

Für alle abhängigen Motivationsaspekte ergaben sich mittlere bis hohe Werte. Besonders hoch waren die Werte bei den beiden Prozessvariablen Selbstwirksamkeitserleben und intrinsische Motivation, beim themenspezifischen Selbstkonzept und bei den Akzeptanzaspekten (Akzeptanz der Lernumgebung und der Teamarbeit). Es waren also sowohl Erwartungs- als auch Wertaspekte hoch ausgeprägt, und die Lernumgebung und die Teamarbeit wurden im Mittel sehr positiv bewertet.

Bei diesen Ergebnissen ist jedoch zweierlei zu berücksichtigen: Zum einen war die Motivation der Teilnehmer bereits vor der Lernphase eher hoch, zum anderen spielte auch hier möglicherweise soziale Erwünschtheit eine Rolle, insbesondere bei den Akzeptanzvariablen. Obwohl alle Angaben anonym waren, ist dies nicht auszuschließen.

Der recht gute Lernerfolg und der deutliche Lernfortschritt der Probanden weisen allerdings darauf hin, dass die Motivation tatsächlich hoch ausgeprägt war. Zudem zeigen die Ergebnisse zu Motivationsänderungen (siehe Abschnitt 9.5.2), dass sich die Lernumgebung motivational günstig auswirkte.

Fragestellung 7: Inwieweit beeinflussen die Feedbackmaßnahme und kooperatives Lernen motivationale Aspekte in und nach der Lernphase?

Die Feedbackmaßnahme wirkte sich nicht auf motivationale Aspekte aus. Das kooperative Lernen hatte keinen Einfluss auf Wertaspekte, wohl aber auf Erwartungsaspekte der Motivation: Es wirkte sich positiv auf die Kompetenzeinschätzung aus. Dies entspricht den Ergebnissen zur Leistungseinschätzung. Kooperativ Lernende beurteilten ihre Leistungen in den Wissenstests positiver als individuell Lernende; hinsichtlich der Vortestleistung war der Unterschied signifikant. Die Kompetenzeinschätzungen waren zudem unter den kooperativen Bedingungen homogener als unter den individuellen.

Möglicherweise orientierten sich beide Lernpartner bei der Einschätzung der individuellen Kompetenz an der gemeinsamen Performanz; die Performanz war unter den kooperativen Bedingungen besser als unter den individuellen. Dies führte offenbar zudem zu einer Angleichung der Selbsteinschätzungen innerhalb der Dyaden und damit zu einer größere Homogenität der Einschätzungen. Es ist ebenfalls denkbar, dass sich die Kompetenzeinschätzungen an den Fähigkeiten des jeweils leistungsstärkeren Lernpartners orientierten. Möglicherweise schätzten sich die kompetenteren Lernpartner korrekt ein, die weniger kompetenten jedoch besser. Auch wechselseitiges Feedback der Lernpartner in der Lernphase könnte die Kompetenzeinschätzung positiv beeinflusst haben.

9.5.2 Auswirkungen auf Motivationsänderungen

Fragestellung 8: Inwieweit erhöht die Arbeit mit der Lernumgebung die Lernmotivation, und inwiefern ergibt sich durch die Feedbackmaßnahme und kooperatives Lernen eine Motivationsänderung?

Die Lernumgebung sollte neben dem Lernfortschritt (siehe Abschnitt 9.3.2) auch motivationale Aspekte fördern. Auch in motivationaler Hinsicht zeigten sich die angestrebten positiven Effekte der Arbeit mit der Lernumgebung. Es wurden sowohl ein Erwartungsaspekt als auch ein Wertaspekt der Lernmotivation gefördert: Das themenspezifische Selbstkonzept war nach der Lernphase signifikant und substantiell höher ausgeprägt als vor der Lernphase, dasselbe gilt für das themenspezifische Interesse.

Dass sich ein besseres Selbstkonzept nach der Lernphase zeigte, ist plausibel: Nach einer ca. ein- bis zweistündigen Beschäftigung mit Lerninhalten sollten Lernende bestrebt sein, das eigene Wissen positiver einzuschätzen, damit die Anstrengung nicht vergebens war. So vermeiden sie kognitive Dissonanz (Festinger, 1957). Da aber tatsächlich ein substantieller Lernfortschritt erzielt wurde, ist davon auszugehen, dass die Lernenden beim Bearbeiten des Nachtests feststellten, dass sie über größeres Wissen verfügten (das Selbstkonzept wurde nach dem Nachtest erhoben).

Im Hinblick auf die Wertkomponente, das Interesse, ist anzunehmen, dass die problemorientierte Gestaltung der Lernumgebung wirksam wurde: Es wurden authentische Anwendungskontexte präsentiert und damit die praktische Relevanz der Lerninhalte verdeutlicht. Es wurde also der „Wert" der Inhalte kommuniziert und somit das Interesse erhöht.

9.6   Bedeutung der Lernzeit

Probanden in allen Experimentalgruppen verbrachten eine ausreichende Zeit mit der Lernumgebung: Überlegungen zur Aufgabenschwierigkeit sowie Erfahrungen aus der ersten Koralle-Studie legen nahe, dass die mittleren Bearbeitungszeiten (zwischen 70 und 120 Minuten) für ein effektives Lernen mit Koralle genügen. Das Minimum (39 Minuten) trat unter der Experimentalbedingung ohne zusätzliche instruktionale Maßnahmen auf und ist für diese Bedingung als genügend zu bezeichnen. Hier handelte es sich zudem um eine Versuchsperson mit gutem Vorwissen, die auch im Nachtest gut abschnitt. Diese Person benötigte also offenbar aufgrund ihres Vorwissens weniger Lernzeit. Da die Lernenden über Monitore beobachtet wurden, konnte sichergestellt werden, dass in der erfassten Zeit auch tatsächlich die Aufgaben der Lernumgebung bearbeitet wurden. Die Lernzeit kann also als Hinweis für Persistenz gewertet werden. Das anwendungsbezogene Ziel des Experiments, alle Lernenden (ungeachtet der Lernbedingung) zu genügender Persistenz zu bewegen, wurde also allem Anschein nach erreicht.

Der niedrigste Mittelwert sowie der niedrigste Einzelwert (s.o.) zeigten sich unter der Bedingung ohne zusätzliche instruktionale Maßnahmen (individuelles Lernen ohne Feedbackmaßnahme); dies ist naheliegend und plausibel. Ebenfalls nicht verwunderlich ist es, dass sich der höchste Mittelwert sowie der höchste Einzelwert unter der Gruppenfeedbackbedingung, also der Bedingung mit beiden Maßnahmen ergaben.

Fragestellung 9: Inwieweit verlängern die Feedbackmaßnahme und das kooperative Lernen die Lernzeit, und inwieweit ist die Lernzeit für den Lernerfolg sowie für Auswirkungen der Maßnahmen auf den Lernerfolg von Bedeutung?

Beide Maßnahmen verlängerten die Lernzeit bedeutsam. Dies ist plausibel: Die Bearbeitung von Verständnistests und die anschließende Feedbackrezeption sowie Aushandlungsprozesse beim kooperativen Lernen kosten Zeit. Am längsten waren die Lernzeiten unter den beiden Feedbackbedingungen. Eine Verlängerung der Lernzeit ist aus pädagogischer Sicht in der Regel erwünscht: Ein ausdauerndes Lernen führt im Allgemeinen zu besseren Lernergebnissen. Tatsächlich war die Lernzeit positiv mit dem Lernerfolg assoziiert; allerdings waren die Korrelationen in den experimentellen Gruppen unterschiedlich: Nur in zwei Experimentalgruppen ergaben sich signifikante Korrelationen, zudem war die Korrelation in der Gruppe „individuelles Lernen ohne Feedbackmaßnahme" negativ. Hier arbeiteten einige Lernende mit weniger Vorwissen vergleichsweise lang mit der Lernumgebung, hatten jedoch einen eher geringen Lernerfolg. Offenbar traten hier angesichts geringerer instruktionaler Unterstützung vermehrt unproduktive Suchprozesse auf. Es kann gefolgert werden, dass die Feedbackmaßnahme und das kooperative Lernen zu einer effektiveren Nutzung der Lernzeit führten.

Die Ergebnisse zeigen weiterhin, dass die Lernzeit eine mehrdeutige, schwer zu interpretierende Variable ist: Sie lässt keine Aussage über die *Qualität* der kognitiven Prozesse zu, die in dieser Zeit stattfinden. Diese Prozesse können lernförderlich sein; ebenso kann es sich um ineffektive oder störende kognitive Aktivitäten handeln.

Unter der Gruppenfeedbackbedingung ergab sich die einzige signifikante positive Korrelation von Lernzeit und Lernerfolg. Je länger hier also die bereitgestellten Lernmöglichkeiten genutzt wurden, desto stärker wurden sie wirksam. Dies ist ein Hinweis darauf, dass die Gruppenfeedbackbedingung besonders umfangreiche Lernchancen bot, die es lediglich zu nutzen galt. Möglicherweise hätten sich hier bei einer weiteren Verlängerung der Lerndauer die erwarteten besonders positiven Effekte ergeben. Die Lernzeiten waren unter dieser Bedingung jedoch bereits am höchsten. Hier wäre möglicherweise eine längere Pause angezeigt gewesen, die Ermüdungserscheinungen vorgebeugt und damit eine noch stärkere Nutzung der Lerngelegenheiten gefördert hätte.

Angesichts der Auswirkung beider Maßnahmen auf die Lernzeit und des positiven Zusammenhangs zwischen Lernzeit und Lernerfolg für die Gesamtgruppe wurde die Lernzeit als Kovariate berücksichtigt. Wie angenommen blieb der positive Effekt der Feedbackmaßnahme bezüglich des Lernerfolgs bei statistischer Kontrolle der Lernzeit erhalten; dasselbe gilt für den Interaktionseffekt von Feedbackmaßnahme und Sozialform.

9.7   Schlussfolgerungen im Hinblick auf die Ziele der Studie

Grundlagenorientiertes Ziel. Es ergaben sich einige interessante Erkenntnisse zur Wirksamkeit von Feedback und kooperativem Lernen. Vor allem wurde die hohe Lernwirksamkeit der Feedbackmaßnahme, also der Verständnistests mit elaboriertem Feedback gezeigt. Dieses Ergebnis entspricht zahlreichen Befunden der Feedbackforschung, die besagen, dass das Lernen mit Feedback dem Lernen ohne Feedback deutlich überlegen ist. Dies ist naheliegend. Da im vorliegenden Fall in allen Experimentalgruppen Feedback in Form von Knowledge of Correct Response vorhanden war, ist der Effekt jedoch nicht als trivial anzusehen. Die Feedbackmaßnahme war sowohl beim individuellen als auch beim kooperativen Lernen sehr effektiv; besonders lernförderlich war sie beim individuellen Lernen. Betrachtet man zusätzlich zum Lernerfolg die Variable Lernzeit, so war das individuelle Lernen mit Feedbackmaßnahme am effizientesten.

Für Lernende mit geringerem und Lernende mit größerem Vorwissen ergaben sich differentielle Effekte der Feedbackmaßnahme. Dieser Befund steht im Einklang mit mehreren Befunden, die zeigen, dass Effekte instruktionaler Maßnahmen durch das Vorwissen der Lernenden moderiert werden (vgl. z.B. Kintsch, 1994; Stark, 2000). Die Feedbackmaßnahme förderte vor allem vorwissensschwächere Lernende. Der Lernerfolg war unter den Feedbackbedingungen weitgehend unabhängig vom Vorwissen; die Feedbackmaßnahme wurde also kompensatorisch wirksam.

Bei der Interpretation der Befunde zur Feedbackmaßnahme ist zu beachten, dass die Maßnahme aus Verständnistests und Feedback bestand. Die automatische adaptive Feedbackgabe erforderte eine vorherige Testung, zugleich war es nicht sinnvoll, lediglich Tests ohne Feedback zu implementieren (die Bedeutung von Feedback für das Lernen ist ja seit langem bekannt). Die Bearbeitung der Verständnistests kann ebenfalls zur positiven Wirkung der Maßnahme beigetragen haben.

Kooperatives Lernen in Dyaden wirkte sich wider Erwarten nicht im Sinne eines Haupteffekts auf den Lernerfolg aus. Beim Lernen mit Feedbackmaßnahme war sogar individuelles Lernen lernförderlicher. Die Befunde weisen jedoch darauf hin, dass kooperatives Problemlösen in Dyaden im Vergleich zum individuellen zwar nicht unbedingt lernförderlicher ist, wohl aber leistungsförderlicher sein kann: Die Dyadenleistungen waren deutlich besser als die Einzelleistungen. Es ist allerdings auch denkbar, dass die Dyadenleistung zumindest in einigen Fällen durch den jeweils stärkeren Lernpartner bestimmt wurde.

Vermutlich aufgrund der guten Gruppenleistungen wurden durch das kooperative Lernen Erwartungsaspekte der Motivation gefördert. Die Lernenden der kooperativen Bedingungen schätzten sowohl ihre themenspezifische Kompetenz als auch ihre Leistungen besser ein als individuell Lernende. Da in den kooperativen Experimentalgruppen die Standardabweichungen geringer waren als in den individuellen, ist anzunehmen, dass sich die Lernpartner innerhalb der Dyaden ähnlich einschätzten und sich dabei an der gemeinsamen Leistung (oder auch an der Kompetenz des leistungsstärkeren Partners) orientierten. Offenbar wurde also von der gemeinsamen Performanz auf die individuelle Kompetenz geschlossen. Vermutlich ist diese „rosa Brille" verantwortlich für die positive Wirkung des kooperativen Lernens auf die individuelle Kompetenz- und Leistungseinschätzung. Dies ist aus pädagogischer Sicht als wünschenswert anzusehen, da die günstige Selbsteinschätzung eher zum Weiterlernen motivieren sollte. Dies gilt insbesondere für den vorliegenden Inhaltsbereich, in dem sich viele Lernende wenig zutrauen und daher schnell aufgeben; eine positive Einschätzung (selbst eine geringfügige Überschätzung) der eigenen Kompetenz ist hier daher zu begrüßen.

Weitere motivationale oder metakognitive Effekte der Feedbackmaßnahme und der Sozialform ergaben sich nicht. Es waren also auch keine *negativen* Auswirkungen zu verzeichnen. Mehrere instruktionspsychologische Studien zeigen, dass positive kognitive Effekte nicht immer mit günstigen motivationalen Lernergebnissen einhergehen; zum Teil ergaben sich sogar selbst bei gutem Lernerfolg negative Effekte im motivationalen Bereich (z.B. Stark, Gruber, Renkl & Mandl, 1998). Dies war hier nicht der Fall.

Die Ergebnisse zum Gruppenfeedback sind aus zwei Perspektiven zu betrachten: Dies ist zum einen der Vergleich des Gruppenfeedbacks mit individuellem Feedback (Perspektive des Aggregationsniveaus) und zum anderen der Vergleich kooperativen Lernens ohne zusätzliches adaptives Gruppenfeedback und mit zusätzlichem Gruppenfeedback (durch die Lösungsbeispiele war unter beiden kooperativen Bedingungen Knowledge of Correct Response gegeben).

Die erste Perspektive liefert folgendes Ergebnis: Gruppenfeedback ist in der vorliegenden Umsetzung weniger lernförderlich als individuelles Feedback. Die postulierten Vorteile der gemeinsamen Feedbackrezeption zeigten sich also nicht. Hierfür sind verschiedene Erklärungen denkbar, beispielsweise Verantwortungsdiffusion bei der Feedbackrezeption oder Ermüdung der Lernenden unter der Gruppenfeedbackbedingung (siehe Abschnitt 9.3.1). Die zweite Perspektive ergibt folgenden Befund: Kooperatives Lernen mit zusätzlichem adaptivem Gruppenfeedback ist lernförderlicher als kooperatives Lernen ohne zusätzliches Gruppenfeedback.

Vor dem Hintergrund der vorliegenden Ergebnisse kann also insgesamt geschlussfolgert werden, dass Gruppenfeedback lernwirksam ist, jedoch weniger lernwirksam als individuelles Feedback. Inwieweit dies auch für Gruppenfeedback gilt, das mit individuellem Feedback an Gruppenmitglieder verglichen wird (anstatt mit individuellem Feedback an Einzellernende), ist in weiteren Studien zu untersuchen (siehe Kapitel 10.1).

Anders als in der Studie von Thorpe et al. (1981; siehe Kapitel 3.6) war Gruppenfeedback auch nicht ökonomischer als individuelles Feedback. Es war sogar weniger effizient, da die Feedbackmaßnahme die Lernzeit deutlich verlängerte, die Gruppenfeedbackbedingung jedoch weniger lernwirksam war als das individuelle Lernen mit Feedbackmaßnahme.

Die positive Korrelation von Lernzeit und Lernerfolg unter der Gruppenfeedbackbedingung weist jedoch darauf hin, dass eine ausdauernde Nutzung der hier vorhandenen umfangreichen Lerngelegenheiten zu besserem Lernerfolg führte. Möglicherweise hätte in dieser Experimentalgruppe mit Hilfe einer längeren Pause Ermüdung vermieden und damit der postulierte besondere Lernerfolg erzielt werden können.

Bei den Befunden ist zu berücksichtigen, dass es sich nicht um eine „reine" Gruppenfeedbackintervention handelte, sondern um kooperativ zu bearbeitende Verständnistests mit gemeinsam zu rezipierendem Feedback; bei der Testbearbeitung kam zudem ein kleines Kooperationsskript zum Einsatz. Hier empfehlen sich weitere Forschungsaktivitäten (siehe Kapitel 10.1).

Aus den Befunden lassen sich außerdem Erkenntnisse zur kognitiven und motivationalen Wirksamkeit der problemorientierten, beispielbasierten Konzeption der Lernumgebung ableiten. Hierbei ist jedoch zu beachten, dass es diesbezüglich keine Kontrollbedingung gab, ein Vergleich mit einer anderen Lernform (wie dem Lernen mit einem konventionellen Lehrbuch) konnte also nicht vorgenommen werden. Es war lediglich ein Vergleich des Wissens und der Motivation vor und nach der Lernphase möglich.

Das erworbene Wissen konnte auf authentische Problemstellungen angewandt werden; dieser Befund spricht für die Wirksamkeit der problemorientierten Konzeption, die insbesondere auf tieferes Verstehen und die Anwendbarkeit des erworbenen Wissens abzielte (vgl. auch Stark, 1999). Es wurde außerdem erneut bestätigt, dass das Lernen mit ausgearbeiteten Lösungsbeispielen sehr effektiv und zudem – angesichts des guten Lernerfolgs in kurzer Zeit – sehr effizient ist (vgl. z.B. Atkinson et al., 2003; Paas & van Merriënboer, 1994; Reimann, 1997; Renkl, 2001; Stark, 1999) und untermauert zudem die Befunde von Stark et al. (2000) zur Lernförderlichkeit der systematischen Kombination von Lösungsbeispielen mit Problemlöseaufgaben. Die Lernumgebung stieß bei den Studierenden außerdem auf hohe Akzeptanz. Dieses Ergebnis entspricht Befunden anderer Studien zum Lernen mit Lösungsbeispielen (vgl. Renkl, 2001; Stark, 1999). Bei der Interpretation von Akzeptanzerhebungen mit Hilfe von Ratingskalen sind jedoch Antworttendenzen zu berücksichtigen, insbesondere die Tendenz, sozial erwünscht zu antworten.

Anwendungsbezogenes Ziel. Es sollten Maßnahmen erprobt werden, die den Wissenserwerb in einem anspruchsvollen Inhaltsgebiet fördern, und zwar auch dann, wenn individuelle Voraussetzungen und Rahmenbedingungen nicht optimal sind.

Das anwendungsbezogene Ziel, den Wissenserwerb im Bereich Korrelationsrechnung zu fördern, wurde erreicht. Die problemorientierte, beispielbasierte Lernumgebung Koralle wurde konzipiert, um Studierende auch angesichts hoher Studierendenzahlen und z.T. ungünstiger Lernvoraussetzungen beim Wissenserwerb unterstützen zu können. Bei der Konzeption wurden verschiedene didaktische Prinzipien umgesetzt, die theoretischen Überlegungen und empirischen Befunden zufolge eine qualitativ hochwertige Unterstützung ermöglichen.

Es gelang, Studierende in allen Experimentalgruppen beim Wissenserwerb zu unterstützen und zu ausdauerndem, effektivem Lernen zu bewegen. Zudem wurden sowohl Probanden mit günstigeren als auch Probanden mit weniger günstigen Lernvoraussetzungen gefördert. Als besonders effektiv erwies sich das Lernen mit Feedbackmaßnahme. Es ist davon auszugehen, dass hier in umfassender Weise Wissensdefizite kompensiert wurden. Die Feedbackmaßnahme förderte nicht nur den Lernerfolg, sondern bewirkte zudem eine Angleichung des Leistungsniveaus. Beim *individuellen* Lernen mit Feedbackmaßnahme ergab sich sogar für *alle* Lernenden ein recht gutes Leistungsniveau. Die Feedbackmaßnahme förderte vor al-

lem vorwissensschwächere Lernende. Vorwissensschwächere zeigten durch die
zusätzliche instruktionale Unterstützung einen ähnlich guten Lernerfolg wie Lernende mit größerem Vorwissen. Das kooperative Lernen förderte zwar nicht den
Wissenserwerb in Korrelationsrechnung, behinderte ihn aber auch nicht. Es spricht
also nichts gegen eine kooperative Bearbeitung der Lernumgebung vor dem Hintergrund anderer Lernziele (z.B. Förderung sozialer Aspekte) oder aus ökonomischen Gründen.

Für eine nachhaltige Förderung des Lernens in diesem (bei Studierenden sozialwissenschaftlicher Fächer eher unpopulären) Inhaltsbereich wurde zudem eine Erhöhung der Lernmotivation angestrebt; auch dieses Ziel wurde erreicht. Lernende in
allen Experimentalgruppen zeigten nach der Lernphase ein besseres themenspezifisches Selbstkonzept und ein größeres themenspezifisches Interesse. Die Förderung
des Selbstkonzepts und des Interesses könnte sich auf die Bereitschaft der Lernenden auswirken, sich auch weiterhin mit der Thematik zu befassen. Die Lernumgebung, vor allem in der Version mit Feedbackmaßnahme, ist also geeignet, den Wissenserwerb umfassend und möglicherweise auch nachhaltig zu fördern.

10   Ausblick

Ausgehend von den Erkenntnissen, die vor dem Hintergrund des eher grundlagenorientierten Ziels der Studie gewonnen wurden, werden in diesem Kapitel Konsequenzen für die weitere Forschung gezogen. Hierbei wird nacheinander auf die
Feedbackmaßnahme, das kooperative Lernen, das Gruppenfeedback und die Lernumgebung eingegangen. Ausgehend von den Befunden zur Förderung des Wissenserwerbs, die vor dem Hintergrund des stärker anwendungsbezogenen Ziels fo-
kussiert wurden, werden anschließend Folgerungen für die instruktionale Praxis
abgeleitet.

10.1   Konsequenzen für die Forschung

Weitere Untersuchungen zur Feedbackmaßnahme. Hinsichtlich der Feedbackmaßnahme gilt es, die Lernwirksamkeit und das kompensatorische Potential innerhalb
von Replikationsstudien erneut zu prüfen. Hierbei ist den Wirkmechanismen der
Maßnahme spezielle Beachtung zu schenken. Es wird angenommen, dass die Feedbackmaßnahme umfassend Wissensdefizite kompensiert, indem sie Wissenslücken
und Fehlkonzepte aufzeigt, zur Reflexion des eigenen Verständnisses anregt und
Kompetenz- bzw. Inkompetenzillusionen vorbeugt. Über die genauen Wirkmechanismen dieser Maßnahme kann jedoch auf der Grundlage der Befunde nur spekuliert werden. Innerhalb von Replikationsstudien sind daher vermehrt metakognitive,
motivationale und auch behaviorale Aspekte während der Lernphase zu untersuchen.

Angesichts der Tatsache, dass die Feedbackmaßnahme zwar den Lernerfolg deutlich erhöhte, sich jedoch nicht auf metakognitive Aspekte auswirkte, erscheint es
sinnvoll, im Rahmen von Replikationsstudien metakognitive Aspekte nicht nur
über Ratingskalen zu erfassen. Es war angenommen worden, dass die Feedbackmaßnahme, indem sie das Verständnis widerspiegelt, eine höhere Mindfulness
beim Lernen sowie eine validere Selbstbeurteilung zur Folge hat. Die Feedbackmaßnahme förderte jedoch weder die (selbsteingeschätzte) Mindfulness in der
Lernphase noch die Validität der Selbstbeurteilung. Möglicherweise hätten sich bei
anderen Formen der Datenerhebung (s.u.) die erwarteten Befunde ergeben. Selbst-

einschätzungen sind in diesem Kontext nicht unproblematisch, da sie bereits Mindfulness bzw. metakognitive Kompetenz voraussetzen. Es sind auch hier Kompetenzillusionen denkbar.

Auch für motivationale Aspekte könnte sich mit Hilfe anderer Operationalisierungen ein differenzierteres Bild ergeben. Für eine genauere Betrachtung metakognitiver und motivationaler Aspekte bietet sich an, beim individuellen Lernen lautes Denken einzusetzen, also die Gedanken während des Lernens verbalisieren zu lassen (vgl. Ericsson & Simon, 1993). Sofern erneut kooperatives Lernen zum Einsatz kommt, könnten alle Lernsitzungen aufgezeichnet werden. Die Protokolle des lauten Denkens sowie der Interaktion der Gruppenmitglieder wären dann im Hinblick auf metakognitive und motivationale Aspekte zu analysieren. Auch kognitive Aspekte könnten auf diese Weise differenzierter erfasst werden; beispielsweise könnte man untersuchen, inwieweit Selbsterklärungen (Chi et al., 1989; Renkl, 1997a) eingesetzt werden. Beim lauten Denken ist jedoch darauf zu achten, dass die Lernenden nicht kognitiv überlastet werden. Zudem ist die Reaktivität der Maßnahme zu berücksichtigen; Verbalisierungen können selbst Effekte erzeugen (vgl. z.B. Chi et al., 1989) und auf diese Weise die interne Validität beeinträchtigen.

Die Befunde legen weiterhin nahe, auch innerhalb von Replikationsstudien Unterschieden bei den Lernvoraussetzungen, insbesondere hinsichtlich des themenspezifischen Vorwissens, besondere Aufmerksamkeit zu schenken, also beispielsweise erneut zu prüfen, ob ein geringes Vorwissen kompensiert werden kann.

Da die Lernumgebung mit der Feedbackmaßnahme im Rahmen der regulären Statistik- und Forschungsmethodenausbildung in sozialwissenschaftlichen Studiengängen zum Einsatz kommen soll (bzw. bereits zum Einsatz kommt, siehe Kapitel 2.5), empfiehlt sich vor allem eine Replikation im Rahmen eines Feldexperiments. Es gilt zu untersuchen, inwieweit sich die hohe Lernwirksamkeit auch unter regulären Lernbedingungen zeigt. Insbesondere ist die Frage zu beantworten, inwieweit sich auch bei geringerer Motivation der Lernenden oder bei selbstregulierter Bearbeitung der Lernumgebung von zu Hause aus positive Effekte ergeben. Hierbei ist zu prüfen, inwieweit bei geringer Motivation die Feedbackrezeption intensiv genug erfolgt.

Im Feld können auch *längerfristige* Wirkungen von Feedback festgestellt werden, um die es bei der Feedbackgabe in Lernkontexten schließlich geht. Hierbei kann der *wiederholte* Einsatz einer Feedbackform (wie Verständnistests mit Feedback) überprüft werden, ebenso wie die Implementation unterschiedlicher Feedbackvarianten. Als Kontext eignen sich Lernumgebungen wie Koralle, deren Einsatz sowohl effektiv als auch ökonomisch ist. Zu untersuchen sind die Entwicklung metakognitiver Kompetenzen und motivationaler Orientierungen, außerdem die Nachhaltigkeit des Lernerfolgs sowie Transferfähigkeiten (vgl. z.B. Wing, 1990). Es ist also aus mehreren Gründen sinnvoll, Feedbackinterventionen auch innerhalb von Feldstudien zu prüfen (vgl. z.B. die Studie von Elawar & Corno, 1985).

Für eine anwendungsorientierte Forschung empfiehlt Stark (2001, 2004) ein Forschungsparadigma, das auf die Reduktion der Kluft zwischen Theorie und Praxis abzielt. Grundprinzip des integrativen Forschungsparadigmas ist die anwendungsbezogene Wissensgenerierung, weitere zentrale Prinzipien sind sukzessive Optimierung, Replikation und Evaluation, also die Überprüfung generierten Wissens im Feld. Ausgangspunkt sind konkrete praktische Probleme, Forschungsaktivitäten finden im Feld und im Labor statt (Stark, 2001, 2004). Der integrative Ansatz ermöglicht es, Erkenntnisse zur Rezeption und Wirkung von Feedback zu gewinnen und zugleich Feedbackinterventionen im Feld zu überprüfen und zu optimieren.

Angesichts der hohen Lernwirksamkeit der in der vorliegenden Studie erprobten Feedbackmaßnahme erscheint es zudem sinnvoll, Verständnistests mit elaboriertem Feedback bei anderen Zielgruppen und Themengebieten einzusetzen und zu untersuchen. Die Lernwirksamkeit bei Studierenden in einem gut strukturierten Themengebiet hat sich gezeigt. Es wäre zu prüfen, inwieweit die Befunde z.B. auch für jüngere Lernende oder den Wissenserwerb innerhalb weniger gut strukturierter Themengebiete gelten.

Weitere Untersuchungen zum kooperativen Lernen. Es wurden bestimmte kognitive Prozesse postuliert, die beim kooperativen Lernen auftreten und den Lernerfolg fördern sollten. Die Ergebnisse legen nahe, dass diese Prozesse entweder (zum Teil) nicht auftraten oder nicht in der angestrebten Weise wirksam wurden. Innerhalb weiterer Studien wäre zu analysieren, inwieweit sich diese Prozesse tatsächlich zeigen. Hierfür empfiehlt es sich, alle Sitzungen aufzuzeichnen und die Protokolle der Sitzungen anschließend im Hinblick auf die vermuteten Prozesse zu analysieren.

Im Rahmen weiterer Studien zum kooperativen Lernen gilt es außerdem zu untersuchen, ob sich unter veränderten Bedingungen ein Effekt des kooperativen Lernens ergibt. Zu prüfen ist im Hinblick auf den Einflussfaktor *Aufgabe* der Einsatz von Gruppenaufgaben, die Interdependenz der Gruppenmitglieder erzeugen, sowie spezieller Gruppenziele. Hierbei ist darauf zu achten, dass bei einem Vergleich mit individuellem Lernen die interne Validität nicht zu stark eingeschränkt wird.

Im Hinblick auf die *Kooperationsform* wäre eine stärkere Strukturierung der Kooperation zu erproben. In der präsentierten Studie wurde lediglich ein kleines Kooperationsskript für die Bearbeitung der Verständnistests implementiert. Eventuell ist auch für den Rest der Lernumgebung ein Skript sinnvoll, das die Interaktion strukturiert. Hierbei ist allerdings darauf zu achten, dass die Lernenden nicht kognitiv überlastet werden und dass die Interaktionsmöglichkeiten nicht zu stark eingeschränkt werden (vgl. E. G. Cohen, 1994; Stark, 2001; Sweller, 1994). Zudem ist zu bedenken, dass eine starke Strukturierung das Autonomieerleben (Deci & Ryan, 1993, 2000) beeinträchtigen kann. Dies könnte ungünstige Konsequenzen für die Lernmotivation haben.

Bezüglich der *Gruppenzusammensetzung* ist zu überlegen, Gruppen zu bilden, die im Hinblick auf das Vorwissen heterogen sind. Es ist denkbar, dass der Vorwissensstärkere durch Erklärungen vom *generation effect* (Slamecka & Graf, 1978) und verstärkter Elaboration profitiert, der Vorwissensschwächere von den Erläuterungen eines kompetenteren Mitlernenden. Bei zu großen Unterschieden dürfte es allerdings Einseitigkeiten in der Interaktion geben, eventuell auch eine verringerte Partizipation des Vorwissensschwächeren.

Effekte des kooperativen Lernens könnten sich ebenfalls zeigen, wenn Studierende, etwa im Rahmen einer regulären Lehrveranstaltung, zur Untersuchungsteilnahme verpflichtet werden. Bei Lernenden, die wenig Interesse am Inhaltsgebiet haben, ist denkbar, dass sich kooperatives Lernen positiv auf die Lernmotivation und dadurch günstig auf die Lernleistung auswirkt. Eine Verpflichtung kann andererseits auch dazu führen, dass Lernende, die kein Interesse am Thema haben, die Arbeit ihrem Lernpartner überlassen. Motivational günstig dürfte es sein, wenn sich die Lernenden ihre Lernpartner selbst aussuchen; hierbei könnte jedoch auch erhöhte Ablenkung den Lernerfolg verringern.

Diese Überlegungen legen nahe, in weiteren Studien der Motivation eine noch größere Aufmerksamkeit zu schenken. Der Fokus der vorliegenden Studie lag auf kognitiven Aspekten. In Bezug auf die Motivation wurde bei der Gestaltung der Kooperationsmaßnahme lediglich darauf geachtet, dass das kooperative Lernen die Studierenden nicht *de*motiviert (Prenzel, 1997). Motivationale und auch emotionale Aspekte können jedoch das Auftreten oder Wirken kognitiver Prozesse beeinflusst haben. Eine Rolle spielten möglicherweise das Erleben (oder Nicht-Erleben) sozialer Eingebundenheit (Deci & Ryan, 1993, 2000), Sympathie bzw. Antipathie, Gefühle von Über- oder Unterlegenheit oder auch gruppendynamische Aspekte, wie das Teamklima (Brodbeck & Frey, 1999).

Für ein genaueres Verständnis (nicht) auftretender Effekte gilt es daher, im Rahmen von Replikationsstudien motivationale und emotionale Aspekte zu fokussieren und diese außerdem nicht nur über Ratingskalen, sondern auch durch eine Analyse der Interaktion oder durch Interviews zu erfassen. Aus diesen Erkenntnissen ließe sich dann zum einen eventuell erklären, warum Effekte auftreten (oder nicht), und es könnten weitere Bedingungen für kooperatives Lernen spezifiziert werden, die speziell motivationale und emotionale Aspekte fördern und die Lernwirksamkeit der Maßnahme dadurch erhöhen.

Möglicherweise treten bestimmte lernwirksame Prozesse auch nicht sofort, sondern erst nach längerer Kooperation auf. Es wären also auch Auswirkungen einer Zusammenarbeit über mehrere Wochen hinweg zu betrachten, beispielsweise im Rahmen eines Seminars (vgl. Slavin, 1983).

Zu replizieren ist der Befund, dass kooperatives Lernen Erwartungsaspekte der Motivation fördern kann. Sofern sich dieser Befund erneut zeigt, sind (wie bei der Feedbackmaßnahme) Wirkmechanismen zu beleuchten. Beispielsweise gilt es zu untersuchen, ob tatsächlich eine überlegene Gruppenleistung zu positiveren Kompetenzeinschätzungen der kooperativ Lernenden führt. Bei wiederholter Kooperation könnten zudem weitere motivationale Effekte auftreten, beispielsweise eine erhöhte Lernfreude, vermittelt durch ein verstärktes Erleben sozialer Eingebundenheit (Deci & Ryan, 1993, 2000).

Weitere Untersuchungen zu Gruppenfeedback. Die vorliegende Studie stellt einen Ausgangspunkt für weitere Forschungsaktivitäten zu Gruppenfeedback in Lehr-Lernkontexten dar. Angesichts des Forschungsdefizits in diesem Bereich sind hier verschiedene Untersuchungen angezeigt. In der vorliegenden Studie war erwartet worden, dass Gruppen Feedback effektiver nutzen als Individuen, indem sie es gemeinsam reflektieren. Es wurde zudem angenommen, dass die beim kooperativen Lernen vorhandene soziale Kontrolle zu intensiverer Feedbackrezeption führt. Der erwartete Effekt trat jedoch nicht auf. Da für eine positive Feedbackwirkung auf den Lernerfolg zum einen die Feedbackgestaltung, zum anderen die Feedbackrezeption bedeutsam ist, sollte weitere Forschung zu Gruppenfeedback bei diesen beiden Punkten ansetzen.

Im Hinblick auf die hier erprobte Form des Gruppenfeedbacks ist die Feedbackrezeption ein zentraler Ansatzpunkt für weitere Studien. Hierbei ist zu untersuchen, inwieweit das Gruppenfeedback durch die Lernenden genutzt wird und wie die Feedbackrezeption gefördert werden kann. In diesem Zusammenhang gilt es (wie bezüglich der Feedbackmaßnahme und des kooperativen Lernens) den Lernprozess näher zu beleuchten. Zunächst ist zu prüfen, inwieweit Ermüdung und kognitive Überlastung auftreten. Dasselbe gilt für eine mögliche Verantwortungsdiffusion bei der Feedbackrezeption und eine eventuelle Ablenkung von den Feedbackinformationen durch die Gegenwart eines anderen Lernenden. Sofern der Interaktion zu entnehmen ist, dass diese Prozesse bzw. Phänomene auftreten, ist zu überlegen und

zu prüfen, inwiefern hier vorgebeugt werden und somit ein Effekt des Gruppenfeedbacks erzielt werden kann.

Vorhandene Ansätze zur Förderung der Feedbackrezeption auf individueller Ebene
umfassen beispielsweise Leitfragen, die die Feedbackverarbeitung gezielt unterstützen. Die Leitfragen erwiesen sich in Studien als unterschiedlich effektiv (vgl.
Pommer, 2003; Stark, 2001). Auch Aufforderungen zu Selbsterklärungen (Chi et
al., 1989; Renkl, 1997a) könnten die Feedbackrezeption fördern. Eine weitere
Maßnahme zur Verbesserung der Feedbacknutzung ist die Anregung der Interaktion der Lernenden während der Feedbackgabe, beispielsweise durch ein Skript. In
der vorliegenden Studie war lediglich die Zuständigkeit bei der Bearbeitung der
Verständnistests durch ein Skript geregelt. Zusätzliche Interventionen zur Rezep-
tionsförderung können die Lernenden jedoch auch kognitiv überlasten; Strukturierungsmaßnahmen können zudem die Interaktion auch einschränken und die Motivation beeinträchtigen (s.o.).

Einen weiteren Ansatzpunkt für Untersuchungen zu Gruppenfeedback liefert die
Feedbackgestaltung. Da Gruppenfeedback in sehr unterschiedlicher Weise gegeben
werden kann, wäre es sinnvoll, verschiedene Feedbackformen zu erproben und hinsichtlich ihrer Auswirkungen auf den Lernerfolg sowie metakognitive und motivationale Aspekte zu überprüfen. Möglicherweise sind andere Formen des Gruppenfeedbacks effektiver; eventuell wird anders gestaltetes (z.B. spezifisch auf Gruppen
zugeschnittenes) Feedback intensiver genutzt.

In der vorliegenden Studie wurde Gruppenfeedback mit Feedback an Einzellernende verglichen. In weiteren Studien wäre Feedback an *einzelne Gruppenmitglieder*
einem Feedback an die *Gesamtgruppe* gegenüberzustellen. Auch ließe sich erproben, ob es effektiver ist, Gruppenfeedback in jedem Fall bereitzustellen oder das
aktive Aufsuchen von Feedback anzuregen (vgl. Robinson & Weldon, 1993).

Es ist auch zu überlegen, nicht nur Gruppenfeedback für *Ergebnisse* zu geben, sondern auch für den *Prozess*, beispielsweise für die Zusammenarbeit oder das strategische Vorgehen. Prozessfeedback kann die Interaktion und das Gruppenklima fördern (vgl. z.B. Huber & Eppler, 1990) und dazu dienen, eine Diskussion der Zusammenarbeit innerhalb der Gruppe anzuregen, also interpersonelles Feedback zu
unterstützen (siehe auch Johnson & Johnson, 1999). Dort, wo Gruppenprozesse
nicht beobachtbar sind, können Selbsteinschätzungsinstrumente zum Einsatz kommen. Solche Instrumente beziehen sich auf Aspekte wie die Effektivität der Zusammenarbeit und die Partizipation der Gruppenmitglieder (vgl. z.B. Angelo, 1998;
Jaques, 1995; Huber, 1987). Zahlreiche weitere Formen des Gruppenfeedbacks
sind denkbar und erfolgversprechend.

Weitere Untersuchungen zur Lernumgebung. Die hohe Wirksamkeit der Lernumgebung Koralle hat sich innerhalb zweier Laborstudien gezeigt. Es gilt nun, die Lernumgebung unter regulären Lernbedingungen zu evaluieren und zu prüfen, ob sich ähnlich positive kognitive und motivationale Auswirkungen im Feld ergeben. Es ist also die Frage der externen Validität der Laborbefunde zu klären und eine möglichst gesicherte empirische Basis für den geplanten Einsatz der Lernumgebung im Rahmen der sozialwissenschaftlichen Statistik- und Forschungsmethodenausbildung zu schaffen. Wie auch für weitere Studien zur Feedbackmaßnahme empfiehlt sich ein integrativer Forschungsansatz, bei dem Labor- und Feldstudien systematisch kombiniert werden.

In der vorgestellten Laborstudie fielen die günstigen Lernvoraussetzungen der Teilnehmer auf, insbesondere die für Themen der Statistik ungewöhnlich hohe Lernmotivation. Da die Teilnahme an der Untersuchung freiwillig war, ist dies nicht verwunderlich. Das Erlernen von Forschungsmethoden ist in sozialwissenschaftlichen Studiengängen jedoch obligatorisch, und es müssen sich viele Studierende mit diesem Thema befassen, die wenig Interesse an den Inhalten haben. Für eine verbesserte Generalisierbarkeit wäre es daher sinnvoll, die Studie mit einer Stichprobe zu replizieren, die beispielsweise im Rahmen einer Lehrveranstaltung zur Teilnahme verpflichtet wird.

Angesichts der Wirksamkeit der Konzeption der Lernumgebung im kognitiven und motivationalen Bereich ist es außerdem sinnvoll, wie für die Feedbackmaßnahme die Generalisierbarkeit der Befunde auf andere Zielgruppen und Inhaltsbereiche zu prüfen.

10.2 Konsequenzen für die instruktionale Praxis

Für die instruktionale Praxis kann gefolgert werden, dass sich der Einsatz der Lernumgebung Koralle in der Lehre empfiehlt. Die hohe Lernwirksamkeit der Feedbackmaßnahme legt nahe, diese fest in die Lernumgebung zu integrieren.

Es ist außerdem zu überlegen, weitere Lernumgebungen mit ähnlicher didaktischer Konzeption zu entwickeln und in der Praxis zu erproben. Insbesondere im Rahmen von Erwachsenenbildung ist selbstgesteuertes Lernen notwendig. Die präsentierten Ergebnisse legen nahe, dass dies mit Hilfe computergestützter Lernumgebungen,

die auf Prinzipien problemorientierten Lernens und des Lernens mit Lösungsbeispielen basieren, in effektiver und effizienter Weise möglich ist.

Es könnten beispielsweise ähnliche Lernumgebungen, mit Feedbackmaßnahme, für
mathematische oder auch naturwissenschaftliche Themen in anderen Studiengängen konzipiert werden. Da sich in zahlreichen Studiengängen die Frage nach einer
qualitativ hochwertigen Unterstützung *vieler* Studierender stellt, erscheint dies sehr
sinnvoll. Auch für die außeruniversitäre Erwachsenenbildung, beispielsweise die
berufliche Weiterbildung, sind entsprechende Konzeptionen denkbar. Die Lernwirksamkeit und Effizienz der Konzeption sowie die flexible Nutzbarkeit computergestützter Lernangebote sprechen dafür.

Es ist außerdem über eine Implementation entsprechender Maßnahmen im Schul-
unterricht und auch in weniger strukturierten Gebieten (z.B. Geschichte, Pädagogische Psychologie) nachzudenken; inwieweit die gewonnen Erkenntnisse auch für
jüngere Lernende oder den Wissenserwerb in weniger strukturierten Bereichen gelten, ist in weiteren Studien zu prüfen.

Außer NetBite (siehe Kapitel 2.4) und Koralle wurden bereits weitere Lernumgebungen konzipiert, u.a. zum Thema kooperatives Lernen (erstes Modul der Lernumgebung EULE: E-Learning in der universitären Lehrerbildung; Krause, 2006)
und zum wissenschaftlichen Argumentieren (WALe: Wissenschaftliches Argumentieren Lernen; Stark, 2005; siehe auch Stark & Krause, 2006). Letztere setzt dort
an, wo die Methodenausbildung häufig aufhört – bei der korrekten Interpretation
und Verwendung empirischer Befunde im wissenschaftlichen Diskurs. Erste Evaluationsstudien deuten auf eine hohe Lernwirksamkeit dieser Lernumgebungen hin
(z.B. Krause & Stark, 2006c).

Die Implementation der Feedbackmaßnahme ist sowohl beim individuellen als
auch beim kooperativen Lernen sehr sinnvoll; besonders wirksam ist die Maßnahme beim individuellen Lernen. Der Einsatz von Verständnistests mit elaboriertem
Feedback ist offenbar eine geeignete Maßnahme zur Erhöhung der Lernleistung.
Sowohl kooperatives Lernen als auch die Feedbackmaßnahme verlängerten die
Lernzeit, aber nur die Feedbackmaßnahme wirkte sich positiv auf den Lernerfolg
aus. Für das Erreichen kognitiver Lernziele und auch unter ökonomischen Ge-
sichtspunkten ist also individuelles Lernen mit Feedback zu favorisieren; diese
Lernbedingung war nicht nur am effektivsten, sondern auch am effizientesten.

Möglicherweise sollte kooperatives Lernen am Computer unter anderen Bedingungen zum Einsatz kommen (siehe Abschnitt 10.1), oder dann, wenn neben dem Erwerb von Fachwissen weitere Lernziele angestrebt werden, wie eine verbesserte
Kooperationskompetenz (vgl. Mandl & Krause, 2003). Kooperatives Lernen eignet

sich offenbar in der vorliegenden Umsetzung außerdem zur Förderung von Erwartungsaspekten der Motivation. Dieser Befund ist jedoch zunächst zu replizieren.

Die Befunde zum Gruppenfeedback legen nahe, beim kooperativen Lernen in jedem Fall zusätzliches adaptives Gruppenfeedback zu geben, anstatt kein Feedback oder lediglich Knowledge of Correct Response bereitzustellen. Es ist jedoch unklar, inwieweit es beim kooperativen Lernen angezeigt ist, (auch) einzelnen Gruppenmitgliedern Feedback zu geben. Die vorliegenden Befunde deuten darauf hin, dass individuelles Feedback effektiver ist; dies wurde jedoch lediglich für individuelles Lernen mit Feedback im Vergleich zu kooperativem Lernen mit Gruppenfeedback gezeigt.

Einige Autoren befürworten die Berücksichtigung individueller Beiträge innerhalb von Gruppenfeedback mit dem Argument, auf diese Weise könnten Verantwortungsdiffusion und soziales Faulenzen minimiert werden (z.B. N. Miller & Harrington, 1992; Slavin, 1992). Es ist jedoch beim kooperativen Lernen häufig nicht durchführbar, individuelle Rückmeldungen in ein Gruppenfeedback zu integrieren, da individuelle Anteile an der Gruppenarbeit nicht sichtbar werden. Zudem ist Gruppenfeedback beim kooperativen Lernen ökonomischer.

Gruppenfeedback kann auch zur Förderung der Gruppenkohäsion eingesetzt werden (vgl. z.B. Huber & Eppler, 1990); dies sollte vor allem länger bestehenden Gruppen zugute kommen. Es ist denkbar, dass Gruppenfeedback die Bindung an die Gruppe und an das Gruppenziel erhöht.

Literatur

Aleven, V. & Koedinger, K. R. (2000). Limitations of student control: Do students know when they need help? In G. Gauthier, C. Frasson & K. VanLehn (Hrsg.), *Proceedings of the 5th International Conference on Intelligent Tutoring Systems, ITS 2000* (S. 292–303). Berlin: Springer.

Alexander, P. A. (1996). The past, present, and future of knowledge research: A re-examination of the role of knowledge in learning and instruction. *Educational Psychologist, 31*, 89–92.

Alexander, P. A., Kulikowich, J. M. & Schulze, S. K. (1994). How subject-matter knowledge affects recall and interest. *American Educational Research Journal, 31*, 313–337.

Anderson, J. R. (1983). *The architecture of cognition.* Cambridge: Harvard University Press.

Anderson, J. R., Corbett, A. T., Koedinger, K. R. & Pelletier, R. (1995). Cognitive tutors: Lessons learned. *Journal of the Learning Sciences, 4*, 167–207.

Anderson, R. C., Kulhavy, R. W. & Andre, T. (1971). Feedback procedures in programmed instruction. *Journal of Educational Psychology, 62*, 148–156.

Anderson, R. C., Kulhavy, R. W. & Andre, T. (1972). Conditions under which feedback facilitates learning from programmed lessons. *Journal of Educational Psychology, 63*, 186–188.

Angelo, T. A. (1998). *Classroom assessment and research: An update on uses, approaches, and research findings.* San Francisco: Jossey-Bass.

Antons, K. (1998). *Praxis der Gruppendynamik.* Göttingen: Hogrefe.

Atkinson, R. K., Renkl, A. & Merrill, M. M. (2003). Transitioning from studying examples to solving problems: Combining fading with prompting fosters learning. *Journal of Educational Psychology, 95*, 774–783.

Aufenanger, S. (2001). Multimedia und Medienkompetenz – Forderungen an das Bildungssystem. In S. Aufenanger, R. Schulz-Zander & D. Spanhel (Hrsg.), *Jahrbuch Medienpädagogik 1* (S. 109–122). Wiesbaden: VS-Verlag.

Ausubel, D. P. (1968). *Educational psychology: A cognitive view.* New York: Holt, Rinehart and Winston.

Ausubel, D. P. (2000). *The acquisition and retention of knowledge.* Dordrecht: Kluwer Academic Publishers.

Azevedo, R. & Bernard, R. M. (1995). A meta-analysis of the effects of feedback in computer-based instruction. *Journal of Educational Computing Research, 13*, 111–127.

Baker, L. (1985). How do we know when we don't understand? Standards for evaluating text comprehension. In D. L. Forrest-Pressley, G. E. MacKinnon & T. G. Waller (Hrsg.), *Metacognition, cognition, and human performance. Vol. 1: Theoretical perspectives* (S. 155–205). Orlando: Academic Press.

Baltes, P. B. (2001). Das Zeitalter des permanent unfertigen Menschen: Lebenslanges Lernen nonstop? *Aus Politik und Zeitgeschichte, B 36*, 24–32.

Balzer, W. K., Doherty, M. E. & O'Connor, R. Jr. (1989). Effects of cognitive feedback on performance. *Psychological Bulletin, 106*, 410–433.

Bandura, A. (1982). Self-efficacy mechanism in human agency. *American Psychologist, 37*, 122–147.

Bandura, A. (1986). *Social foundations of thought and action: A social cognitive theory.* Englewood Cliffs, NJ: Prentice-Hall.

Bandura, A. (1997). *Self-efficacy: The exercise of control.* New York: Freeman.

Bangert-Drowns, R. L., Kulik, C. C., Kulik, J. A. & Morgan, M. T. (1991). The instructional effect of feedback in test-like events. *Review of Educational Research, 61*, 213–238.

Baumert, J., Heyn, S. & Köller, O. (1992). *Das Kieler Lernstrategien-Inventar (KSI).* Kiel: Institut für die Pädagogik der Naturwissenschaften an der Universität Kiel.

Berkowitz, L. (1978). Decreased helpfulness with increased group size through lessening the effects of the needy individual's dependency. *Journal of Personality, 46*, 299–310.

Bertholet, M. & Spada, H. (2004). Wissen als Voraussetzung und Hindernis für Denken, Problemlösen und Entscheiden. Perspektiven – Theorien – Methoden. In G. Reinmann & H. Mandl (Hrsg.), *Psychologie des Wissensmanagements* (S. 66–78). Göttingen: Hogrefe.

Bielaczyc, K. & Collins, A. (1999). Learning communities in classrooms: A reconceptualization of educational practice. In C. M. Reigeluth (Hrsg.), *Instructional design theories and models* (Vol. II, S. 269–291). Mahwah, NJ: Erlbaum.

Boekaerts, M. (1996). Self-regulated learning at the junction of cognition and motivation. *European Psychologist, 1*, 100–112.

Bortz, J. & Döring, N. (2006). *Forschungsmethoden und Evaluation für Sozialwissenschaftler.* Berlin: Springer.

Boshuizen, H. P. A. (2004). Does practice make perfect? In H. P. A. Boshuizen, R. Bromme & H. Gruber (Hrsg.), *Professional learning: Gaps and transitions on the way from novice to expert* (S. 73–95). Dordrecht: Kluwer Academic Publishers.

Bossert, S. T. (1988). Cooperative activities in the classroom. *Review of Research in Education, 15*, 225–250.

Brodbeck, F. C. & Frey, D. (1999). Gruppenprozesse. In C. Graf-Hoyos & D. Frey (Hrsg.), *Arbeits- und Organisationspsychologie* (S. 359–373). Weinheim: Beltz PVU.

Broers, N. J. & Imbos, T. (2005). Charting and manipulating propositions as methods to promote self-explanations in the study of statistics. *Learning and Instruction, 15*, 517–538.

Brown, A., Ash, D., Rutherford, M., Nakagawa, K., Gordon, A. & Campione, J. (1993). Distributed expertise in the classroom. In G. Salomon (Hrsg.), *Distributed cognitions: Psychological and educational considerations* (S. 188–228). Cambridge: Cambridge University Press.

Bruner, J. S. (1961). The act of discovery. *Harvard Educational Review, 31*, 21–32.

Brünken, R., Plass, J. L. & Leutner, D. (2003). Direct measurement of cognitive load in multimedia learning. *Educational Psychologist, 38*, 53–61.

Brünken, R., Steinbacher, S., Schnotz, W. & Leutner, D. (2001). Mentale Modelle und Effekte der Präsentations- und Abrufkodalität beim Lernen mit Multimedia. *Zeitschrift für Pädagogische Psychologie, 15*, 16–27.

Butler, D. L. & Winne, P. H. (1995). Feedback and self-regulated learning: A theoretical synthesis. *Review of Educational Research, 65*, 245–281.

Carver, C. S. & Scheier, M. F. (1981). *Attention and self-regulation: A control-theory approach to human behavior.* New York: Springer.

Carver, C. S. & Scheier, M. F. (2000). On the structure of behavioral self-regulation. In M. Boekaerts, P. R. Pintrich & M. Zeidner (Hrsg.), *Handbook of self-regulation* (S. 41–84). San Diego: Academic Press.

Chalos, P. & Pickard, S. (1985). Information choice and cue use: An experiment in group information processing. *Journal of Applied Psychology, 70,* 634–641.

Champagne, A. B., Klopfer, L. E. & Gunstone, R. F. (1982). Cognitive research and the design of science instruction. *Educational Psychologist, 17,* 31–53.

Chi, M. T. H., Bassok, M., Lewis, M. W., Reimann, P. & Glaser, R. (1989). Self-explanations: How students study and use examples in learning to solve problems. *Cognitive Science, 13,* 145–182.

Chi, M. T. H., Feltovich, P. J. & Glaser, R. (1981). Categorisation and representation of physics problems by experts and novices. *Cognitive Science, 5,* 121–152.

Chi, M. T. H., Glaser, R. & Rees, E. (1982). Expertise in problem solving. In R. Sternberg (Hrsg.), *Advances in the psychology of human intelligence* (Vol. 1, S. 7–75). Mahwah, NJ: Erlbaum.

Clariana, R. B. (1993). A review of multiple-try feedback in traditional and computer-based instruction. *Journal of Computer-Based Instruction, 20,* 67–74.

Clariana, R. B., Ross, S. M. & Morrison, G. R. (1991). The effects of different feedback strategies using computer-administered multiple-choice questions as instruction. *Educational Technology Research & Development, 39,* 5–17.

Cognition and Technology Group at Vanderbilt (1997). *The Jasper project: Lessons in curriculum, instruction, assessment, and professional development.* Mahwah, NJ: Erlbaum.

Cohen, E. G. (1993). Bedingungen für produktive Kleingruppen. In G. L. Huber (Hrsg.), *Neue Perspektiven der Kooperation* (S. 45–53). Hohengehren: Schneider.

Cohen, E. G. (1994). Restructuring the classroom: Conditions for productive small groups. *Review of Educational Research, 64,* 1–35.

Cohen, J. (1988). *Statistical power analysis for the behavioral sciences.* Hillsdale, NJ: Erlbaum.

Cohen, J. (1990). Things I have learned (so far). *American Psychologist, 45,* 1304–1312.

Cohen, J. (1994). The earth is round ($p < .05$). *American Psychologist, 49,* 997–1003.

Collins, A., Brown, J. S. & Newman, S. E. (1989). Cognitive apprenticeship: Teaching the crafts of reading, writing, and mathematics. In L. B. Resnick (Hrsg.), *Knowing, learning and instruction: Essays in honor of Robert Glaser* (S. 453–494). Mahwah, NJ: Erlbaum.

Collins, M., Carnine, D. & Gersten, R. (1987). Elaborated corrective feedback and the acquisition of reasoning skills: A study of computer-assisted instruction. *Exceptional Children, 54,* 254–262.

Craik, F. & Lockart, R. (1972). Levels of processing: A framework for memory research. *Journal of Verbal Learning and Verbal Behavior, 11,* 671–684.

Cramer, S. F. (1994). Assessing effectiveness in the collaborative classroom. In K. Bosworth & S. J. Hamilton (Hrsg.), *Collaborative learning: Underlying processes and effective techniques* (S. 69–81). San Francisco: Jossey-Bass.

Cronbach, L. J. & Snow, R. E. (Hrsg.). (1977). *Aptitudes and instructional methods. A handbook for research on interactions.* New York: Irvington.

Damon, W. (1984). Peer education: The untapped potential. *Journal of Applied Developmental Psychology, 5,* 331–343.

Deci, E. L., Koestner, R. & Ryan, R. M. (2001). Extrinsic rewards and intrinsic motivation in education: Reconsidered once again. *Review of Educational Research, 71,* 1–27.

Deci, E. L. & Ryan, R. M. (1985). *Intrinsic motivation and self-determination in human behavior.* New York: Plenum Press.

Deci, E. L. & Ryan, R. M. (1993). Die Selbstbestimmungstheorie der Motivation und ihre Bedeutung für die Pädagogik. *Zeitschrift für Pädagogik, 39,* 223–238.

Deci, E. L. & Ryan, R. M. (2000). The "what" and "why" of goal pursuits: Human needs and the self-determination of behavior. *Psychological Inquiry, 11,* 227–268.

De Jong, T. & Ferguson-Hessler, M. G. M. (1996). Types and qualities of knowledge. *Educational Psychologist, 31,* 105–113.

De Lisi, R. & Golbeck, S. L. (1999). Implications of Piagetian theory for peer learning. In A. M. O'Donnell & A. King (Hrsg.), *Cognitive perspectives on peer learning* (S. 3–37). Mahwah, NJ: Erlbaum.

Dembo, M. H. & McAuliffe, T. J. (1987). Effects of perceived ability and grade status on social interaction and influence in cooperative groups. *Journal of Educational Psychology, 79,* 415–423.

Dempsey, J. V., Driscoll, M. P. & Swindell, L. K. (1993). Text-based feedback. In J. V. Dempsey & G. C. Sales (Hrsg.), *Interactive instruction and feedback* (S. 21–54). Englewood Cliffs, NJ: Educational Technology Publications.

Dillenbourg, P. (1999). Introduction: What do you mean by "collaborative learning"? In P. Dillenbourg (Hrsg.), *Collaborative learning: Cognitive and computational approaches* (S. 1–19). Amsterdam: Pergamon.

Dillenbourg, P., Baker, M., Blaye, A. & O'Malley, C. (1996). The evolution of research on collaborative learning. In E. Spada & P. Reimann (Hrsg.), *Learning in humans and machines: Towards an interdisciplinary learning science* (S. 189–211). Oxford: Elsevier.

Dillon, A. & Gabbard, R. (1998). Hypermedia as an educational technology: A review of the quantitative research literature on learner comprehension, control, and style. *Review of Educational Research, 68,* 322–349.

Dochy, F. J. R. C. (1992). *Assessment of prior knowledge as a determinant for future learning.* Utrecht: Lemma.

Dochy, F. J. R. C. & Alexander, P. A. (1995). Mapping prior knowledge: A framework for discussion among researchers. *European Journal of Psychology of Education, 10,* 225–242.

Doise, W. & Mugny, G. (1984). *The social development of the intellect.* Oxford: Pergamon.

Dooling, D. J. & Lachman, R. (1971). Effects of comprehension on retention of prose. *Journal of Experimental Psychology, 88,* 216–222.

Dweck, C. S. & Leggett, E. L. (1988). A social-cognitive approach to motivation and personality. *Psychological Review, 95,* 256–273.

Elawar, M. C. & Corno, L. (1985). A factorial experiment in teachers' written feedback on student homework: Changing teacher behavior a little rather than a lot. *Journal of Educational Psychology, 77*, 162–173.

Elliott, E. S. & Dweck, C. S. (1988). Goals: An approach to motivation and achievement. *Journal of Personality and Social Psychology, 54*, 5–12.

Ericsson, K. A. & Simon, H. (1993). *Protocol analysis. Verbal reports as data.* Cambridge, MA: MIT Press.

Ertl, B., Reiserer, M. & Mandl, H. (2002). Kooperatives Lernen in Videokonferenzen: Der Einfluss von Wissensschemata und Kooperationsskripts auf gemeinsame externale Repräsentationen und individuellen Lernerfolg. *Unterrichtswissenschaft, 30*, 339–356.

Fantuzzo, J. W., King, J. A. & Heller, L. R. (1992). Effects of reciprocal peer tutoring on mathematics and school adjustment: A component analysis. *Journal of Educational Psychology, 84*, 331–339.

Fengler, J. (1998). *Feedback geben: Strategien und Übungen.* Weinheim: Beltz.

Ferguson-Hessler, M. G. M. & de Jong, T. (1990). Studying physics texts: Differences in study processes between good and poor performers. *Cognition and Instruction, 7*, 41–54.

Festinger, L. (1954). A theory of social comparison processes. *Human Relations, 7*, 117–140.

Festinger, L. (1957). *A theory of cognitive dissonance.* Stanford, CA: Stanford University Press.

Fischer, F. (2001). *Gemeinsame Wissenskonstruktion – Analyse und Förderung in computerunterstützten Kooperationsszenarien.* München: Unveröff. Habilitationsschrift, Ludwig-Maximilians-Universität München.

Fischer, F. (2002). Gemeinsame Wissenskonstruktion: Theoretische und methodologische Aspekte. *Psychologische Rundschau, 53*, 119–134.

Fischer, F. & Mandl, H. (2002). Lehren und Lernen mit neuen Medien. In R. Tippelt (Hrsg.), *Handbuch Bildungsforschung* (S. 623–637). Opladen: Leske + Budrich.

Fischer, P. M. & Mandl, H. (1988). Improvement of the acquisition of knowledge by informing feedback. In H. Mandl & A. Lesgold (Hrsg.), *Learning issues for intelligent tutoring systems* (S. 187–241). New York: Springer.

Flavell, J. H. (1979). Metacognition and cognitive monitoring. *American Psychologist, 34*, 906–911.

Flavell, J. H. (1984). Annahmen zum Begriff Metakognition sowie zur Entwicklung von Metakognition. In F. E. Weinert & R. H. Kluwe (Hrsg.), *Metakognition, Motivation und Lernen* (S. 9–21). Stuttgart: Kohlhammer.

Fölling-Albers, M., Hartinger, A. & Mörtl-Hafizović, D. (2004). Situiertes Lernen in der Lehrerbildung. *Zeitschrift für Pädagogik, 50*, 727–747.

Foos, P. W., Mora, J. J. & Tkacz, S. (1994). Student study techniques and the generation effect. *Journal of Educational Psychology, 86*, 567–576.

Frese, M. & Zapf, D. (1994). Action as the core of work psychology: A German approach. In H. C. Triandis, M. D. Dunnette & L. M. Hough (Hrsg.), *Handbook of industrial and organizational psychology* (S. 271–340). Palo Alto, CA: Consulting Psychologists Press.

Friedrich, H. F. & Mandl, H. (1997). Analyse und Förderung selbstgesteuerten Lernens. In F. E. Weinert & H. Mandl (Hrsg.), *Psychologie der Erwachsenenbildung. Enzyklopädie der Psychologie, D/I/4* (S. 237–293). Göttingen: Hogrefe.

Gage, N. & Berliner, D. (1996). *Pädagogische Psychologie.* Weinheim: Beltz PVU.

Gagné, R. M. (1965). *The conditions of learning.* New York: Holt, Rinehart & Winston.

Gaynor, P. (1981). The effect of feedback delay on retention of computer-based mathematical material. *Journal of Computer-Based Instruction, 8,* 28–34.

Gerstenmaier, J. & Mandl, H. (1995). Wissenserwerb unter konstruktivistischer Perspektive. *Zeitschrift für Pädagogik, 41,* 867–888.

Gjesme, T. & Nygård, R. (1970). *Achievement-related motives: Theoretical considerations and construction of a measuring instrument* (unpublished report). University of Oslo.

Göttert, R. & Kuhl, J. (1980). *LM-Fragebogen: Deutsche Übersetzung der AMS-Scale von Gjesme und Nygård* (unveröff. Manuskript). Bochum: Ruhr-Universität.

Gräsel, C. (1997). *Problemorientiertes Lernen: Strategieanwendung und Gestaltungsmöglichkeiten.* Göttingen: Hogrefe.

Gräsel, C. & Mandl, H. (1993). Förderung des Erwerbs diagnostischer Strategien in fallbasierten Lernumgebungen. *Unterrichtswissenschaft, 21,* 355–370.

Gräsel, C. & Mandl, H. (1999). Problemorientiertes Lernen in der Methodenausbildung des Pädagogikstudiums. *Empirische Pädagogik, 13,* 371–391.

Greeno, J. G. (1998). The situativity of knowing, learning, and research. *American Psychologist, 53,* 5–26.

Groeben, N., Wahl, D., Schlee, J. & Scheele, B. (Hrsg.). (1988). *Forschungsprogramm Subjektive Theorien. Eine Einführung in die Psychologie des reflexiven Subjekts.* Tübingen: Francke.

Große, C. S. (2005). *Lernen mit multiplen Lösungswegen.* Münster: Waxmann.

Große, C. S. & Renkl, A. (2004). Learning from worked examples: What happens if errors are included? In P. Gerjets, P. A. Kirschner, J. Elen & R. Joiner (Hrsg.), *Instructional design for effective and enjoyable computer-supported learning* (CD-ROM) (S. 356–364). Tübingen: Knowledge Media Research Center.

Gruber, H. (1994). *Expertise. Modelle und empirische Untersuchungen.* Opladen: Westdeutscher Verlag.

Gruber, H. & Mandl, H. (1996). Das Entstehen von Expertise. In J. Hoffmann & W. Kintsch (Hrsg.), *Lernen. Enzyklopädie der Psychologie, C/II/7* (S. 583–615). Göttingen: Hogrefe.

Gruber, H. & Renkl, A. (1996). Alpträume sozialwissenschaftlicher Studierender: Empirische Forschungsmethoden und Statistik. In J. Lompscher & H. Mandl (Hrsg.), *Lehr- und Lernprobleme im Studium: Bedingungen und Veränderungsmöglichkeiten* (S. 118–130). Bern: Huber.

Gupta, M. L. (2004). Enhancing student performance through cooperative learning in physical sciences. *Assessment & Evaluation in Higher Education, 29,* 63–73.

Haller, H. & Krauss, S. (2002). Misinterpretations of significance: A problem students share with their teachers? *Methods of Psychological Research Online, 7.* Verfügbar unter: http://www.mpr-online.de [08.02.2007].

Hamm, I. (2001). Einleitung. In I. Hamm (Hrsg.), *Medienkompetenz* (S. 8–15). Gütersloh: Bertelsmann Stiftung.

Hancock, T. E., Thurman, R. A. & Hubbard, D. C. (1995). An expanded control model for the use of instructional feedback. *Contemporary Educational Psychology, 20*, 410–425.

Harackiewicz, J. M. & Larson, J. R. (1986). Managing motivation: The impact of supervisor feedback on subordinate task interest. *Journal of Personality and Social Psychology, 51*, 547–556.

Harackiewicz, J. M., Sansone, C. & Manderlink, G. (1985). Competence, achievement orientation, and intrinsic motivation: A process analysis. *Journal of Personality and Social Psychology, 48*, 493–508.

Harter, S. (1981). A new self-report scale of intrinsic versus extrinsic orientation in the classroom: Motivational and informational components. *Developmental Psychology, 17*, 300–312.

Haskell, R. E. (2001). *Transfer of learning. Cognition, instruction, and reasoning.* San Diego: Academic Press.

Hasselhorn, M. (1992). Metakognition und Lernen. In G. Nold (Hrsg.), *Lernbedingungen und Lernstrategien: Welche Rolle spielen kognitive Verstehensstrukturen?* (S. 35–63). Tübingen: Narr.

Heckhausen, H. (1974). *Leistung und Chancengleichheit.* Göttingen: Hogrefe.

Heckhausen, J. & Heckhausen, H. (2006). *Motivation und Handeln.* Heidelberg: Springer.

Helmke, A. (1992). *Selbstvertrauen und schulische Leistungen.* Göttingen: Hogrefe.

Helmke, A. & Renkl, A. (1992). Das Münchener Aufmerksamkeitsinventar (MAI): Ein Instrument zur systematischen Verhaltensbeobachtung der Schüleraufmerksamkeit im Unterricht. *Diagnostica, 38*, 130–141.

Helmke, A. & Schrader, F.-W. (2006). Determinanten der Schulleistung. In D. H. Rost (Hrsg.), *Handwörterbuch Pädagogische Psychologie* (S. 83–94). Weinheim: Beltz PVU.

Hertz-Lazarowitz, R. & Miller, N. (Hrsg.). (1992). *Interaction in cooperative groups: The theoretical anatomy of group learning.* Cambridge, NY: Cambridge University Press.

Hesse, F. W., Garsoffky, B. & Hron, A. (2002). Netzbasiertes kooperatives Lernen. In L. J. Issing & P. Klimsa (Hrsg.), *Information und Lernen mit Multimedia und Internet* (S. 283–298). Weinheim: Beltz PVU.

Hey, A. H. (2001). *Feedback und Beurteilung bei selbstregulierter Gruppenarbeit.* Berlin: dissertation.de – Verlag im Internet GmbH.

Hinkofer, L. (2004). *Konzeption und Erprobung von Unterrichtssequenzen an der kaufmännischen Berufschule auf der Basis eines beispielbasierten Instruktionsansatzes.* Berlin: Logos.

Hinsz, V. B. (1990). Cognitive and consensus processes in group recognition memory performance. *Journal of Personality and Social Psychology, 59*, 705–718.

Hinsz, V. B., Tindale, R. S. & Vollrath, D. A. (1997). The emerging conceptualization of groups as information processors. *Psychological Bulletin, 121*, 43–64.

Hoffman, P. J., Earle, T. C. & Slovic, P. (1981). Multidimensional functional learning (MFL) and some new conceptions of feedback. *Organizational Behavior and Human Performance, 27*, 75–102.

Hooper, S. & Hannafin, M. J. (1988). Cooperative CBI: The effects of heterogeneous vs. homogeneous grouping on the learning of progressively complex concepts. *Journal of Educational Computing Research, 4*, 413–424.

Hoska, D. M. (1993). Motivating learners through CBI feedback: Developing a positive learner perspective. In J. V. Dempsey & G. C. Sales (Hrsg.), *Interactive instruction and feedback* (S. 105–132). Englewood Cliffs, NJ: Educational Technology Publications.

Huber, G. L. (1987). Kooperatives Lernen: Theoretische und praktische Herausforderung für die Pädagogische Psychologie. *Zeitschrift für Entwicklungspsychologie und Pädagogische Psychologie, 19*, 340–362.

Huber, G. L. & Eppler, R. (1990). Team learning in German classrooms: Processes and outcomes. In S. Sharan (Hrsg.), *Cooperative learning: Theory and research* (S. 151–172). Westport, CT: Praeger Publishers.

Huth, K. (2004). *Entwicklung und Evaluation von fehlerspezifischem informativem tutoriellem Feedback (ITF) für die schriftliche Subtraktion.* Dissertation, Technische Universität Dresden. Verfügbar unter: http://nbn-resolving.de/urn:nbn:de:swb:14–1105354057406–47158 [08.02.2007].

Ilgen, D. R., Fisher, C. D. & Taylor, M. S. (1979). Consequences of individual feedback on behavior in organizations. *Journal of Applied Psychology, 64*, 349–371.

Jacobs, A. (1974). The use of feedback in groups. In A. Jacobs & W. W. Spradlin (Hrsg.), *The group as agent of change* (S. 408–448). New York: Behavioral Publications.

Jacobs, B. (2000). *Einführung in die Versuchsplanung.* Verfügbar unter: http://www.phil.uni-sb.de/~jakobs/seminar/vpl [08.02.2007].

Jacobs, B. (2007). *Aufgaben stellen und Feedback geben.* Verfügbar unter: http://www.phil.uni-sb.de/~jakobs/wwwartikel/feedback/projekt.htm [08.02.2007].

Jacobs, M., Jacobs, A., Feldman, G. & Cavior, N. (1973). Feedback II: The credibility gap: Delivery of positive and negative and emotional and behavioral feedback in groups. *Journal of Consulting and Clinical Psychology, 41*, 215–223.

Jacoby, J., Troutman, T., Mazursky, D. & Kuss, A. (1984). When feedback is ignored: Disutility of outcome feedback. *Journal of Applied Psychology, 69*, 531–545.

Janis, I. L. (1972). *Victims of groupthink.* Boston: Houghton Mifflin.

Jaques, D. (1995). *Learning in groups.* London: Kogan Page.

Jerusalem, M. (2005). Selbstwirksamkeit. In H. Weber & T. Rammsayer (Hrsg.), *Handbuch der Persönlichkeitspsychologie und Differentiellen Psychologie* (S. 438–445). Göttingen: Hogrefe.

Johnson, D. W. & Johnson, R. T. (1989). *Cooperation and competition: Theory and research.* Edina, MN: Interaction Book Company.

Johnson, D. W. & Johnson, R. T. (1992). Positive interdependence: Key to effective cooperation. In R. Hertz-Lazarowitz & N. Miller (Hrsg.), *Interaction in cooperative groups: The theoretical anatomy of group learning* (S. 174–199). Cambridge, NY: Cambridge University Press.

Johnson, D. W. & Johnson, R. T. (1999). *Learning together and alone: Cooperative, competitive, and individualistic learning.* Boston: Allyn & Bacon.

Johnson, D. W., Johnson, R. T. & Anderson, D. (1978). Student cooperative, competitive, and individualistic attitudes, and attitudes toward schooling. *Journal of Psychology, 100*, 183–199.

Johnson, D. W. & Norem-Hebeisen, A. A. (1979). A measure of cooperative, competitive, and individualistic attitudes. *Journal of Social Psychology, 109*, 253–261.

Jürgen-Lohmann, J., Borsch, F. & Giesen, H. (2001). Kooperatives Lernen an der Hochschule: Evaluation des Gruppenpuzzles in Seminaren der Pädagogischen Psychologie. *Zeitschrift für Pädagogische Psychologie, 15*, 74–84.

Kail, R. & Pellegrino, J. W. (1989). *Menschliche Intelligenz.* Heidelberg: Spektrum der Wissenschaft.

Kalyuga, S., Ayres, P., Chandler, P. & Sweller, J. (2003). The expertise reversal effect. *Educational Psychologist, 38*, 23–31.

Kalyuga, S., Chandler, P. & Sweller, J. (2001). Learner experience and efficiency of instructional guidance. *Educational Psychology, 21*, 5–23.

Kerr, N. L. (1983). Dispensability of member effort and group motivation losses: Free-rider effects. *Journal of Personality and Social Psychology, 44*, 78–94.

Kerres, M. (2001). *Multimediale und telemediale Lernumgebungen: Konzeption und Entwicklung.* München: Oldenbourg.

Kiesler, S., Siegel, J. & McGuire, T. W. (1984). Social psychological aspects of computer-mediated communication. *American Psychologist, 39*, 1123–1134.

Kiesler, S. & Sproull, L. (1992). Group decision making and communication technology. *Organizational Behavior and Human Decision Processes, 52*, 96–123.

King, A. (1994). Guided knowledge construction in the classroom: Effects of teaching children how to question and how to explain. *American Educational Research Journal, 31*, 338–368.

Kintsch, W. (1994). Text comprehension, memory, and learning. *American Psychologist, 49*, 294–303.

Kintsch, W. (1996). Lernen aus Texten. In J. Hoffmann & W. Kintsch (Hrsg.), *Lernen. Enzyklopädie der Psychologie, C/II/7* (S. 503–528). Göttingen: Hogrefe.

Kintsch, W. (1998). *Comprehension: A paradigm for cognition.* Cambridge, UK: Cambridge University Press.

Klauer, K. J. (1986). *Kriteriumsorientierte Tests.* Göttingen: Hogrefe.

Klimesch, W. (1995). Gedächtnispsychologische Repräsentationsannahmen und ihre möglichen neuronalen Grundlagen. In D. Dörner & E. van der Meer (Hrsg.), *Das Gedächtnis: Probleme – Trends – Perspektiven* (S. 3–18). Göttingen: Hogrefe.

Kluger, A. N. & DeNisi, A. (1996). The effects of feedback interventions on performance: A historical review, a meta-analysis, and a preliminary feedback intervention theory. *Psychological Bulletin, 119*, 254–284.

Köller, O. & Schiefele, U. (2006). Zielorientierung. In D. H. Rost (Hrsg.), *Handwörterbuch Pädagogische Psychologie* (S. 880–886). Weinheim: Beltz PVU.

Konrad, K. & Traub, S. (2005). *Kooperatives Lernen. Theorie und Praxis in Schule, Hochschule und Erwachsenenbildung.* Hohengehren: Schneider.

Koriat, A. (1997). Monitoring one's own knowledge during study: A cue-utilization approach to judgments of learning. *Journal of Experimental Psychology: General, 126*, 349–370.

Krapp, A. (1999). Intrinsische Lernmotivation und Interesse: Forschungsansätze und konzeptuelle Überlegungen. *Zeitschrift für Pädagogik, 45,* 387–406.

Krapp, A. (2000). Individuelle Interessen als Bedingung lebenslangen Lernens. In F. Achtenhagen & W. Lempert (Hrsg.), *Lebenslanges Lernen im Beruf – seine Grundlegung im Kindes- und Jugendalter. Band 3: Psychologische Theorie, Empirie und Therapie* (S. 54–75). Opladen: Leske + Budrich.

Krause, U.-M. (2002, Januar). *Elaborated group feedback in virtual learning environments.* Vortrag auf der CSCL-Konferenz (Computer Support for Collaborative Learning) in Boulder, USA.

Krause, U.-M. (2006). *EULE: E-Learning in der universitären Lehrerbildung. Lernumgebung für (angehende) Lehrkräfte. Modul „Kooperatives Lernen".* Verfügbar unter http://cgibystegmann.de/EULE.html [08.02.2007].

Krause, U.-M. & Stark, R. (2004). Too much of a good thing? Unwanted side effects of successful instructional interventions. In P. Gerjets, P. A. Kirschner, J. Elen & R. Joiner (Hrsg.), *Instructional design for effective and enjoyable computer-supported learning* (CD-ROM) (S. 331–340). Tübingen: Knowledge Media Research Center.

Krause, U.-M. & Stark, R. (2006a). Vorwissen aktivieren. In H. Mandl & H. F. Friedrich (Hrsg.), *Handbuch Lernstrategien* (S. 38–49). Göttingen: Hogrefe.

Krause, U.-M. & Stark, R. (2006b). Förderung des Wissenserwerbs im Bereich empirischer Forschungsmethoden mit Hilfe einer computerbasierten Lernumgebung. In G. Krampen & H. Zayer (Hrsg.), *Didaktik und Evaluation in der Psychologie* (S. 207–217). Göttingen: Hogrefe.

Krause, U.-M. & Stark, R. (2006c, September). *Förderung von Wissen und günstigen Einstellungen zum kooperativen Lernen bei angehenden Lehrkräften.* Vortrag auf der 68. Tagung der Arbeitsgruppe für Empirische Pädagogische Forschung (AEPF) in München.

Krause, U.-M., Stark, R. & Mandl, H. (2004). Förderung des computerbasierten Wissenserwerbs durch kooperatives Lernen und eine Feedbackmaßnahme. *Zeitschrift für Pädagogische Psychologie, 18,* 125–136.

Krol, K., Janssen, J., Veenman, S. & van der Linden, J. (2004). Effects of a cooperative learning program on the elaborations of students working in dyads. *Educational Research and Evaluation, 10,* 205–237.

Kruger, J. & Dunning, D. (1999). Unskilled and unaware of it: How difficulties in recognizing one's incompetence lead to inflated self-assessments. *Journal of Personality and Social Psychology, 77,* 1121–1134.

Kulhavy, R. W. (1977). Feedback in written instruction. *Review of Educational Research, 47,* 211–232.

Kulhavy, R. W. & Stock, W. A. (1989). Feedback in written instruction: The place of response certitude. *Educational Psychology Review, 1,* 279–308.

Kulhavy, R. W., White, M. T., Topp, D. W., Chan, A. L. & Adams, J. (1985). Feedback complexity and corrective efficiency. *Contemporary Educational Psychology, 10,* 285–291.

Kulhavy, R. W., Yekovich, F. R. & Dyer, J. W. (1976). Feedback and response confidence. *Journal of Educational Psychology, 68,* 522–528.

Kulhavy, R. W., Yekovich, F. R. & Dyer, J. W. (1979). Feedback and content review in pro-grammed instruction. *Contemporary Educational Psychology, 4*, 91–98.

Kulik, J. A. & Kulik, C. C. (1988). Timing of feedback and verbal learning. *Review Of Edu-cational Research, 58*, 79–97.

Kunz, G. C., Drewniak, U., Hatalak, A. & Schön, A. (1992). Zur differentiellen Bedeutung kognitiver, metakognitiver und motivationaler Variablen für das effektive Lernen mit In-struktionstexten und Bildern. In H. Mandl & H. F. Friedrich (Hrsg.), *Lern- und Denkstra-tegien: Analyse und Intervention* (S. 213–229). Göttingen: Hogrefe.

Lambiotte, J. G., Dansereau, D. F., O'Donnell, A. M., Young, M. D., Skaggs, L. P. & Hall, R. H. (1988). Effects of cooperative script manipulations on initial learning and transfer. *Cognition and Instruction, 5*, 103–121.

Lan, W. Y. (1998). Teaching self-monitoring in statistics. In D. H. Schunk & B. J. Zimmermann (Hrsg.), *Self-regulated learning: From teaching to self-reflective practice* (S. 86–105). New York: Guilford Press.

Langer, E. J. (1993). A mindful education. *Educational Psychologist, 28*, 43–50.

Langer, I., Schulz v. Thun, F. & Tausch, R. (1999). *Sich verständlich ausdrücken*. München: Ernst Reinhardt Verlag.

Larkin, J. H. (1989). What kind of knowledge transfers? In L. B. Resnick (Hrsg.), *Knowing, learning, and instruction: Essays in honor of Robert Glaser* (S. 283–306). Hillsdale, NJ: Erlbaum.

Latané, B., Williams, K. & Harkins, S. (1979). Many hands make light the work: The causes and consequences of social loafing. *Journal of Personality and Social Psychology, 37*, 822–832.

Laughlin, P. R. & Sweeney, J. D. (1977). Individual-to-group and group-to-individual transfer in problem solving. *Journal of Experimental Psychology: Human Learning & Memory, 3*, 246–254.

Lave, J. (1988). *Cognition in practice*. Cambridge: University Press.

Lave, J. & Wenger, E. (1991). *Situated learning: Legitimate peripheral participation*. Cam-bridge: Cambridge University Press.

Law, L.-C. & Wong, P. (1996). Expertise and instructional design. In H. Gruber & A. Ziegler (Hrsg.), *Expertiseforschung*. Opladen: Westdeutscher Verlag.

Leary, M. R. & Forsyth, D. R. (1987). Attributions for responsibility for collective endeavors. In C. Hendrick (Hrsg.), *Group processes* (S. 167–188). Newbury Park: Sage.

Lepper, M. R. & Malone, T. W. (1987). Intrinsic motivation and instructional effectiveness in computer-based education. In R. E. Snow & M. J. Farr (Hrsg.), *Aptitude, learning, and instruction, Vol. 3: Conative and affective process analyses* (S. 255–285). Hillsdale, NJ: Erlbaum.

Leutner, D. (2002). Adaptivität und Adaptierbarkeit multimedialer Lehr- und Informations-systeme. In L. J. Issing & P. Klimsa (Hrsg.), *Information und Lernen mit Multimedia und Internet* (S. 115–125). Weinheim: Beltz PVU.

Lewalter, D. (2003). Cognitive strategies for learning from static and dynamic visuals. *Learn-ing and Instruction, 13*, 177–189.

Locke, E. A. & Latham, G. P. (1990). *A theory of goal setting and task performance.* Englewood Cliffs, NJ: Prentice-Hall.

Lou, Y., Abrami, P. C. & d'Apollonia, S. (2001). Small group and individual learning with technology: A meta-analysis. *Review of Educational Research, 71*, 449–521.

Luchins, A. S. (1942). Mechanization in problem solving. The effect of Einstellung. *Psychological Monographs, 54*, 1–95.

Mähler, C. & Stern, E. (2006). Transfer. In D. H. Rost (Hrsg.), *Handwörterbuch Pädagogische Psychologie* (S. 782–793). Weinheim: Beltz PVU.

Mandl, H., Friedrich, H. F. & Hron, A. (1988). Theoretische Ansätze zum Wissenserwerb. In H. Mandl & H. Spada (Hrsg.), *Wissenspsychologie* (S. 123–160). München: PVU.

Mandl, H., Gruber, H. & Renkl, A. (1993). Misconceptions and knowledge compartmentalization. In G. Strube & F. Wender (Hrsg.), *The cognitive psychology of knowledge* (S. 161–176). Amsterdam: Elsevier.

Mandl, H. & Krause, U.-M. (2002). Lernkompetenz für die Wissensgesellschaft. In Bund-Länder-Kommission für Bildungsplanung und Forschungsförderung (Hrsg.), *Lernen in der Wissensgesellschaft* (S. 239–266). Innsbruck: Studienverlag.

Mandl, H. & Krause, U.-M. (2003). Learning competence for the knowledge society. In N. Nistor, S. English, S. Wheeler & M. Jalobeanu (Hrsg.), *Toward the virtual university: International online perspectives* (S. 65–86). Greenwich, CT: Information Age Publishing.

Mandl, H., Schnotz, W. & Tergan, S.-O. (1983). Zur Funktion von Beispielen in Texten. In L. Kötter & H. Mandl (Hrsg.), *Kognitive Prozesse und Unterricht. Jahrbuch für Empirische Erziehungswissenschaft* (S. 45–75). Düsseldorf: Schwann.

Marsh, H. W. (1993). Academic self-concept: Theory, measurement, and research. In J. Suls (Hrsg.), *Psychological perspectives on the self, Vol. 4* (S. 59–98). Hillsdale, NJ: Erlbaum.

Mason, B. J. & Bruning, R. (1999). *Providing feedback in computer-based instruction: What the research tells us.* Verfügbar unter: http://dwb4.unl.edu/dwb/Research/MB/Mason Bruning.html [21.02.2007].

Matsui, T., Kakuyama, T. & Onglatco, M. L. U. (1987). Effects of goals and feedback on performance in groups. *Journal of Applied Psychology, 72*, 407–415.

Mayer, R. E. (2003). The promise of multimedia learning: Using the same instructional design methods across different media. *Learning and Instruction, 13*, 125–139.

Mayer, R. E. & Moreno, R. (2003). Nine ways to reduce cognitive load in multimedia learning. *Educational Psychologist, 38*, 43–52.

McClelland, D. J., Atkinson, J. W., Clark, R. H. & Lowell, E. L. (1953). *The achievement motive.* New York: Appleton-Century-Crofts.

McNamara, D. S., Kintsch, E., Butler-Songer, N. & Kintsch, W. (1996). Are good texts always better? Interactions of text coherence, background knowledge, and levels of understanding in learning from text. *Cognition and Instruction, 14*, 1–43.

Meehl, P. E. (1990). Why summaries of research on psychological theories are often uninterpretable. *Psychological Reports, 66*, 195–244.

Meyer, J. & Shinar, D. (1992). Estimating correlations from scatterplots. *Human Factors, 34*, 335–349.

Meyer, W.-U. (1984). *Das Konzept von der eigenen Begabung.* Bern: Huber.

Miller, G. A., Galanter, E. & Pribram, K. H. (1960). *Plans and the structure of behavior.* London: Holt, Rinehart & Winston.

Miller, N. & Harrington, H. J. (1992). Social categorization and intergroup acceptance: Principles for the design and development of cooperative learning teams. In R. Hertz-Lazarowitz & N. Miller (Hrsg.), *Interaction in cooperative groups: The theoretical anatomy of group learning* (S. 203–227). Cambridge, NY: Cambridge University Press.

Moreno, R. (2004). Decreasing cognitive load for novice students: Effects of explanatory versus corrective feedback in discovery-based multimedia. *Instructional Science, 32,* 99–113.

Mory, E. H. (1996). Feedback research. In D. H. Jonassen (Hrsg.), *Handbook of research for educational communications and technology* (S. 919–956). New York: Macmillan.

Musch, J. (1999). Die Gestaltung von Feedback in computergestützten Lernumgebungen: Modelle und Befunde. *Zeitschrift für Pädagogische Psychologie, 13,* 148–160.

Nadler, D. A. (1979). The effects of feedback on task group behavior: A review of the experimental research. *Organizational Behavior and Human Performance, 23,* 309–338.

Narciss, S. (2004). *Entwicklung und Evaluation von informativem tutoriellem Feedback für komplexe Lernaufgaben.* Habilitationsmanuskript Technische Universität Dresden.

Nastasi, B. K., Clements, D. H. & Battista, M. T. (1990). Social-cognitive interactions, motivation, and cognitive growth in LOGO programming and CAI problem-solving environments. *Journal of Educational Psychology, 82,* 150–158.

Neber, H. (1994). Entwicklung und Erprobung einer Skala für Präferenzen zum kooperativen und kompetitiven Lernen. *Psychologie in Erziehung und Unterricht, 41,* 282–290.

Neuweg, G. H. (1999). *Könnerschaft und implizites Wissen.* Münster: Waxmann.

Newell, A. & Simon, H. A. (1972). *Human problem solving.* Englewood Cliffs, NJ: Prentice-Hall.

Nicholls, J. G. (1984). Achievement motivation: Conceptions of ability, subjective experience, task choice, and performance. *Psychological Review, 91,* 328–346.

Nicholls, J. G., Patashnick, M. & Nolen, S. B. (1985). Adolescents' theories of education. *Journal of Educational Psychology, 77,* 683–692.

Nistor, N. (2003). Problem-based virtual seminars. In N. Nistor, S. English, S. Wheeler & M. Jalobeanu (Hrsg.), *Toward the virtual university: International online perspectives* (S. 175–186). Greenwich, CT: Information Age Publishing.

Nolen, S. B. (1988). Reasons for studying: Motivational orientations and study strategies. *Cognition and Instruction, 5,* 269–287.

Nungester, R. J. & Duchastel, P. C. (1982). Testing versus review: Effects on retention. *Journal of Educational Psychology, 74,* 18–22.

Oakes, M. (1986). *Statistical inference: A commentary for the social and behavioral sciences.* New York: Wiley.

O'Donnell, A. M. & Dansereau, D. F. (1992). Scripted cooperation in student dyads: A method for analyzing and enhancing academic learning and performance. In R. Hertz-Lazarowitz & N. Miller (Hrsg.), *Interaction in cooperative groups: The theoretical anatomy of group learning* (S. 120–144). Cambridge, NY: Cambridge University Press.

O'Donnell, A. M., Dansereau, D. F., Hall, R. H. & Rocklin, T. R. (1987). Cognitive, social/affective, and metacognitive outcomes of scripted cooperative learning. *Journal of Educational Psychology, 79*, 431–437.

Onwuegbuzie, A. J. (2004). Academic procrastination and statistics anxiety. *Assessment & Evaluation in Higher Education, 29*, 3–19.

Paas, F. G. W. C. & van Merriënboer, J. J. G. (1994). Variability of worked examples and transfer of geometrical problem-solving skills: A cognitive load approach. *Journal of Educational Psychology, 86*, 122–133.

Palincsar, A. S. & Brown, A. L. (1984). Reciprocal teaching of comprehension-fostering and comprehension-monitoring activities. *Cognition and Instruction, 1*, 117–175.

Palincsar, A. S., Brown, A. L. & Campione, J. C. (1993). First grade dialogues for knowledge acquisition and use. In E. A. Forman, N. Minick & C. A. Stone (Hrsg.), *Contexts for learning: Sociocultural dynamics in children's development* (S. 43–57). New York: Oxford University Press.

Paris, S. G., Lipson, M. Y. & Wixson, K. K. (1983). Becoming a strategic reader. *Contemporary Educational Psychology, 8*, 293–316.

Pekrun, R. (1983). *Schulische Persönlichkeitsentwicklung*. Frankfurt: Lang.

Pekrun, R. & Helmke, A. (1991). Schule und Persönlichkeitsentwicklung: Theoretische Perspektiven und Forschungsstand. In R. Pekrun & H. Fend (Hrsg.), *Schule und Persönlichkeitsentwicklung. Ein Resümee der Längsschnittforschung* (S. 33–56). Stuttgart: Enke.

Perrig, W., Wippich, W. & Perrig-Chiello, P. (1993). *Unbewusste Informationsverarbeitung*. Bern: Huber.

Piaget, J. (1985). *The equilibrium of cognitive structures: The central problem of intellectual development*. Chicago: University of Chicago Press.

Pintrich, P. R. & DeGroot, E. V. (1990). Motivational and self-regulated learning components of classroom academic performance. *Journal of Educational Psychology, 82*, 33–40.

Pintrich, P. R. & Schunk, D. H. (2002). *Motivation in education: Theory, research, and applications*. Upper Saddle River, NJ: Merrill-Prentice Hall.

Pintrich, P. R., Smith, D. A. F., Garcia, T. & McKeachie, W. J. (1991). *The motivated strategies for learning questionnaire (MSLQ)*. Ann Arbor, MI: NCRIPTAL, University of Michigan.

Pintrich, P. R., Smith, D. A. F., Garcia, T. & McKeachie, W. J. (1993). Reliability and predictive validity of the motivated strategies for learning questionnaire (MSLQ). *Educational and Psychological Measurement, 53*, 801–813.

Pirolli, P. & Recker, M. (1994). Learning strategies and transfer in the domain of programming. *Cognition and Instruction, 12*, 235–275.

Plötzner, R., Bodemer, D. & Feuerlein, I. (2001). *Visualstat*. Verfügbar unter: http://www.psychologie.uni-freiburg.de/visualstat [21.02.2007].

Pommer, M. (2003). *Informatives Feedback: Lernerfolg und Motivation bei computergestütztem Training sprachrezeptiver Fähigkeiten*. Münster: Waxmann.

Prenzel, M. (1996). Bedingungen für selbstbestimmt motiviertes und interessiertes Lernen im Studium. Im J. Lompscher & H. Mandl (Hrsg.), *Lehr- und Lernprobleme im Studium: Bedingungen und Veränderungsmöglichkeiten* (S. 11–22). Bern: Huber.

Prenzel, M. (1997). Sechs Möglichkeiten, Lernende zu demotivieren. In: H. Gruber & A. Renkl (Hrsg.), *Wege zum Können. Determinanten des Kompetenzerwerbs* (S. 32–44). Bern: Huber.

Pridemore, D. R. & Klein, J. D. (1991). Control of feedback in computer-assisted instruction. *Educational Technology Research & Development, 39*, 27–32.

Pritchard, R. D., Jones, S. D., Roth, P. L., Stuebing, K. K. & Ekeberg, S. E. (1988). Effects of group feedback, goal setting, and incentives on organizational productivity. *Journal of Applied Psychology, 73*, 337–358.

Reimann, P. (1997). *Lernprozesse beim Wissenserwerb aus Beispielen.* Bern: Huber.

Reinmann, G. & Mandl, H. (2006). Unterrichten und Lernumgebungen gestalten. In A. Krapp & B. Weidenmann (Hrsg.), *Pädagogische Psychologie* (S. 613–658). Weinheim: Beltz PVU.

Reinmann-Rothmeier, G., Nistor, N. & Mandl, H. (2001). Ein virtuelles Hochschulseminar zur Einführung in das Wissensmanagement. In G. Reinmann-Rothmeier & H. Mandl, *Virtuelle Seminare in Hochschule und Weiterbildung: Drei Beispiele aus der Praxis* (S. 27–67). Bern: Huber.

Renkl, A. (1993). Korrelation und Kausalität: Ein ausreichend durchdachtes Problem in der pädagogisch-psychologischen Forschung? In C. Tarnai (Hrsg.), *Beiträge zur empirischen pädagogischen Forschung* (S. 115–123). Münster: Waxmann.

Renkl, A. (1994). Wer hat Angst vorm Methodenkurs? Eine empirische Studie zum Stresserleben von Pädagogikstudenten in der Methodenausbildung. In R. Olechowski & B. Rollett (Hrsg.), *Theorie und Praxis: Aspekte empirisch-pädagogischer Forschung* (S. 178–183). Frankfurt/Main: Lang.

Renkl, A. (1996). Träges Wissen: Wenn Erlerntes nicht genutzt wird. *Psychologische Rundschau, 47*, 78–92.

Renkl, A. (1997a). Learning from worked-out examples: A study on individual differences. *Cognitive Science, 21*, 1–29.

Renkl, A. (1997b). *Lernen durch Lehren: Zentrale Wirkmechanismen beim kooperativen Lernen.* Wiesbaden: Deutscher Universitäts Verlag.

Renkl, A. (2001). Explorative Analysen zur effektiven Nutzung von instruktionalen Erklärungen beim Lernen aus Lösungsbeispielen. *Unterrichtswissenschaft, 29*, 41–63.

Renkl, A. (2002). Learning from worked-out examples: Instructional explanations supplement self-explanations. *Learning and Instruction, 12*, 529–556.

Renkl, A. & Atkinson, R. K. (2002). Learning from examples: Fostering self-explanations in computer-based learning environments. *Interactive Learning Environments, 10*, 105–119.

Renkl, A., Atkinson, R. K. & Große, C. S. (2004). How fading worked solution steps works – a cognitive load perspective. *Instructional Science, 32*, 59–82.

Renkl, A., Gruber, H. & Mandl, H. (1996). Kooperatives problemorientiertes Lernen in der Hochschule. In J. Lompscher & H. Mandl (Hrsg.), *Lehr- und Lernprobleme im Studium: Bedingungen und Veränderungsmöglichkeiten* (S. 131–147). Bern: Huber.

Renkl, A., Gruber, H., Weber, S., Lerche, T. & Schweizer, K. (2003). Cognitive Load beim Lernen aus Lösungsbeispielen. *Zeitschrift für Pädagogische Psychologie, 17*, 93–101.

Renkl, A. & Mandl, H. (1995). Kooperatives Lernen: Die Frage nach dem Notwendigen und dem Ersetzbaren. *Unterrichtswissenschaft, 23*, 292–300.

Resnick, L. B., Levine, J. M. & Teasley, S. D. (Hrsg.). (1991). *Perspectives on socially shared cognition.* Washington, DC: American Psychological Association.

Rheinberg, F. (2001). Bezugsnormen und schulische Leistungsbeurteilung. In F. E. Weinert (Hrsg.), *Leistungsmessungen in Schulen* (S. 59–71). Weinheim: Beltz.

Rheinberg, F. (2006). Bezugsnormorientierung. In D. H. Rost (Hrsg.), *Handwörterbuch Pädagogische Psychologie* (S. 55–62). Weinheim: Beltz PVU.

Rheinberg, F., Duscha, R. & Michels, U. (1980). Zielsetzung und Kausalattribution in Abhängigkeit vom Leistungsvergleich. *Zeitschrift für Entwicklungspsychologie und Pädagogische Psychologie, 12,* 177–189.

Rheinberg, F. & Krug, S. (1999). *Motivationsförderung im Schulalltag.* Göttingen: Hogrefe.

Robinson, S. & Weldon, E. (1993). Feedback seeking in groups: A theoretical perspective. *British Journal of Social Psychology, 32,* 71–86.

Rogoff, B. (1991). Social interaction as apprenticeship in thinking: Guidance and participation in spatial planning. In L. B. Resnick, J. M. Levine & S. D. Teasley (Hrsg.), *Perspectives on socially shared cognition* (S. 349–364). Washington, DC: American Psychological Association.

Roper, W. J. (1977). Feedback in computer-assisted instruction. *Programmed Learning and Educational Technology, 14,* 43–49.

Roschelle, J. (1992). Learning by collaborating: Convergent conceptual change. *The Journal of the Learning Sciences, 2,* 235–276.

Roschelle, J. & Teasley, S. D. (1995). Construction of shared knowledge in collaborative problem solving. In C. O'Malley (Hrsg.), *Computer-supported collaborative learning* (S. 69–97). New York: Springer.

Roth, G. (2003). *Fühlen, Denken, Handeln. Wie das Gehirn unser Verhalten steuert.* Frankfurt: Suhrkamp.

Roth, G. (2004). Warum sind Lehren und Lernen so schwierig? *Zeitschrift für Pädagogik (Thementeil Gehirnforschung und Pädagogik), 50,* 496–506.

Rowntree, D. (1988). *Assessing students. How shall we know them?* London: Kogan Page.

Rummel, N. & Spada, H. (2005). Learning to collaborate: An instructional approach to promoting collaborative problem-solving in computer-mediated settings. *Journal of the Learning Sciences, 14,* 201–241.

Ryle, G. (1949). *The concept of mind.* London: Hutchinson.

Sales, G. (1993). Adapted and adaptive feedback in technology-based instruction. In J. V. Dempsey & G. C. Sales (Hrsg.), *Interactive instruction and feedback* (S. 159–175). Englewood Cliffs, NJ: Educational Technology Publications.

Salomon, G. & Globerson, T. (1987). Skill may not be enough: The role of mindfulness in learning transfer. *International Journal of Educational Research, 11,* 623–637.

Salomon, G. & Globerson, T. (1989). When teams do not function the way they ought to. *International Journal of Educational Research, 13,* 89–99.

Sansone, C. (1986). A question of competence: The effects of competence and task feedback an intrinsic interest. *Journal of Personality and Social Psychology, 51,* 918–931.

Schaible, T. D. & Jacobs, A. (1975). Feedback III: Sequence effects: Enhancement of feedback acceptance by manipulation of the sequence and valence of feedback. *Small Group Behavior, 6*, 151–173.

Schiefele, U., Krapp, A. & Schreyer, I. (1993). Metaanalyse des Zusammenhangs von Interesse und schulischer Leistung. *Zeitschrift für Entwicklungspsychologie und Pädagogische Psychologie, 25*, 120–148.

Schiefele, U. & Rheinberg, F. (1997). Motivation and knowledge acquisition: Searching for mediating processes. In M. L. Maehr & P. R. Pintrich (Hrsg.), *Advances in motivation and achievement, Vol. 10* (S. 251–301). Greenwich, CT: JAI Press.

Schiefele, U. & Schreyer I. (1994). Intrinsische Motivation und Lernen. *Zeitschrift für Pädagogische Psychologie, 8*, 1–13.

Schiefele, U. & Wild, K.-P. (Hrsg.). (2000). *Interesse und Lernmotivation. Untersuchungen zu Entwicklung, Förderung und Wirkung.* Münster: Waxmann.

Schimmel, B. J. (1988). Providing meaningful feedback in courseware. In D. H. Jonassen (Hrsg.), *Instructional designs for microcomputer courseware* (S. 183–195). Hillsdale, NJ: Erlbaum.

Schmidt, K.-H. & Kleinbeck, U. (1997). Relationships between group-based performance measures, feedback, and organizational context factors. *European Journal of Work and Organizational Psychology, 6*, 303–319.

Schmidtmann, H. & Grothe, S. (2001). Wie fühlt man sich in einer virtuellen Arbeitsgruppe? *Gruppendynamik und Organisationsberatung, 32*, 177–190.

Schnotz, W. & Bannert, M. (1999). Einflüsse der Visualisierungsform auf die Konstruktion mentaler Modelle beim Text- und Bildverstehen. *Zeitschrift für Experimentelle Psychologie, 46*, 217–236.

Schulmeister, R. (Hrsg.). (1983). *Angst vor Statistik: Empirische Untersuchungen zum Problem des Statistik-Lehrens und -Lernens.* Hamburg: Arbeitsgemeinschaft für Hochschuldidaktik.

Schulmeister, R. (2001). *Virtuelle Universität – Virtuelles Lernen.* München: Oldenbourg.

Schulz v. Thun, F. (1981). *Miteinander reden: Störungen und Klärungen.* Reinbek bei Hamburg: Rowohlt.

Shachar, H. & Sharan, S. (1994). Talking, relating, and achieving: Effects of cooperative learning and whole-class instruction. *Cognition and Instruction, 12*, 313–353.

Shavelson, R. J., Hubner, J. J. & Stanton, G. C. (1976). Self-concept: Validation of construct interpretations. *Review of Educational Research, 46*, 407–441.

Simons, P. R. J. (1992). Lernen, selbständig zu lernen – ein Rahmenmodell. In H. Mandl & H. F. Friedrich (Hrsg.), *Lern- und Denkstrategien: Analyse und Intervention* (S. 251–264). Göttingen: Hogrefe.

Skinner, B. F. (1968). *The technology of teaching.* New York: Appleton-Century-Crofts.

Slamecka, N. J. & Graf, P. (1978). The generation effect: Delineation of a phenomenon. *Journal of Experimental Psychology: Human Learning & Memory, 4*, 592–604.

Slavin, R. E. (1983). *Cooperative learning.* New York: Longman.

Slavin, R. E. (1992). When and why does cooperative learning increase achievement? Theoretical and empirical perspectives. In R. Hertz-Lazarowitz & N. Miller (Hrsg.), *Interaction in cooperative groups: The theoretical anatomy of group learning* (S. 145–173). Cambridge, NY: Cambridge University Press.

Slavin, R. E. (1998). Research on cooperative learning and achievement: A quarter century of research. In Fachgruppe Pädagogische Psychologie in der Deutschen Gesellschaft für Psychologie e.V. (Hrsg.), *Newsletter 1/1998*. Landau: Verlag Empirische Pädagogik.

Smith, J. P., diSessa, A. A. & Roschelle, J. (1993). Misconceptions reconceived: A constructivist analysis of knowledge in transition. *The Journal of the Learning Sciences, 3*, 115–163.

Soellner, R., Flöter, M. & Scheibner, N. (2006). E-Learning in der statistischen Grundausbildung in Psychologie: Das Projekt Statistik in Anwendung (SiA). In G. Krampen & H. Zayer (Hrsg.), *Didaktik und Evaluation in der Psychologie* (S. 193–206). Göttingen: Hogrefe.

Spada, H., Caspar, F. & Rummel, N. (2000). *Netzbasiertes kooperatives Lernen mit Musterfällen und Fallaufgaben bei komplementärer Expertise* (Research Report 141). Universität Freiburg, Institut für Psychologie.

Spiro, R. J., Feltovich, P. J., Jacobson, M. J. & Coulson, R. L. (1992). Cognitive flexibility, constructivism, and hypertext: Random access instruction for advanced knowledge acquisition in ill-structured domains. In T. M. Duffy & D. H. Jonassen (Hrsg.), *Constructivism and the technology of instruction* (S. 57–75). Hillsdale, NJ: Erlbaum.

Spurlin, J. E., Dansereau, D. F., Larson, C. O. & Brooks, L. W. (1984). Cooperative learning strategies in processing descriptive text: Effects of role and activity level of the learner. *Cognition and Instruction, 1*, 451–463.

Stark, R. (1999). *Lernen mit Lösungsbeispielen: Einfluss unvollständiger Lösungsbeispiele auf Beispielelaboration, Lernerfolg und Motivation.* Göttingen: Hogrefe.

Stark, R. (2000). Experimentelle Untersuchungen zur Überwindung von Transferproblemen in der kaufmännischen Erstausbildung. *Zeitschrift für Pädagogik, 46*, 395–415.

Stark, R. (2001). *Analyse und Förderung beispielbasierten Lernens: Anwendung eines integrativen Forschungsparadigmas.* Unveröff. Habilitationsschrift, Ludwig-Maximilians-Universität München.

Stark, R. (2003). Conceptual Change: kognitiv oder situiert? *Zeitschrift für Pädagogische Psychologie, 17*, 133–144.

Stark, R. (2004). Eine integrative Forschungsstrategie zur anwendungsbezogenen Generierung relevanten wissenschaftlichen Wissen in der Lehr-Lern-Forschung. *Unterrichtswissenschaft, 32*, 257–273.

Stark, R. (2005). Constructing arguments in educational discourses. In H. Gruber, C. Harteis, R. H. Mulder & M. Rehrl (Hrsg.), *Bridging individual, organisational, and cultural aspects of professional learning* (S. 64–71). Regensburg: Roderer.

Stark, R., Bürg, O. & Mandl, H. (2002). *Optimierung einer virtuellen Lernumgebung zum Erwerb anwendbaren Wissens im Bereich empirischer Forschungsmethoden: Effekte zusätzlicher Strukturierungsmaßnahmen* (Forschungsbericht Nr. 151). München: Ludwig-Maximilians-Universität, Lehrstuhl für Empirische Pädagogik und Pädagogische Psychologie.

Stark, R., Flender, J. & Mandl, H. (2001). *Lösungsbeispiel „pur" oder „angereichert"?* Bedingungen und Effekte erfolgreichen Lernens mit einem komplexen Lösungsbeispiel im
Bereich empirischer Forschungsmethoden und Statistik (Forschungsbericht Nr. 146).
München: Ludwig-Maximilians-Universität, Lehrstuhl für Empirische Pädagogik und Pädagogische Psychologie.

Stark, R., Gruber, H., Mandl, H. & Hinkofer, L. (2001). Wege zur Optimierung eines beispielbasierten Instruktionsansatzes: Der Einfluss multipler Perspektiven und instruktionaler Erklärungen auf den Erwerb von Handlungskompetenz. *Unterrichtswissenschaft, 29*,
26–40.

Stark, R., Gruber, H., Renkl, A. & Mandl, H. (1998). Instructional effects on complex learning: Do objective and subjective learning outcomes converge? *Learning and Instruction,
8*, 117–129.

Stark, R., Gruber, H., Renkl, A. & Mandl, H. (2000). Instruktionale Effekte einer kombinierten Lernmethode: Zahlt sich die Kombination von Lösungsbeispielen und Problemlöseaufgaben aus? *Zeitschrift für Pädagogische Psychologie, 14*, 206–218.

Stark, R. & Krause, U.-M. (2006). Konzeption einer computerbasierten Lernumgebung zur
Förderung von Kompetenzen zum wissenschaftlichen Argumentieren. In G. Krampen &
H. Zayer (Hrsg.), *Didaktik und Evaluation in der Psychologie* (S. 218–230). Göttingen:
Hogrefe.

Stark, R. & Mandl, H. (2000a). Training in empirical research methods: Analysis of problems
and intervention from a motivational perspective. In J. Heckhausen (Hrsg.), *Motivational
psychology of human development* (S. 165–183). Amsterdam: Elsevier.

Stark, R. & Mandl, H. (2000b). Konzeptualisierung von Motivation und Motivierung im Kontext
situierten Lernens. In U. Schiefele & K.-P. Wild (Hrsg.), *Interesse und Lernmotivation:
Untersuchungen zu Entwicklung, Förderung und Wirkung* (S. 95–115). Münster:
Waxmann.

Stark, R. & Mandl, H. (2002). Konzeption und Evaluation einer komplexen netzbasierten
Lernumgebung. *Unterrichtswissenschaft, 30*, 315–330.

Stark, R. & Mandl, H. (2005). Lernen mit einer netzbasierten Lernumgebung im Bereich
empirischer Forschungsmethoden: Effekte zusätzlich implementierter Maßnahmen und
Bedeutung von Lernvoraussetzungen. *Unterrichtswissenschaft, 33*, 3–29.

Stark, R., Mandl, H., Gruber, H. & Renkl, A. (1998). Indeed, sometimes knowledge does not
help: A replication study. *Instructional Science, 26*, 391–407.

Stark, R., Stegmann, K. & Mandl, H. (2002). Konzeption einer netzbasierten Lernumgebung
zur Förderung des Wissenserwerbs im Kontext der Ausbildung in empirischen Forschungsmethoden und Statistik (Forschungsbericht Nr. 152). München: Ludwig-
Maximilians-Universität, Lehrstuhl für Empirische Pädagogik und Pädagogische Psychologie.

Stark, R., Tyroller, M. & Mandl, H. (2003, September). Die Bedeutung von Merkmalsprofilen
Studierender beim Lernen mit einer computerbasierten Lernumgebung zur Korrelationsrechnung. Vortrag auf der 9. Fachtagung Pädagogische Psychologie in Bielefeld.

Steiner, G. (1988). Analoge Repräsentationen. In H. Mandl & H. Spada (Hrsg.), *Wissenspsychologie* (S. 99–119). München: PVU.

Stelzl, I. (2005). *Fehler und Fallen in der Statistik*. Münster: Waxmann.

Sulin, R. A. & Dooling, D. J. (1974). Intrusion of a thematic idea in retention of prose. *Journal of Experimental Psychology, 103*, 255–262.

Sweller, J. (1994). Cognitive load theory, learning difficulty, and instructional design. *Learning and Instruction, 4*, 295–312.

Sweller, J. (1999). *Instructional design in technical areas.* Camberwell, Australia: ACER Press.

Sweller, J. & Cooper, G. A. (1985). The use of worked examples as a substitute for problem solving in learning algebra. *Cognition and Instruction, 2*, 59–89.

Sweller, J., van Merriënboer, J. J. G. & Paas, F. G. W. C. (1998). Cognitive architecture and instructional design. *Educational Psychology Review, 10*, 251–296.

Swing, S. & Peterson, P. (1982). The relationship of student ability and small-group interaction to student achievement. *American Educational Research Journal, 19*, 259–274.

Thorndike, E. L. (1932). *The fundamentals of learning*. New York: Teachers College.

Thorpe, H. W., Chiang, B. & Darch, C. B. (1981). Individual and group feedback systems for improving oral reading accuracy in learning disabled and regular class children. *Journal of Learning Disabilities, 14*, 332–334.

Tindale, R. S. (1989). Group vs individual information processing: The effects of outcome feedback on decision making. *Organizational Behavior and Human Decision Processes, 44*, 454–473.

Tyroller, M. (2005). *Effekte metakognitiver Prompts beim computerbasierten Statistiklernen*. Dissertation, Ludwig-Maximilians-Universität München. Verfügbar unter: http://edoc.ub.uni-muenchen.de/archive/00005514/01/Michael_Tyroller.pdf [21.02.2007].

Van Merriënboer, J. J. G. & Paas, F. G. W. C. (1990). Automation and schema acquisition in learning elementary computer programming: Implications for the design of practice. *Computers in Human Behavior, 6*, 273–289.

Vosniadou, S. (1992). Knowledge acquisition and conceptual change. *Applied Psychology: An International Review, 41*, 347–357.

Vroom, V. H. (1964). *Work and motivation*. New York: Wiley.

Vygotskij, L. S. (1978). *Mind in society: The development of higher psychological processes*. Cambridge, MA: Harvard University Press.

Vygotskij, L. S. (1986). *Thought and language*. Cambridge, MA: MIT Press.

Wager, W. & Mory, E. H. (1993). The role of questions in learning. In J. V. Dempsey & G. C. Sales (Hrsg.), *Interactive instruction and feedback* (S. 55–73). Englewood Cliffs, NJ: Educational Technology Publications.

Walczyk, J. J. & Hall, V. C. (1989). Effects of examples and embedded questions on the accuracy of comprehension self-assessments. *Journal of Educational Psychology, 81*, 435–437.

Walther, J. B. (1996). Computer-mediated communication: Impersonal, interpersonal, and hyperpersonal interaction. *Communication Research, 23*, 3–43.

Ward, M. & Sweller, J. (1990). Structuring effective worked examples. *Cognition and Instruction, 7*, 1–39.

Webb, N. M. & Farivar, S. (1999). Developing productive group interaction in middle school mathematics. In A. M. O'Donnell & A. King (Hrsg.), *Cognitive perspectives on peer learning* (S. 117–149). Mahwah, NJ: Erlbaum.

Weidenmann, B. (2002). Multicodierung und Multimodalität im Lernprozess. In L. J. Issing & P. Klimsa (Hrsg.), *Information und Lernen mit Multimedia* (S. 45–61). Weinheim: Beltz PVU.

Weinberger, A., Ertl, B., Fischer, F. & Mandl, H. (2005). Epistemic and social scripts in computer-supported collaborative learning. *Instructional Science, 33*, 1–30.

Weinberger, A., Lerche, T., Mandl, H. & Gruber, H. (2001). Ein virtuelles Hochschulseminar zu empirischen Erhebungs- und Auswertungsverfahren. In G. Reinmann-Rothmeier & H. Mandl (Hrsg.), *Virtuelle Seminare in Hochschule und Weiterbildung: Drei Beispiele aus der Praxis* (S. 107–130). Bern: Huber.

Weinert, F. E. (1984). Metakognition und Motivation als Determinanten der Lerneffektivität: Einführung und Überblick. In F. E. Weinert & R. H. Kluwe (Hrsg.), *Metakognition, Motivation und Lernen* (S. 9–21). Stuttgart: Kohlhammer.

Weinert, F. E. (1990). Weiß das Gedächtnis, dass, was und wie es lernt? In K. Grawe, R. Hänni, N. Semmer & F. Tschan (Hrsg.), *Über die richtige Art, Psychologie zu betreiben* (S. 271–281). Göttingen: Hogrefe.

Weinert, F. E. (1996). Lerntheorien und Instruktionsmodelle. In F. E. Weinert (Hrsg.), *Psychologie des Lernens und der Instruktion. Enzyklopädie der Psychologie, D/I/2* (S. 1–48). Göttingen: Hogrefe.

Weinert, F. E., Schrader, F. W. & Helmke, A. (1989). Quality of instruction and achievement outcomes. *International Journal of Educational Research, 13*, 895–914.

Weinstein, C. E. (1994). Strategic learning/strategic teaching: Flip sides of a coin. In P. R. Pintrich, D. R. Brown & C. E. Weinstein (Hrsg.), *Student motivation, cognition, and learning: Essays in honor of Wilbert J. McKeachie* (S. 257–273). Hillsdale, NJ: Erlbaum.

Weinstein, C. E., Palmer, D. R. & Schulte, A. C. (1987). *Learning and study strategies inventory.* Clearwater, FL: H&H Publishing Company.

Wenger, E., McDermott, R. & Snyder, W. M. (2002). *Cultivating communities of practice: A guide to managing knowledge.* Boston: Harvard Business School Press.

Whitehead, A. N. (1929). *The aims of education and other essays.* New York: Macmillan.

Wild, K.-P. & Schiefele, U. (1994). Lernstrategien im Studium: Ergebnisse zur Faktorenstruktur und Reliabilität eines neuen Fragebogens. *Zeitschrift für Differentielle und Diagnostische Psychologie, 15*, 185–200.

Wing, K. T. (1990). Implications of feedback research for group facilitation and the design of experiential learning. *Small Group Research, 21*, 113–127.

Wippert, J. U. (2003). *Bedingungen und Effekte des Lernens mit einem computerbasierten Lernprogramm zur Korrelationsrechnung – ein Extremgruppenvergleich.* Unveröff. Magisterarbeit, Ludwig-Maximilians-Universität München.

Zeidner, M. (1991). Statistics and mathematics anxiety in social science students: Some interesting parallels. *British Journal of Educational Psychology, 61*, 319–328.

Zhu, X. & Simon, H. A. (1987). Learning mathematics from examples and by doing. *Cognition and Instruction, 4*, 137–166.

Anhang

I. Skalen Eingangsdiagnostik

Metakognition

Metakognitives Wissen
Wissen über das Wissen
1. Ich weiß, in welchen Stoffgebieten ich gut bin.
2. Ich weiß, in welchen Stoffgebieten meine Schwächen liegen.
3. Wenn ich etwas Neues lerne, kann ich gut einschätzen, ob ich es im Alltag brauchen kann.

Wissen über das Lernen
4. Ich weiß, wie ich beim Lernen vorgehen muss, damit ich am besten lerne.
5. Ich weiß, unter welchen Bedingungen ich am besten lernen kann.
6. Ich kann gut einschätzen, zu welchen Zeitpunkten ich am besten lernen kann.
7. Es fällt mir leicht einzuschätzen, wie lang ich für eine Aufgabe ungefähr brauche.

Wissen über die Fähigkeit zur Selbsteinschätzung
8. Ich kann meinen Lernfortschritt gut selbst beurteilen.
9. Beim Lernen kann ich gut einschätzen, was ich verstanden habe und was nicht.
10. Ich habe mich beim Lernen schon oft in der Einschätzung meines Wissensstands getäuscht.
11. Ich kann gut abschätzen, was ich alles (noch) nicht weiß.

Metakognitive Kontrolle
Planung
1. Bevor ich mit dem Lernen beginne, lege ich fest, was ich genau schaffen möchte.
2. Wenn ich lerne, überlege ich zu Beginn genau, wie ich vorgehen möchte.
3. Ich lerne meistens einfach „drauf los".

Überwachung
4. Wenn ich lerne, überlege ich zwischendurch, ob ich eigentlich sinnvoll vorgehe.
5. Ich frage mich beim Lernen immer wieder, ob ich das Gelesene auch wirklich verstanden habe.
6. Wenn ich lerne, mache ich mir nicht extra Gedanken, wie ich dabei vorgehe.
7. Wenn ich lerne, überprüfe ich hin und wieder, ob ich wirklich bei der Sache bin.

Regulation
8. Wenn ich beim Lernen nicht vorankomme, überlege ich, wie ich anders vorgehen könnte.
9. Wenn ich einen schwierigen Text vorliegen habe, passe ich meine Lerntechnik den höheren Anforderungen an (z.B. durch langsameres Lesen).

10. Wenn ich etwas nicht verstehe, versuche ich herauszufinden, was es genau ist, das ich nicht verstehe.
11. Wenn ich beim Lernen etwas nicht verstehe, suche ich nach zusätzlicher Information, um mir die Sache klar zu machen.
12. Wenn mir beim Lesen Widersprüche oder Ungereimtheiten auffallen, versuche ich, diesen auf den Grund zu gehen.

Metakognitive Sensitivität

1. Beim Lernen spüre ich, ob ich gerade besonders aufnahmefähig bin.
2. Beim Lernen weiß ich intuitiv, wie am besten zu verfahren ist.
3. Ich merke intuitiv, wann ich genug gelernt habe.
4. Nach einer Lernphase weiß ich, ob mein Lernen effektiv war oder nicht.

Motivation – Erwartungskomponente

Hoffnung auf Erfolg

1. Mir gefällt es, etwas Neues und Unbekanntes auszuprobieren, auch wenn es daneben gehen kann.
2. Probleme, die schwierig zu lösen sind, reizen mich.
3. Mich reizen Situationen, in denen ich meine Fähigkeiten testen kann.
4. Es ist mir wichtig, Aufgaben, die ich mir zutraue, auch tatsächlich zu schaffen.
5. Bei dem, was ich mache, will ich erfolgreich sein, auch wenn niemand es zur Kenntnis nimmt.
6. Ich mag Situationen, in denen ich feststellen kann, wie gut ich bin.

Furcht vor Misserfolg

1. In schwierigen Situationen, in denen viel von mir selbst abhängt, habe ich Angst zu versagen.
2. Wenn ich etwas nicht geschafft habe, schäme ich mich auch dann, wenn es niemand sonst merkt.
3. Schon wenn ich daran denke, vor neue und unbekannte Probleme gestellt zu werden, werde ich etwas ängstlich.
4. Es beunruhigt mich, etwas zu tun, wenn ich nicht sicher bin, dass ich es kann.
5. Auch bei Aufgaben, von denen ich glaube, dass ich sie kann, habe ich Angst zu versagen.
6. Ich finde es beunruhigend etwas zu tun, wobei ich meine Fähigkeiten beweisen muss.

Themenspezifisches Selbstkonzept (a priori)

1. Ich glaube, dass ich Korrelationsrechnung verstehen kann.
2. Ich werde Korrelationsrechnung wohl nie so richtig verstehen.
3. Korrelationsrechnung ist mir eigentlich zu kompliziert.
4. Die korrekte Interpretation korrelationsstatistischer Auswertungen fällt mir schwer.

Motivation – Wertkomponente

Lernzielorientierung
Beim Lernen fühle ich mich besonders erfolgreich, wenn ...
1. ... ich etwas Neues weiß oder kann.
2. ... ich einen schwierigen Sachverhalt verstanden habe.
3. ... ich Zusammenhänge erkenne.
4. ... ich beim Lernen merke, dass ich gern noch mehr über das Thema wissen möchte.
5. ... ich merke, dass ich den Lernstoff gut beherrsche.
6. ... ich mich intensiv mit dem Lernstoff auseinandersetze.
7. ... es mir Spaß macht, mich mit dem Lernstoff zu befassen.

Anstrengungsvermeidung
Beim Lernen fühle ich mich besonders erfolgreich, wenn ...
1. ... ich mich nicht zu sehr anstrengen muss.
2. ... das Lernen nicht so aufwändig ist.
3. ... ich ohne Mühe gute Noten bekomme.

Themenspezifisches Interesse (a priori)
1. Ich bin an Korrelationsrechnung interessiert.
2. Es macht mir Spaß, mich mit Konzepten und Prinzipien der Korrelationsrechnung zu beschäftigen.
3. Ich bin froh, wenn ich mit Korrelationsrechnung wenig zu tun habe.
4. Ich finde die Auseinandersetzung mit Fragen der Korrelationsrechnung spannend.
5. Ich würde gern mehr über Korrelationsrechnung wissen, als ich jetzt weiß.
6. Für mich ist es eine Herausforderung, mehr über Korrelationsrechnung zu lernen.

Einstellung zu verschiedenen Sozialformen beim Lernen

Einstellung zum individuellen Lernen
1. Ich lerne am liebsten allein.
2. Ich lerne am besten, wenn ich allein lerne.
3. In Gruppen zu lernen ist besser als allein zu lernen.

Einstellung zum kooperativen Lernen
1. Ich helfe anderen gern beim Lernen.
2. Ich teile meine Ideen und Materialien gern mit anderen.
3. Ich halte es für sinnvoll, dass Studierende einander beim Lernen helfen.
4. Ich kann von anderen Studierenden wichtige Dinge lernen.
5. Ich lerne am besten mit anderen zusammen.

Einstellung zum kompetitiven Lernen

1. Ich lerne am besten, wenn ich mit anderen konkurriere.
2. Es macht mir Spaß, beim Lernen mit anderen zu konkurrieren und festzustellen, wer am besten ist.
3. Konkurrenzsituationen sind für mich eine willkommene Herausforderung.

II. Skalen Prozessdiagnostik

Motivation – Erwartungskomponente

Selbstwirksamkeit

1. Ich fühle mich überfordert.
2. Ich bin gut in der Lage, Korrelationsrechnung zu verstehen.
3. Ich glaube, meine momentanen Leistungen sind sehr gut.

Motivation – Wertkomponente

Intrinsische Motivation

1. Das Lernen macht mir gerade richtig Spaß.
2. Ich bin neugierig, was als nächstes kommt.
3. Ich bin ziemlich gelangweilt.

III.   Skalen Abschlussdiagnostik

Metakognition

Selbstbeurteilung Vortest

Wie schätzen Sie Ihre Leistung im Vortest ein?

sehr schlecht 6 ❑   5 ❑   4 ❑   3 ❑   2 ❑   1 ❑ sehr gut

Selbstbeurteilung Nachtest

Wie schätzen Sie Ihre Leistung im Nachtest ein?

sehr schlecht 6 ❑   5 ❑   4 ❑   3 ❑   2 ❑   1 ❑ sehr gut

Mindfulness

Bei der Arbeit mit „Koralle" ...
1.   ... war ich sehr aktiv bei der Sache.
2.   ... habe ich intensiv über die Inhalte nachgedacht.
3.   ... wurde mir deutlich, was ich verstanden habe und was nicht.
4.   ... habe ich mich nicht besonders angestrengt.

Motivation – Erwartungskomponente

Themenspezifisches Selbstkonzept (a posteriori)
1.   Ich glaube, dass ich Korrelationsrechnung verstehen kann.
2.   Ich werde Korrelationsrechnung wohl nie so richtig verstehen.
3.   Korrelationsrechnung ist mir eigentlich zu kompliziert.
4.   Die korrekte Interpretation korrelationsstatistischer Auswertungen fällt mir schwer.

Themenspezifische Kompetenzeinschätzung
Wie schätzen Sie Ihre Kenntnisse in Korrelationsrechnung ein?
sehr schlecht 6 ☐   5 ☐   4 ☐   3 ☐   2 ☐   1 ☐ sehr gut

Motivation – Wertkomponente

Themenspezifisches Interesse (a posteriori)
1.   Ich bin an Korrelationsrechnung interessiert.
2.   Es macht mir Spaß, mich mit Konzepten und Prinzipien der Korrelationsrechnung zu beschäftigen.
3.   Ich bin froh, wenn ich mit Korrelationsrechnung wenig zu tun habe.
4.   Ich finde die Auseinandersetzung mit Fragen der Korrelationsrechnung spannend.
5.   Ich würde gern mehr über Korrelationsrechnung wissen, als ich jetzt weiß.
6.   Für mich ist es eine Herausforderung, mehr über Korrelationsrechnung zu lernen.

Akzeptanz der Lernumgebung
1.   Was ich mit der Lernumgebung gelernt habe, hätte ich ebenso gut aus einem Buch gelernt.
2.   Ich würde meinen Mitstudent/innen das Lernen mit der Lernumgebung empfehlen.
3.   Ich habe das Gefühl, durch die Arbeit mit der Lernumgebung viel gelernt zu haben.
4.   Das Lernen mit der Lernumgebung ist mir zu aufwändig.
5.   Durch die Lernumgebung habe ich grundlegende Konzepte und Prinzipien der Korrelationsrechung verstanden.
6.   Ich habe jetzt eine Vorstellung davon, wozu Korrelationsrechnung gut ist.
7.   Ich habe durch die Lernumgebung gelernt, korrelationsstatistische Auswertungen richtig zu interpretieren.

8. Das Lernen mit der Lernumgebung ist mir zu kompliziert.
9. Ich würde gerne öfter mit solchen Lernumgebungen lernen.

Akzeptanz der Teamarbeit
1. Das Lernen im Team hat mir Spaß gemacht.
2. Das Lernen im Team war anstrengend.
3. Mein Lernpartner war mir sympathisch.
4. Ich glaube, wir haben gut zusammengearbeitet.
5. Ich kam bei der gemeinsamen Arbeit manchmal nicht richtig zum Zuge.
6. Das Lernen im Team hat mir geholfen, die Inhalte besser zu verstehen.
7. Durch das gemeinsame Lernen habe ich mehr gelernt, als wenn ich allein gelernt hätte.
8. Allein hätte ich effektiver gelernt.

IV.   Soziodemographische Variablen

Geschlecht: w ❑   m ❑

Alter: _____

Letzte Mathematik-Schulnote: _____ / Punktzahl: _____

Studienfach: _____

Fachsemester: _____

Vorerfahrung mit Computern:
keine 6 ❑   5 ❑   4 ❑   3 ❑   2 ❑   1 ❑ sehr viel

Dank

Diese Arbeit entstand während meiner Tätigkeit am Department Psychologie der Ludwig-Maximilians-Universität München und in der Fachrichtung Erziehungswissenschaft der Universität des Saarlandes.

Mein besonderer Dank gilt Herrn Prof. Dr. Heinz Mandl, der mich bei meiner Arbeit umfassend unterstützt und beraten und mir die nötigen Freiräume gewährt hat. Prof. Mandl stellte mir sämtliche für die Studie erforderlichen Ressourcen zur Verfügung. Herrn Prof. Dr. Robin Stark danke ich für seine zahlreichen wertvollen Anregungen zu inhaltlichen und methodischen Aspekten. Von den Gesprächen mit Prof. Mandl und Prof. Stark und von der inspirierenden Atmosphäre an beiden Lehrstühlen habe ich sehr profitiert.

Für ihre besondere Kollegialität und Hilfsbereitschaft danke ich meinen Kollegen Jan Hense, Katja Kruppa, Thomas Puhl, Anja Köller und Babette Koch. Bedanken möchte ich mich auch bei den studentischen Hilfskräften Renate Schwarz und Kristina Maaßen, die mir bei der Durchführung der Studie engagiert und verlässlich zur Seite standen.

Pädagogische Psychologie und Entwicklungspsychologie

Herausgegeben von Detlef H. Rost

BAND 34
Ingmar Hosenfeld
KAUSALITÄTSÜBERZEUGUNGEN UND SCHULLEISTUNGEN
2002, 210 S., 25,50 €, ISBN 978-3-8309-1073-2

BAND 35
Tina Seidel
LEHR-LERNSKRIPTS IM UNTERRICHT
Freiräume und Einschränkungen für kognitive
und motivationale Lernprozesse
– eine Videostudie im Physikunterricht
2003, 196 S., 25,50 €, ISBN 978-3-8309-1248-4

BAND 36
Ulrich Trautwein
SCHULE UND SELBSTWERT
Entwicklungsverlauf, Bedeutung von Kontext-
faktoren und Effekte auf die Verhaltensebene
2003, 270 S., 25,50 €, ISBN 978-3-8309-1296-5

BAND 37
Olaf Köller
KONSEQUENZEN VON LEISTUNGSGRUPPIERUNGEN
2004, 300 S., 25,50 €, ISBN 978-3-8309-1205-7

BAND 38
Corinna Schütz
LEISTUNGSBEZOGENES DENKEN HOCHBEGABTER JUGENDLICHER
„Die Schule mach' ich doch mit links"
2004, 242 S., 25,50 €, ISBN 978-3-8309-1355-9

BAND 39
Joachim Wirth
SELBSTREGULATION VON LERNPROZESSEN
2004, 274 S., 25,50 €, ISBN 978-3-8309-1352-8

BAND 40
Tina Hascher
WOHLBEFINDEN IN DER SCHULE
2004, 321 S., 25,50 €, ISBN 978-3-8309-1354-2

BAND 41
Stephanie Schreblowski
TRAINING VON LESEKOMPETENZ
Die Bedeutung von Strategien, Metakognition
und Motivation für die Textverarbeitung
2004, 156 S., 25,50 €, ISBN 978-3-8309-1356-6

BAND 42
Lilian Streblow
BEZUGSRAHMEN UND SELBSTKONZEPTGENESE
2004, 146 S., 25,50 €, ISBN 978-3-8309-1353-5

BAND 43
Oliver Böhm-Kasper
SCHULISCHE BELASTUNG UND BEANSPRUCHUNG
Eine Untersuchung von Schülern und Lehrern
am Gymnasium
2004, 284 S., 25,50 €, ISBN 978-3-8309-1383-2

BAND 44
Margarete Imhof
ZUHÖREN UND INSTRUKTION
Empirische Ansätze zu psychologischen
Aspekten auditiver Informationsverarbeitung
2004, 206 S., 25,50 €, ISBN 978-3-8309-1423-5

BAND 45
Petra Wagner
HÄUSLICHE ARBEITSZEIT FÜR DIE SCHULE
Eine Typenanalyse
2005, 175 S., 25,50 €, ISBN 978-3-8309-1435-8

BAND 46
Britta Kohler
REZEPTION INTERNATIONALER SCHULLEISTUNGSSTUDIEN
Wie gehen Lehrkräfte, Eltern und die
Schulaufsicht mit Ergebnissen schulischer
Evaluationsstudien um?
2005, 377 S., 25,50 €, ISBN 978-3-8309-1466-2

BAND 47
Cornelia S. Große
LERNEN MIT MULTIPLEN LÖSUNGSWEGEN
2005, 200 S., 25,50 €, ISBN 978-3-8309-1467-9

BAND 48
Anne Levin
LERNEN DURCH FRAGEN
Wirkung von strukturierenden Hilfen auf
das Generieren von Studierendenfragen
als begleitende Lernstrategie
2005, 228 S., 25,50 €, ISBN 978-3-8309-1473-0

BAND 49

Britta Pohlmann
KONSEQUENZEN DIMENSIONALER VERGLEICHE
2005, 188 S., 25,50 €, ISBN 978-3-8309-1441-9

BAND 50

Christiane Pruisken
INTERESSEN UND HOBBYS HOCHBEGABTER GRUNDSCHULKINDER
Formeln statt Fußball?
2005, 248 S., 25,50 €, ISBN 978-3-8309-1472-3

BAND 51

Mareike Kunter
MULTIPLE ZIELE IM MATHEMATIKUNTERRICHT
2005, 296 S., 25,50 €, ISBN 978-3-8309-1559-1

BAND 52

Dietmar Grube
ENTWICKLUNG DES RECHNENS IM GRUNDSCHULALTER
Basale Fertigkeiten, Wissensabruf und Arbeitsgedächtniseinflüsse
2005, 188 S., 25,50 €, ISBN 978-3-8309-1572-0

BAND 53

Oliver Lüdtke
PERSÖNLICHE ZIELE JUNGER ERWACHSENER
2006, 298 S., 25,50 €, ISBN 978-3-8309-1610-9

BAND 54

Thiemo Müller-Kalthoff
VORWISSEN UND NAVIGATIONSHILFEN BEIM HYPERTEXTLERNEN
2006, 182 S., 25,50 €, ISBN 978-3-8309-1583-6

BAND 55

Jörn R. Sparfeldt
BERUFSINTERESSEN HOCHBEGABTER JUGENDLICHER
2006, 282 S., 25,50 €, ISBN 978-3-8309-1672-7

BAND 56

Susanne Narciss
INFORMATIVES TUTORIELLES FEEDBACK
Entwicklungs- und Evaluationsprinzipien auf der Basis instruktions psychologischer Erkenntnisse
2006, 304 S., 25,50 €, ISBN 978-3-8309-1641-3

BAND 57

Andrea Lenzner
WOMEN IN MATHEMATICS
A Cross-Cultural Comparison
2006, 216 S., 25,50 €, ISBN 978-3-8309-1642-0

BAND 58

Silvio Herzog
BEANSPRUCHUNG UND BEWÄLTIGUNG IM LEHRERBERUF
Eine salutogenetische und biografische Untersuchung im Kontext unterschiedlicher Karriereverläufe
2007, 448 S., 29,90 €, ISBN 978-3-8309-1770-0

BAND 59

Andrea Heiß
DESORIENTIERUNG BEIM LERNEN MIT HYPERMEDIEN
Förderung struktureller und konzeptioneller Orientierung
2007, 256 S., 25,50 €, ISBN 978-3-8309-1826-4

Alle Bände der Reihe finden Sie unter
www.waxmann.com

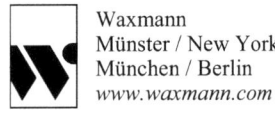

Waxmann
Münster / New York
München / Berlin
www.waxmann.com